Reflexões diárias

PROMESSAS DE DEUS

Depósitos no Banco da fé

Reflexões diárias

PROMESSAS DE DEUS

Depósitos no Banco da fé

C. H. SPURGEON

Promessas de Deus — Depósitos no Banco da fé
por Charles Haddon Spurgeon
Copyright © 2022 Publicações Pão Diário
Todos os direitos reservados.

Coordenação editorial: Adolfo A. Hickmann
Tradução: Elisa Tisserant de Castro
Revisão: Dalila de Assis, Lozane Winter, Rita Rosário, Thaís Soler
Projeto gráfico e capa: Audrey Novac Ribeiro
Diagramação: Denise Duck Makhoul

Dados Internacionais de Catalogação na Publicação (CIP)

Spurgeon, Charles Haddon, 1834–92.
Promessas de Deus — Depósitos no Banco da fé
Tradução: Elisa Tisserant de Castro – Curitiba/PR, Publicações Pão Diário.
Título original: *Faith's Checkbook*

1. Devocional   2. Bíblia   3. Vida cristã   4. Cristianismo

Proibida a reprodução total ou parcial sem prévia autorização por escrito da editora. Todos os direitos reservados e protegidos pela Lei 9.610, de 19/02/1998. Permissão para reprodução: permissao@paodiario.org
Exceto quando indicado o contrário, os trechos bíblicos mencionados são da edição Almeida Revista e Atualizada © 2009 Sociedade Bíblica do Brasil.

Publicações Pão Diário
Caixa Postal 4190
82501-970 Curitiba/PR, Brasil
publicacoes@paodiario.org
www.publicacoespaodiario.com.br
Telefone: (41) 3257-4028

Código: J7543
ISBN: 978-65-5350-113-3

1.ª impressão 2022

Impresso no Brasil

Prefácio

Promessas de Deus — Depósitos no Banco da fé é um devocional diário cheio de poderosas promessas da Palavra de Deus.

UMA PROMESSA de Deus pode, muito instrutivamente, ser comparada a uma ordem de crédito ao portador. É cedida ao cristão com o intuito de conceder-lhe algo de bom, e ele não deve apenas lê-la confortavelmente e então encerrar a questão. Não, ele deve tratar a promessa como uma realidade, assim como uma pessoa lida com um documento de crédito ao portador.

Ele deve aceitar a promessa como verdadeira e endossá-la ao recebê-la pessoalmente. Ele precisa, pela fé, aceitá-la como algo que lhe pertence. Assim, esse homem confirma definitivamente que Deus é real e verdadeiro com relação a esta específica palavra de promessa. Ele vai além, crê que tem a prometida bênção já garantida e, portanto, a endossa para testificar o recebimento de tal bênção.

Feito isso, ele deve, crendo, apresentar a promessa ao Senhor como alguém que apresenta uma ordem de crédito ao portador no caixa do banco. Deve pleiteá-la pela oração, com a expectativa de que será executada. Caso ele tenha ido ao Banco do Céu na data correta, receberá, de uma única vez, a quantia prometida. Caso a data desse crédito não seja à vista, ele deve esperar até a data estipulada no documento, pacientemente, mas durante esse período deve considerar a promessa do pagamento desse crédito como dinheiro em suas mãos, pois o banco certamente pagará na data prevista.

Alguns falham em legitimar com sua fé a ordem de crédito ao portador e assim nada recebem; outros são negligentes em apresentá-la e estes também nada recebem. Isso não é falha da promessa, mas daqueles que não agem da maneira que o assunto exige.

Deus não prometeu nada que Ele não queira cumprir e não encorajou qualquer esperança à qual não queira corresponder. Para auxiliar meus irmãos a crer nisso, preparei este pequeno volume. Contemplar a promessa em si é bom para os olhos da fé; quanto mais estudarmos as palavras de graça, mais graça auferiremos das palavras. Às encorajadoras Escrituras, acrescentei testemunhos meus, resultado da provação e da experiência. Creio em todas as promessas de Deus, mas muitas delas testei e provei pessoalmente. Vi que são verdadeiras, pois foram cumpridas para mim. Isso, creio, pode ser encorajador ao jovem e não será pouco consolo ao mais velho. A experiência de um homem pode ser de suprema utilidade para outro e é por isso que o antigo servo de Deus escreveu: "Busquei o Senhor, e ele me acolheu..." (SALMO 34:4); e novamente: "Clamou este aflito, e o Senhor o ouviu..." (SALMO 34:6).

Iniciei estas porções diárias enquanto atravessava a arrebentação da controvérsia. Desde então tenho sido lançado em "...águas que se deviam passar a nado...", as quais, se não fosse pela mão sustentadora de Deus, teriam provado ser águas para se afogar. Suportei tribulação de muitas saraivadas. Tive severas dores pelo corpo após uma depressão mental, e esta foi acompanhada por luto e aflição por alguém que me era tão precioso quanto a vida. As águas corriam continuamente, onda após onda. Não menciono isso para reivindicar compaixão, mas simplesmente para que o leitor veja que não sou marinheiro de terras secas. Percorri, inúmeras vezes, esses oceanos que não são o Pacífico; conheço o quebrar das vagas e o ímpeto dos ventos. Nunca foram as promessas de Jeová tão preciosas para mim como nestes momentos. Algumas delas eu jamais compreendi; a data em que estariam maduras ainda não havia chegado, pois eu mesmo não era maduro o suficiente para depreender seu significado.

Quão mais maravilhosa é a Bíblia para mim agora se comparada ao que era há poucos meses! Por obedecer ao Senhor e por suportar Sua repreensão fora do acampamento, não recebi novas promessas, mas o resultado para mim é muito semelhante ao que seria se as tivesse recebido, pois as antigas promessas abriram para mim depósitos mais ricos. Em especial, a Palavra do Senhor a Seu servo Jeremias soou a meus ouvidos sobremaneira doce. A sina desse profeta era falar àqueles que não queriam ouvir, mas se o ouvissem, não acreditariam. Sua tristeza era aquela que vem do amor defraudado e da lealdade implacável; ele tinha feito seu povo abandonar seus erros, porém ele próprio não abandonaria o caminho do Senhor. Para Jeremias havia palavras de profundo poder sustentador, que impediram sua mente de falhar onde a natureza desamparada teria afundado. Eu amei essas sentenças áureas de graça e outras tais como essas mais do que meu alimento necessário, e com elas enriqueci estas páginas.

Ó, para que eu possa consolar alguns dos servos de meu Mestre, escrevi de meu próprio coração com a intenção de lhes confortar a alma. Eu lhes diria em suas provações: "Meus irmãos, Deus é bom. Ele não os abandonará, Ele os sustentará até o fim. Há uma promessa preparada para suas emergências atuais; e, se você crer e pleiteá-la diante do trono de misericórdia por meio de Jesus Cristo, verá a mão do Senhor estendida para auxiliá-lo. Todo o restante falhará, mas Sua Palavra nunca. Em incontáveis ocasiões, Ele tem sido tão fiel para mim de modo que devo encorajá-lo a confiar nele. Eu seria ingrato a Deus e rude com você, se assim não o fizesse".

Que o Espírito Santo, o Consolador, inspire o povo do Senhor com fé renovada! Sei que, sem o Seu poder divino, tudo o que posso dizer não trará benefício algum; mas, sob Sua influência vivificadora, até mesmo o testemunho mais simples firmará os joelhos débeis e fortalecerá as mãos fracas. Deus é glorificado quando os Seus servos confiam inteiramente nele. Nunca exageraremos aos nos comportarmos como filhos com nosso Pai celestial. Nossos pequeninos não fazem perguntas sobre nossa vontade ou nosso poder, mas, uma vez tendo recebido a promessa do pai, alegram-se na perspectiva de que se cumprirá, jamais duvidando de que é tão certa quanto o Sol. Que muitos leitores, a quem provavelmente nunca verei, descubram o dever e o deleite da confiança em Deus tal como uma criança, enquanto leem as porções que preparei para cada dia do ano.

Por longos anos, milhares do povo de Deus leram o meu *Manhã e Noite* [N.E.: *Dia a dia com Spurgeon — manhã e noite*, Publicações Pão Diário, 2020] e muitos deles foram gentis o suficiente escrevendo-me e reconhecendo o benefício dessa leitura atenta. Espero que este pequeno livro não interfira com a obra supracitada. Estas reflexões diárias foram reunidas a partir de uma variedade mais ampla de tópicos e são sobremodo proveitosas porque tratam de doutrina, experiência, prática e todo o restante. São apenas uma saborosa degustação da promessa, e não deve interferir na busca por refeições completas. Meu desejo é instigar o seu anseio por elas.

Que nosso Senhor Jesus aceite o meu esforço por Suas ovelhas e cordeiros.

Seu servo indigno,

C. H. Spurgeon

1.º DE JANEIRO

A primeira promessa na Bíblia

Porei inimizade entre ti e a mulher, entre a tua descendência e o seu descendente. Este te ferirá a cabeça, e tu lhe ferirás o calcanhar. GÊNESIS 3:15

Essa é a primeira promessa ao homem caído. Ela contém todo o evangelho e a essência da aliança da graça. Em grande medida ela já foi cumprida. A semente da mulher, nosso Senhor Jesus, teve Seu calcanhar ferido, e que terrível ferida foi! Quão terrível será a ferida final na cabeça da serpente! Isso já foi, em parte, executado quando Jesus derrotou o pecado, extinguiu a morte e rompeu o poder de Satanás; mas isso ainda aguarda uma realização mais plena: o segundo advento de nosso Senhor, o Dia do Julgamento. A nós, a promessa permanece como uma profecia de que seremos afligidos pelos poderes do mal em nossa natureza caída e, assim, feridos no calcanhar, mas triunfaremos em Cristo, pois Ele coloca Seu pé sobre a cabeça da antiga serpente. Ao longo deste ano, é provável que tenhamos de aprender a primeira parte dessa promessa pela experiência, por meio das tentações provenientes do diabo e da crueldade dos incrédulos, que são semente do maligno. Eles podem também, assim, nos ferir para que claudiquemos com nosso calcanhar dolorido; mas aprendamos a segunda parte do texto e não desanimaremos. Pela fé, regozijemo-nos no fato de que ainda reinaremos em Cristo Jesus, a semente da mulher.

2 DE JANEIRO

Conquista da vitória

E o Deus da paz, em breve, esmagará debaixo dos vossos pés a Satanás. A graça de nosso Senhor Jesus seja convosco. ROMANOS 16:20

Essa promessa é um bom seguimento daquela de ontem. Somos, evidentemente, conformados àquele que é o Cabeça de nossa aliança, não apenas no fato de que Ele é ferido em Seu calcanhar, mas em Sua vitória contra o maligno. Sob os nossos pés também, o antigo dragão será ferido. Os cristãos romanos estavam entristecidos com a desavença na igreja, mas o seu Deus era o "Deus da paz" e lhes deu descanso de alma. O arqui-inimigo fez tropeçar os pés dos incautos e enganou o coração dos simplórios, mas ele receberia o pior e seria pisoteado por aqueles a quem havia perturbado. Essa vitória não viria ao povo de Deus por meio de sua própria habilidade ou seu poder, antes o próprio Deus feriria Satanás. Embora o maligno estivesse sob os pés do povo, o ferimento seria causado exclusivamente pelo Senhor.

Esmaguemos bravamente o tentador! Não somente espíritos subalternos, mas o próprio príncipe das trevas deve cair diante de nós. Com confiança incondicional em Deus, busquemos vitória célere. *Em breve.* Feliz expressão! *Em breve* colocaremos o pé sobre a antiga serpente! Que alegria esmagar o mal! Que desonra para Satanás ter sua cabeça ferida por pés humanos! Que nós, pela fé em Jesus, esmaguemos o tentador.

3 DE JANEIRO

Descanse em uma promessa

Perto dele estava o SENHOR e lhe disse:
Eu sou o SENHOR, Deus de Abraão, teu pai, e Deus de
Isaque. A terra em que agora estás deitado, eu ta darei,
a ti e à tua descendência. GÊNESIS 28:13

Nenhuma promessa é para interpretação particular; ela pertence não apenas a um santo, mas a todos os crentes. Caso você, meu irmão, possa em fé repousar sobre uma promessa e nisso ter seu descanso, ela é sua. O lugar em que Jacó "pousou", acampou e descansou foi o lugar do qual apropriou-se. Ao estirar seu corpo cansado no chão, com as pedras daquele local como travesseiro, ele pouco imaginava que assim estava recebendo a posse daquela terra; contudo, assim o foi. Em seu sonho, Jacó viu aquela admirável escada que, para todos os verdadeiros cristãos, une a Terra e o Céu, e certamente o solo em que o pé da escada estava era dele por direito, pois de outra forma não poderia alcançar a escada divina. Todas as promessas de Deus são "Sim" e "Amém" em Cristo Jesus e, assim, como Ele é nosso, toda promessa é nossa se apenas descansarmos nela em repousante fé.

Venha, você que está cansado, utilize as palavras de seu Senhor como travesseiros, deite-se em paz. Sonhe apenas com Ele. Jesus é a sua escada de luz. Veja os anjos subindo e descendo por Ele, entre sua alma e o seu Deus, e tenha a certeza de que a promessa é sua porção concedida por Deus e de que não será um roubo você tomá-la para si, uma vez que foi declarada especialmente a você.

4 DE JANEIRO

Em tranquilo repouso

*Naquele dia, farei a favor dela aliança com as
bestas-feras do campo, e com as aves do céu,
e com os répteis da terra; e tirarei desta o arco, e a
espada, e a guerra e farei o meu povo repousar
em segurança.* OSEIAS 2:18

Sim, os santos devem ter paz. A passagem da qual essa graciosa palavra é extraída fala de paz "...com as bestas-feras do campo, e com as aves do céu, e com os répteis da terra...". Isso é paz com inimigos terrenos, com males misteriosos e com pequenos aborrecimentos! Qualquer um destes pode nos impedir de repousarmos, mas nenhum deles, de fato, conseguirá fazê-lo. O Senhor destruirá essas coisas que ameaçam Seu povo: "...tirarei desta o arco, e a espada, e a guerra...". A paz será, de fato, profunda quando todos os instrumentos de intranquilidade forem despedaçados.

Com esta paz virá o descanso: "...aos seus amados ele o dá enquanto dormem" (SALMO 127:2). Plenamente supridos e divinamente aquietados, cristãos se deitam em tranquilo repouso.

Tal descanso será seguro. Uma coisa é deitar-se, mas outra muito diferente é "repousar em segurança". Somos levados à terra da promessa, à casa do Pai, aos aposentos do amor e ao seio de Cristo. Certamente podemos agora "repousar em segurança". É mais seguro para um cristão repousar em paz do que sentar-se e preocupar-se.

"Ele me faz repousar em pastos verdejantes..." (SALMO 23:2). Nunca descansamos até que o Consolador nos faça repousar.

5 DE JANEIRO

Uma garantia maravilhosa

*...não temas, porque eu sou contigo; não te assombres,
porque eu sou o teu Deus; eu te fortaleço,
e te ajudo, e te sustento com a minha destra fiel.*
ISAÍAS 41:10

Quando chamados para servir ou para sofrer, fazemos um inventário de nossa força e descobrirmos ser menor do que pensávamos e menor do que precisaríamos. Que o nosso coração não se perturbe, uma vez que temos palavra como esta sobre a qual nos apoiarmos, pois ela nos garante tudo que venhamos necessitar. Deus tem força onipotente, e pode transmiti-la a nós. Sua promessa é que assim o fará. O Senhor será alimento para nossa alma e a saúde de nosso coração, e assim Ele nos dará força. Não há possibilidade de afirmar quanto poder Deus pode colocar em um homem. Quando a força divina vem, a fraqueza humana já não é mais um obstáculo.

Não nos lembramos de períodos de trabalho e provações quando recebemos tal força especial de modo a nos maravilharmos conosco mesmos? Em meio ao perigo, estivemos calmos; sob luto, permanecemos resignados; em difamação, fomos comedidos, e na enfermidade fomos pacientes. O fato é que Deus nos dá força inesperada quando as provações incomuns vêm sobre nós. Superamos nosso débil ser. Covardes agem como homens, tolos recebem sabedoria, e os silentes recebem aquilo que devem declarar, no exato momento em que devem falar. Minha própria fraqueza me faz decrescer, mas a promessa de Deus me torna valente.

Senhor, fortaleça-me segundo Tua palavra.

6 DE JANEIRO

Ajuda externa

...não temas, porque eu sou contigo; não te assombres, porque eu sou o teu Deus; eu te fortaleço, e te ajudo, e te sustento com a minha destra fiel.

ISAÍAS 41:10

A promessa de ontem nos garantiu força para o que temos que fazer, mas esta nos garante auxílio nos casos em que não podemos agir sozinhos. O Senhor diz: "...eu te ajudo...". A força interior é suplementada pela ajuda exterior. Deus pode levantar aliados em nossa batalha se assim parecer bom a Seus olhos; e, mesmo que não envie auxílio humano, Ele próprio estará ao nosso lado, e isso é ainda melhor. "Nosso Aliado Solene" é melhor que legiões de ajudantes mortais.

Seu socorro é oportuno: Ele é socorro bem-presente nas tribulações. Seu socorro é muito sábio: Ele sabe como dar a cada homem socorro satisfatório e adequado para si. Seu socorro é sobremaneira eficaz, posto que é vão o socorro do homem. Seu socorro é mais do que socorro, pois Ele leva todo o fardo e supre tudo o que necessitamos. "...O Senhor é o meu auxílio, não temerei; que me poderá fazer o homem?" (HEBREUS 13:6)

Porque Ele já foi nosso socorro, temos confiança nele com relação ao presente e ao futuro. Nossa oração é: "...sê tu Senhor, o meu auxílio" (SALMO 30:10); nossa experiência é: "Também o Espírito, semelhantemente, nos assiste em nossa fraqueza..." (ROMANOS 8:26); nossa expectativa é: "Elevo os olhos para os montes: de onde me virá o socorro?" (SALMO 121:1); e nossa canção em breve será: "Tu, Senhor, me manteve".

7 DE JANEIRO

Sempre crescendo

Ao que Jesus lhe respondeu: Porque te disse que te vi debaixo da figueira, crês? Pois maiores coisas do que estas verás. JOÃO 1:50

Isso é dito a um cristão pueril, que estava pronto para aceitar Jesus como Filho de Deus, o Rei de Israel, com base em um convincente fragmento de argumento. Aqueles que estão dispostos a ver, verão; é por fecharmos os olhos que nos tornamos tão lamentavelmente cegos.

Já vimos tanto. O Senhor nos mostrou coisas grandes e insondáveis, pelas quais louvamos Seu nome; mas há verdades maiores em Sua Palavra, maiores profundidades de experiência, maiores alturas de comunhão, maiores obras de proficuidade, maiores descobertas de poder, amor e sabedoria. Estas ainda veremos se estivermos dispostos a crer em nosso Senhor. A capacidade de inventar falsa doutrina é catastrófica, mas poder para ver a verdade é uma bênção. O Céu se abrirá para nós, o caminho para lá ficará evidente para nós no Filho do Homem, e o intercâmbio angelical que ocorre entre os reinos superior e inferior será ainda mais manifesto a nós. Mantenhamos nossos olhos abertos em direção a elementos espirituais e esperemos ver mais e mais. Creiamos que nossa vida não se reduzirá a nada, mas que estaremos sempre do lado em que há crescimento, vendo coisas maiores e ainda mais grandiosas, até que contemplemos o Deus magnífico em si e nunca mais o percamos de vista.

8 DE JANEIRO

Pureza de coração e de vida

*Bem-aventurados os limpos de coração,
porque verão a Deus.* MATEUS 5:8

A pureza, mesmo a pureza de coração, é o principal objetivo no qual se deve mirar. Precisamos ser puros interiormente por meio do Espírito e da Palavra, então seremos puros exteriormente pela consagração e a obediência. Há uma conexão muito próxima entre as afeições e o entendimento: se amamos o mal, não podemos compreender o que é bom; se o coração for sórdido, o olho será obscuro. Como esses homens podem ver o Deus santo já que amam coisas profanas?

Que privilégio é ver Deus aqui! Um vislumbre dele é o Céu aqui embaixo! Em Cristo Jesus os puros de coração contemplam o Pai. Nós o vemos, vemos Sua verdade, Seu amor, Seu propósito, Sua soberania, Seu caráter de aliança, sim, nós o vemos em Cristo. Mas isso só é apreendido conforme o pecado é mantido fora do coração. Apenas aqueles que objetivam a piedade podem afirmar: "Os meus olhos se elevam continuamente ao Senhor...". O desejo de Moisés: "...Rogo-te que me mostres a tua glória" (ÊXODO 33:18) só pode ser realizado em nós conforme nos purificamos de toda iniquidade. Nós "...haveremos de vê-lo como ele é" (1 JOÃO 3:2) e "...a si mesmo se purifica todo o que nele tem esta esperança..." (1 JOÃO 3:3). O usufruir da comunhão presente e a esperança da visão do grande júbilo são motivos prementes para a pureza de coração e de vida.

*Senhor, torna-nos puros de coração
para que o possamos ver!*

9 DE JANEIRO

Ganhando ao doar

A alma generosa prosperará, e quem dá a beber será dessedentado. PROVÉRBIOS 11:25

Ocorrendo que meu desejo seja florescer na alma, não devo acumular em meus depósitos, mas devo distribuir aos pobres. Estar próximo e agir mesquinhamente é a maneira do mundo de prosperar, mas não é o modo de Deus, pois Ele diz: "A quem dá liberalmente, ainda se lhe acrescenta mais e mais; ao que retém mais do que é justo, ser-lhe-á em pura perda" (PROVÉRBIOS 11:24). A maneira como a fé ganha é doando. Eu devo tentar e tentar e posso esperar que toda prosperidade que for boa para mim virá como graciosa recompensa por conta de atitudes generosas.

É claro que não tenho garantia de enriquecimento. Poderei engordar, mas engordarei demais. Riquezas grandiosas demais podem me transformar no que as pessoas desajeitadamente corpulentas geralmente são causando-me a sensação de desconforto, a dispepsia do mundanismo, e talvez provocando uma degeneração graxa no coração. Não, se sou gordo o suficiente para estar saudável, posso me considerar satisfeito e, se o Senhor me concede uma aptidão, devo ficar inteiramente satisfeito.

Mas há uma adiposidade mental e espiritual que eu cobiçaria sobremaneira e esta vem como resultado de pensamentos generosos com relação a meu Deus, Sua Igreja e meus companheiros. Que eu não restrinja, para que meu coração não entre em inanição. Permita-me ser pródigo e generoso, pois assim serei como meu Senhor. Ele se entregou por mim; deveria eu restringir qualquer coisa a Ele?

10 DE JANEIRO

Recompensa divina

*A alma generosa prosperará,
e quem dá a beber será dessedentado.*
PROVÉRBIOS 11:25

Ocorrendo que eu, cuidadosamente, dê atenção a outros, Deus me dará atenção e de uma forma ou outra me recompensará. Caso eu considere os pobres, o Senhor me considerará. Caso eu zele pelas crianças, o Senhor me tratará como Seu filho. Alimente eu o Seu rebanho, e Ele me alimentará. Regue eu o Seu jardim, e Ele fará de minha alma um jardim regado. Essa é a promessa do próprio Senhor; minha é a incumbência de cumprir a condição, e assim esperar que ela se realize.

Eu poderei preocupar-me comigo até que atinja estado mórbido; posso zelar por meus próprios sentimentos até que nada sinta e posso lamentar minha fraqueza até que fique fraco demais para lamentar. Será muito mais benéfico para mim tornar-me altruísta e, por amor a meu Senhor Jesus, passar a preocupar-me com a alma daqueles ao meu redor. Meu reservatório está atingindo nível reduzido, não há chuva fresca que venha enchê-lo, o que devo fazer? Abrirei o tampão e deixarei que seu conteúdo flua para regar as plantas murchas ao meu redor. O que vejo? Minha cisterna parece ser cheia conforme seu conteúdo flui. Uma fonte secreta está em ação. Enquanto eu permanecia estagnado, a fonte fresca estava selada, mas, à medida que minhas reservas escoam para irrigar outros, o Senhor pensa em mim. Aleluia!

11 DE JANEIRO

A fé define o arco

Sucederá que, quando eu trouxer nuvens sobre a terra,
e nelas aparecer o arco [...]
me lembrarei da minha aliança.
GÊNESIS 9:14-15

Neste exato momento, as nuvens são inúmeras, mas não tememos que o mundo venha a ser destruído por um dilúvio. Vemos o arco-íris com frequência suficiente para impedir-nos de ter tais medos. A aliança que o Senhor fez com Noé permanece e não duvidamos disso. Por que, então, deveríamos pensar que as nuvens de provação, que agora escurecem nosso céu, acabarão em destruição? Dispensemos tais temores infundados e aviltantes.

A fé sempre vê o arco-íris da promessa da aliança em qualquer situação em que os sentidos veem a nuvem da aflição. Deus tem um arco com o qual pode lançar Suas flechas de destruição. Mas, veja: está voltado para cima! É um arco sem flecha ou corda; é um arco suspenso para ser exibido, não mais utilizado para guerra. É um arco de muitas cores, expressando alegria e deleite e não um arco avermelhado de sangue do abate ou preto de ira. Tenhamos bom ânimo. Deus jamais escurece o céu a tal ponto que deixe Sua aliança sem testemunho; e, ainda que o fizesse, confiaríamos nele, visto que Ele não pode mudar, ou mentir, ou de qualquer forma falhar em manter Sua aliança de paz. Até que as águas cubram a Terra novamente, não teremos motivo para duvidar de nosso Deus.

12 DE JANEIRO

Amado até o fim

O Senhor não rejeitará para sempre.
LAMENTAÇÕES 3:31

Ele pode rejeitar por um período, mas não para sempre. Uma mulher pode deixar de usar seus ornamentos por alguns dias, mas não os esquecerá ou os lançará no monturo. Não é característico do Senhor rejeitar aqueles que ama, pois "...tendo amado os seus que estavam no mundo, amou-os até ao fim" (JOÃO 13:1). Alguns falam sobre estarmos sob a graça e fora dela, como se fôssemos coelhos que correm para dentro e para fora de suas tocas; mas, de fato, conosco não é assim. O amor do Senhor é uma questão muito mais substancial e duradoura do que isso.

Ele nos escolheu desde a eternidade e nos amará ao longo de toda eternidade. Ele nos amou tanto que chegou a ponto de morrer por nós, portanto, podemos estar certos de que Seu amor nunca morrerá. Sua honra está tão entrelaçada à salvação do cristão que Ele não pode mais rejeitá-lo tanto quanto não pode desprezar Suas vestes do ofício como Rei da glória. Não, não! O Senhor Jesus, como o Cabeça, nunca rejeita Seus membros; como Marido, jamais rejeita Sua Noiva. Você já se considerou ter sido rejeitado? Por que pensou algo tão maligno do Senhor, que o tomou para si como noiva? Rejeite tais pensamentos e nunca permita que se alojem em sua alma novamente. "Deus não rejeitou o seu povo..." (ROMANOS 11:2), "Porque o Senhor, Deus de Israel, diz que odeia o repúdio..." (MALAQUIAS 2:16).

13 DE JANEIRO

Jamais lançarei fora

Todo aquele que o Pai me dá, esse virá a mim;
e o que vem a mim, de modo nenhum o lançarei fora.

JOÃO 6:37

Há algum caso em que nosso Senhor lançou fora alguém que tenha vindo a Ele? Havendo, gostaríamos de saber, mas não houve sequer um e nunca haverá. Entre as almas perdidas no inferno, não há uma que possa dizer: "Eu fui a Jesus e Ele me rejeitou". Não é possível que você ou eu sejamos os primeiros com os quais Jesus não cumprirá Sua palavra. Não alimentemos tal receio obscuro.

Suponhamos que vamos agora a Jesus com relação aos males de hoje. Ó, disto podemos ter certeza: Ele não se recusará a nos ouvir nem mesmo nos lançará fora. Aqueles de nós que com frequência vão até Ele e aqueles que nunca o fizeram — sigamos juntos e veremos que Ele não fechará a porta de Sua graça diante de nenhum de nós.

"...Este recebe pecadores..." (LUCAS 15:2), mas não repele nenhum deles. Nós vamos a Ele fracos e em pecado, com uma fé trêmula, um conhecimento pequeno e uma fraca esperança. Contudo, Ele não nos rejeita. Achegamo-nos a Ele pela oração, e essa oração foi rompida; pela confissão, e essa confissão falhou; com louvor, e esse louvor está muito aquém de Seus méritos. Ainda assim, Ele nos recebe. Apresentamo-nos a Ele enfermos, corrompidos, desgastados e indignos. Mesmo assim, de maneira alguma, Ele nos rejeita. Voltemos a Ele novamente hoje, pois o Senhor jamais nos lança fora.

14 DE JANEIRO

O descanso é uma dádiva

*Vinde a mim, todos os que estais cansados
e sobrecarregados, e eu vos aliviarei.*
MATEUS 11:28

Nós que somos salvos encontramos descanso em Jesus. Aqueles que ainda não são salvos receberão descanso se forem a Ele, pois Ele promete "aliviar" esse descanso. Nada pode ser mais gracioso que uma dádiva; aceitemos alegremente o que o Senhor concede alegremente. Você não deve comprá-lo, nem pedir emprestado, mas recebê-lo como uma dádiva. Você trabalha sob a chibata da ambição, cobiça, luxúria ou ansiedade; Ele o libertará dessa escravidão de ferro e lhe dará descanso. Você está de fato "cansado", sim "*sobre*carregado" pelo pecado, medo, preocupação, remorso, medo da morte; mas, se você for ao Senhor, Ele o livrará do fardo. Ele carregou o peso esmagador do nosso pecado para que não mais o carreguemos. Ele se fez o grande Carregador de fardos, para que todo aquele que estiver sobrecarregado possa deixar de curvar-se sob gigantesca pressão.

Jesus concede alívio e descanso. Assim acontece. Você crê? Você testará esta verdade? O fará imediatamente? Achegue-se a Jesus abrindo mão de qualquer outra esperança, pensando nele, crendo no testemunho que Deus dá sobre Ele e confiando tudo a Ele. Caso você venha a Ele, o Senhor lhe concederá o descanso profundo, seguro, santo e eterno. O Senhor dá um descanso que se estende até o Céu e Ele o concede, hoje, a todos que se achegam a Ele.

15 DE JANEIRO

Enriquecido pela fé

*Pois o necessitado não será para sempre esquecido,
e a esperança dos aflitos
não se há de frustrar perpetuamente.*

SALMO 9:18

A pobreza é uma herança severa, mas aqueles que confiam no Senhor são enriquecidos pela fé. Eles sabem que não foram esquecidos por Deus e, embora pareça que sejam negligenciados em Sua distribuição providencial de boas coisas, aguardam por um tempo em que tudo isso será ajustado. Lázaro nem sempre estará entre os cães diante do portão do homem rico, mas terá sua recompensa no seio de Abraão. Ainda hoje o Senhor se lembra de Seus pobres, mas preciosos filhos: "Eu sou pobre e necessitado, porém o Senhor cuida de mim..." (SALMO 40:17), assim disse um dos antigos e deste modo ainda o é. Os pobres piedosos têm grandes expectativas. Eles esperam que o Senhor proveja tudo o que lhes é necessário para esta vida e a santidade; esperam ver coisas cooperando para o seu bem, esperam ter relacionamento ainda mais íntimo com o seu Senhor, que não tinha onde repousar Sua cabeça; esperam Seu segundo advento e compartilhar dessa glória. Tal expectativa não pode perecer, pois está depositada em Cristo Jesus, que vive para sempre; e porque Ele vive, essa expectativa também viverá. O pobre santo entoa muitos cânticos que o pecador rico não pode compreender. Pelo que, quando tivermos escassez aqui embaixo, pensemos na mesa real lá de cima.

16 DE JANEIRO

Até mesmo a invocação mais lânguida

*E acontecerá que todo aquele que invocar
o nome do SENHOR será salvo; porque, no monte Sião
e em Jerusalém, estarão os que forem salvos,
como o SENHOR prometeu; e, entre os sobreviventes,
aqueles que o SENHOR chamar.* JOEL 2:32

Por que não invoco Seu nome? Por que corro para este ou aquele vizinho quando Deus está tão próximo e ouvirá até mesmo o meu invocar mais lânguido? Por que me sento e elaboro manobras e invento planos? Por que não me lanço imediatamente, eu e meu fardo, sobre o Senhor? Melhor é o corredor com alvo estabelecido — por que não corro imediatamente até o Deus vivo? Em vão procurarei libertação em qualquer outro lugar, mas em Deus a encontrarei; pois aqui tenho a promessa do Rei para garanti-lo.

Não preciso questionar se devo ou não invocar o Senhor, pois as palavras "todo aquele" são muito amplas e compreensivas. Todo aquele quer dizer "eu", pois significa qualquer um e cada um que invoca Deus. Eu, portanto, seguirei a orientação do texto e imediatamente invocarei o Senhor glorioso que fez tão grande promessa.

Meu caso é urgente e não vejo como serei liberto, mas isso não é da minha alçada. Aquele que faz a promessa encontrará modos e meios de mantê-la. Meu dever é obedecer a Seus mandamentos, não é meu o direcionar Seus conselhos. Eu sou Seu servo, não Seu conselheiro. Eu o invoco, e Ele me libertará.

17 DE JANEIRO

Um homem sem medo

*Deus lhe respondeu: Eu serei contigo;
e este será o sinal de que eu te enviei: depois de
haveres tirado o povo do Egito,
servireis a Deus neste monte.* ÊXODO 3:12

É claro que, se o Senhor enviou Moisés a cumprir uma missão, Ele não o deixaria ir sozinho. O enorme risco que isso envolveria e o grande poder que exigiria tornariam ridículo o fato de Deus enviar um pobre hebreu solitário para confrontar o rei mais poderoso em todo o mundo e, posteriormente, deixá-lo à mercê de si mesmo. Não se poderia imaginar que Deus sendo sábio fosse igualar o pobre Moisés a Faraó e às enormes forças do Egito. Consequentemente o Senhor diz: "...Eu serei contigo..." como se estivesse fora de questão a possibilidade de que Ele o enviaria sozinho.

No meu caso, também, a mesma regra permanecerá válida. Se eu me coloco para executar a missão do Senhor, com simples confiança em Seu poder e olhar exclusivo para Sua glória, é certo que Ele estará comigo. O fato de Ele me enviar me une a Ele para me apoiar. Isto não é o suficiente? O que mais posso querer? Estivessem todos os anjos e arcanjos comigo, eu poderia falhar; mas se Ele está comigo, eu necessariamente sou bem-sucedido. Que eu apenas tenha o cuidado de agir de modo digno dessa promessa. Que não aja de modo tímido, irresoluto, descuidado, presunçoso. Que tipo de pessoa deve ser aquela que tem Deus consigo! Em tal companhia, a mim é imposto agir como homem e, da mesma forma que Moisés, ir até Faraó sem medo.

18 DE JANEIRO

Cristo e Seus filhos

*Todavia, ao SENHOR agradou moê-lo, fazendo-o
enfermar; quando der ele a sua alma
como oferta pelo pecado, verá a sua posteridade
e prolongará os seus dias; e a vontade
do SENHOR prosperará nas suas mãos.* ISAÍAS 53:10

Nosso Senhor Jesus não morreu em vão. Sua morte em sacrifício: Ele morreu como nosso substituto, porque a morte era o castigo por nossos pecados. Pelo fato de Sua substituição ter sido aceita por Deus, Ele salvou aqueles por quem fez de Sua alma um sacrifício. Pela morte Ele se tornou como o grão de trigo que gera muitos frutos. Deve haver uma sucessão de filhos após Jesus; Ele é "...o Pai da eternidade...". Ele dirá: "Eis-me aqui, e os filhos que o Senhor me deu...".

Um homem é honrado em seus filhos, e Jesus tinha sua aljava repleta dessas flechas do poderoso. Um homem é representado em seus filhos, e assim o é Cristo nos cristãos. Em sua semente, a vida de um homem parece ser prolongada e estendida; e assim é a vida de Jesus continuada nos que creem.

Jesus vive, pois vê Sua semente. Ele fixa Seu olhar em nós, deleita-se em nós, reconhece-nos como o fruto do trabalho de Sua alma. Alegremo-nos porque nosso Senhor não deixa de usufruir do resultado de Seu terrível sacrifício, e porque jamais deixará de regalar Seus olhos com a colheita de Sua morte. Esses olhos que outrora choraram por nós agora nos enxergam com prazer. Sim, Ele olha para aqueles que olham para Ele. Nossos olhares se encontram! Que alegria é esta!

19 DE JANEIRO

Confessar com a boca, crer com o coração

Se, com a tua boca, confessares Jesus como Senhor e, em teu coração, creres que Deus o ressuscitou dentre os mortos, serás salvo. ROMANOS 10:9

Deve-se confessar com a boca. Eu fiz isso? Declarei abertamente minha fé em Jesus como o Salvador a quem Deus ressuscitou dos mortos e o fiz como Deus requer que seja feito? Que eu responda honestamente a tal pergunta.

Deve-se também crer com o coração. Creio sinceramente no Senhor Jesus ressurreto? Confio nele como minha única esperança de salvação? Tal confiança vem do meu coração? Que eu responda diante de Deus.

Caso possa verdadeiramente afirmar que confessei Cristo e nele cri, então eu sou salvo. O texto não diz que assim pode ser, mas é firme como bloco de madeira e claro como o Sol nos Céus: "...serás salvo". Como cristão e alguém que confessa a própria fé, posso colocar as mãos nesta promessa e pleiteá-la diante do Senhor Deus neste momento, ao longo da vida, na hora da morte e no Dia do Julgamento.

Eu devo ser salvo da culpa do pecado, do poder do pecado, da punição do pecado e, em última instância, do próprio pecado. Deus declarou: "...serás salvo". Nisto eu creio. Serei salvo. Eu sou salvo.

Glória a Deus para todo o sempre!

20 DE JANEIRO

O vencedor

*Quem tem ouvidos, ouça o que o Espírito diz às igrejas:
Ao vencedor, dar-lhe-ei que se alimente
da árvore da vida que se encontra no paraíso de Deus.*
APOCALIPSE 2:7

Homem algum deve virar as costas no dia da batalha ou recusar-se a ir à guerra santa. Devemos lutar se desejamos reinar e devemos levar a batalha adiante até que vençamos todos os inimigos; caso contrário essa promessa não é para nós, dado que ela é somente para o "vencedor". Nós devemos vencer os falsos profetas que vieram ao mundo e todos os males que acompanham seus ensinamentos. Devemos vencer nossa própria debilidade de coração e tendência a afastar-nos de nosso primeiro amor. Leia toda a carta do Espírito à igreja em Éfeso.

Se pela graça vencermos o dia, como ocorrerá se verdadeiramente seguirmos o nosso Líder vencedor, então seremos admitidos ao próprio centro do paraíso de Deus e teremos permissão para passar pelo querubim e sua espada flamejante e chegar àquela árvore vigiada, da qual se um homem comer, viverá para sempre. Assim escaparemos da morte interminável, que é a fatalidade do pecado, e ganharemos a vida eterna, que é o selo da inocência, a consequência de princípios imortais de santidade divina. Venha, meu coração, encha-se de coragem! Fugir do embate será perder as alegrias do novo e mais aprazível Éden; lutar até a vitória é caminhar com Deus no paraíso.

21 DE JANEIRO

Os inimigos de Deus se curvarão

Saberão os egípcios que eu sou o SENHOR,
quando estender eu a mão sobre o Egito e tirar
do meio deles os filhos de Israel.

ÊXODO 7:5

É difícil de ensinar o mundo incrédulo. O Egito não conhece Jeová e, portanto, ousa estabelecer seus ídolos e até mesmo aventura-se a questionar: "Quem é o Senhor?". Contudo o Senhor pretende quebrantar corações orgulhosos, queiram eles ou não. Quando Seus julgamentos trovejam sobre o coração deles, obscurecem seus céus, destroem suas colheitas e matam seus filhos, eles começam a, ligeiramente, discernir o poder de Jeová. Essas coisas ainda ocorrerão na Terra, de modo que os céticos serão colocados de joelhos. Não desanimemos com suas blasfêmias, pois o Senhor pode cuidar de Seu próprio nome e Ele o fará de modo muito eficaz.

A salvação de Seu próprio povo foi outro meio potente de fazer o Egito reconhecer que o Deus de Israel era Jeová, o Deus vivo e verdadeiro. Nenhum israelita morreu por nenhuma das dez pragas. Nenhum da semente escolhida afogou-se no mar Vermelho. Sendo assim, a salvação dos eleitos e a certa glorificação de todos os verdadeiros cristãos fará os mais obstinados inimigos de Deus reconhecerem que Jeová é Deus.

Ó, que Seu poder convincente vá adiante, por Seu Santo Espírito, na pregação do evangelho, até que todas as nações se curvem diante do nome de Jesus e o chamem de Senhor!

22 DE JANEIRO

Generosidade cristã

*Bem-aventurado o que acode ao necessitado;
o Senhor o livra no dia do mal.*

SALMO 41:1

Pensar nos pobres e tê-los em nosso coração é o dever de um homem cristão; pois Jesus os colocou conosco e próximos a nós quando disse: "...porque os pobres, sempre os tendes convosco..." (JOÃO 12:8).

Muitos dão seu dinheiro aos pobres apressadamente, sem pensar e muitos mais nada ofertam a eles. Essa preciosa promessa pertence àqueles que "acodem" o necessitado, olham para sua situação, elaboram planos para seus benefícios e, atenciosamente, os executam. Nós podemos fazer mais ao prover cuidado do que ao fornecer dinheiro e podemos muito quando unimos ambos. Àqueles que acodem o necessitado, o Senhor promete Seu próprio auxílio em momentos de angústia. Ele nos retirará da dificuldade se ajudarmos outros quando estiverem em dificuldade. Nós receberemos auxílio muito singular se o Senhor vir que tentamos prover para outros. Teremos tempo de dificuldade, independentemente do quão generosos sejamos; mas, se formos caridosos, poderemos reivindicar libertação peculiar, e o Senhor não negará Sua própria palavra e comunhão. Rabugentos mesquinhos podem ajudar uns aos outros, mas cristãos atenciosos e generosos, o Senhor ajudará. Como você fez a outros, assim o Senhor fará a você. Esvazie seus bolsos.

23 DE JANEIRO

Um sacrifício completo

*E porá a mão sobre a cabeça do holocausto,
para que seja aceito a favor dele, para a sua expiação.*
LEVÍTICO 1:4

Se, pelo impor da mão, o novilho se tornou o sacrifício do ofertante, quanto mais Jesus se tornará o nosso sacrifício pela imposição da mão da fé?

> *Minha fé colocaria sua mão
> Em Tua preciosa cabeça,
> Enquanto como um penitente permaneço,
> E lá meu pecado confesso.*

Pois, se um novilho podia ser aceito pelo ofertante para fazer expiação por ele, quanto mais o Senhor Jesus será nossa propiciação plena e inteiramente suficiente? Alguns divergem da grande verdade da substituição, mas para nós essa é a nossa esperança, nossa alegria, nossa vanglória, nosso tudo. Jesus é aceito por nós para fazer expiação por nós e assim somos "aceitos no Amado". Que o leitor tenha cuidado em imediatamente impor as mãos no sacrifício consumado do Senhor, para que, por aceitá-lo, possa obter seu benefício. Caso assim tenha feito uma vez, que o faça novamente. Caso nunca o tenha feito, que estenda sua mão sem nem mais um momento de atraso. Jesus é seu agora se você o aceitar. Apoie-se nele — ampare-se totalmente nele — e Ele será seu sem questionamento algum: você está reconciliado com Deus, seus pecados estão apagados e você pertence ao Senhor.

24 DE JANEIRO

O cuidado com nossos pés

*Ele guarda os pés dos seus santos,
porém os perversos emudecem nas trevas da morte;
porque o homem não prevalece pela força.*
1 SAMUEL 2:9

O caminho é escorregadio e nossos pés são débeis, mas o Senhor guardará nossos pés. Se nos entregamos a nós mesmos pela fé obediente a fim de sermos Seus santos, Ele próprio será nosso guardião. Não apenas encarregará Seus anjos de nos guardar, como Ele próprio nos preservará em nossas idas e vindas.

Ele guardará nossos pés da queda para que não corrompamos nossas vestes, firamos nossa alma e façamos o inimigo blasfemar.

Ele guardará nossos pés de vaguear, para que não andemos nos caminhos do erro, ou nos caminhos da tolice, ou nas costumeiras rotas deste mundo.

Ele guardará nossos pés para que não inchem pelo cansaço, ou criem bolhas devido à aspereza e extensão do caminho.

Ele guardará nossos pés para que não se firam: nossos sapatos serão de ferro ou bronze para que, ainda que pisemos na ponta da espada, ou em serpentes letais, não sangraremos ou seremos envenenados.

Ele também tirará os nossos pés da rede. Não seremos envolvidos pelo engano de nossos inimigos maliciosos e astutos.

Com uma promessa como essa, corramos sem fadiga e caminhemos sem medo. Aquele que guarda nossos pés o fará eficazmente.

25 DE JANEIRO

Deus age mediante confissão honesta

*Cantará diante dos homens e dirá: Pequei,
perverti o direito e não fui punido segundo merecia.
Deus redimiu a minha alma de ir
para a cova; e a minha vida verá a luz.* JÓ 33:27-28

Essa é uma palavra verdadeira, extraída da experiência de um servo de Deus e é equiparável a uma promessa. O que o Senhor fez e está fazendo, Ele continuará a fazer enquanto o mundo existir. O Senhor receberá em Seu seio todos os que vêm a Ele com a confissão sincera de seu pecado; de fato, Ele está sempre à procura para descobrir qualquer um que esteja em dificuldade por suas falhas.

Não podemos endossar a linguagem aqui utilizada? Já não pecamos, pecamos pessoalmente, a ponto de dizer: "Eu pequei"? Pecamos deliberadamente, tendo pervertido o que é direito? Pecamos de modo a descobrir que não há benefício nisto, exceto perda eterna? Acheguemo-nos, então, a Deus com esse reconhecimento honesto. Ele nada pede além disso. Nós não podemos fazer menos.

Pleiteemos Sua promessa no nome de Jesus. Ele nos libertará do poço do inferno que quer nos tragar; Ele nos concederá vida e luz. Por que deveríamos nos desesperar? Por que deveríamos até mesmo duvidar? O Senhor não zomba de almas humildes. Ele faz o que diz. Os culpados podem ser perdoados. Aqueles que merecem a execução podem receber perdão de graça.

*Senhor, nós confessamos
e oramos a ti para que nos perdoe!*

26 DE JANEIRO

Deus dissipa o medo

Pois contra Jacó não vale encantamento,
nem adivinhação contra Israel;
agora, se poderá dizer de Jacó e de Israel:
Que coisas tem feito Deus!
NÚMEROS 23:23

Como isso deveria cortar a raiz e os ramos de todos os medos supersticiosos e tolos! Ainda que houvesse alguma verdade em feitiçaria e augúrios, não poderiam afetar o povo do Senhor. Aqueles a quem Deus abençoou, demônios não podem amaldiçoar.

Homens impiedosos, como Balaão, podem ardilosamente tramar a derrocada da Israel do Senhor, mas com todo seu sigilo e tática estão fadados a falhar. Sua poeira é úmida, a ponta da espada deles é cega. Eles se reúnem, mas, como o Senhor não está com eles, reúnem-se em vão. Nós podemos sentar-nos tranquilamente e deixá-los tecer suas redes, pois não seremos envoltos nelas. Embora peçam auxílio a Belzebu e empreguem todo seu ofício serpentino, nada lhes favorecerá; os feitiços não funcionarão, a adivinhação lhes ludibriará. Que bênção isto é! Como acalma o coração! Os Jacós de Deus lutam com Deus, mas ninguém lutará com eles e os vencerá. Os Israeis de Deus devem necessariamente triunfar contra eles. Não precisamos temer o demônio em si, nem nenhum daqueles inimigos secretos cujas palavras são repletas de engano e cujos planos são profundos e intangíveis. Eles não podem ferir aqueles que confiam no Deus vivo. Nós resistimos ao diabo e a todas as suas legiões.

27 DE JANEIRO

Precioso arrependimento

*Ali, vos lembrareis dos vossos caminhos
e de todos os vossos feitos com que vos contaminastes
e tereis nojo de vós mesmos, por
todas as vossas iniquidades que tendes cometido.*
EZEQUIEL 20:43

Quando somos aceitos pelo Senhor e estamos em um lugar de favor, paz e segurança, somos, então, guiados ao arrependimento de todas as nossas falhas e equívocos para com nosso gracioso Deus. Tão precioso é o arrependimento a ponto de que podemos considerá-lo um diamante de altíssima qualidade, e isso é docemente prometido ao povo de Deus como um dos resultados mais santificadores da salvação. Aquele que aceita o arrependimento também concede arrependimento; e Ele não o fornece "da caixa de amarguras", mas dos "favos de mel" dos quais Ele alimenta Seu povo. A consciência do perdão comprado pelo sangue e da misericórdia imerecida é o melhor meio de dissolver um coração de pedra. Estamos nos sentindo endurecidos? Pensemos no amor de aliança e então abandonaremos o pecado, lamentaremos o pecado e abominaremos o pecado; sim, nos abominaremos por pecar contra tamanho amor infinito. Venhamos a Deus com essa promessa de penitência e peçamos a Ele que nos ajude a lembrar-nos, arrepender-nos, consternamo-nos e retornarmos. Ó, que possamos desfrutar desse enternecimento advindo do santo pesar! Que alívio seria uma enchente de lágrimas!

*Senhor, golpeia a rocha,
ou fala a ela, e faz as águas fluírem!*

28 DE JANEIRO

As lágrimas cessarão

*E lhes enxugará dos olhos toda lágrima, e a morte
já não existirá, já não haverá luto, nem pranto,
nem dor, porque as primeiras coisas passaram.*
APOCALIPSE 21:4

Sim, chegaremos a esse ponto se somos cristãos. O luto cessará e as lágrimas serão enxugadas. Este é o mundo do pranto, mas passa. Haverá novo Céu e nova Terra, assim diz o primeiro versículo do referenciado capítulo e, portanto, nada haverá pelo que prantear com relação à Queda e suas consequentes misérias. Leia o segundo versículo e note como fala da Noiva e seu casamento. A boda do Cordeiro é um tempo de alegria ilimitado e as lágrimas não terão lugar ali. O terceiro versículo diz que o próprio Deus habitará entre os homens; e certamente à Sua destra há deleite para todo o sempre, e as lágrimas já não mais podem fluir.

Qual será nosso estado quando não houver mais luto, nem choro, nem dor alguma? Será mais glorioso do que podemos agora imaginar. Ó, olhos que agora avermelham-se pelo pranto, cessem seu fluxo escaldante, pois, em pouco tempo, vocês não mais conhecerão lágrimas! Ninguém pode enxugar lágrimas como o Deus de amor, e Ele está se aproximando para fazê-lo. "...Ao anoitecer, pode vir o choro, mas a alegria vem pela manhã" (SALMO 30:5).

*Venha, Senhor, e não se demore
pois ainda homens e mulheres pranteiam!*

29 DE JANEIRO

A obediência traz bênção

*Guarda e cumpre todas estas palavras que te ordeno,
para que bem te suceda a ti e a teus filhos,
depois de ti, para sempre, quando fizeres o que é bom
e reto aos olhos do SENHOR, teu Deus.*

DEUTERONÔMIO 12:28

Embora a salvação não seja pelas obras da Lei, contudo as bênçãos que são prometidas à obediência não são negadas aos fiéis servos de Deus. Nosso Senhor removeu as maldições quando se fez maldição por nós, mas nenhuma das sentenças de bênçãos foi revogada.

Devemos observar a vontade revelada do Senhor e a ela ouvir, dando nossa atenção não apenas a porções, mas a "…todas estas palavras…". Não deve haver seleção e escolha, mas respeito imparcial por tudo o que Deus ordenou. Essa é a estrada da bem-aventurança para o Pai e para Seus filhos. A bênção do Senhor está sobre Seus escolhidos até a terceira e quarta gerações. Caso caminhem de modo reto diante dele, Ele tornará público para todos os homens quem são a semente que o Senhor abençoou. Nenhuma bênção pode vir a nós ou aos nossos por meio da desonestidade ou jogo-duplo. Os caminhos da conformidade mundana e profanidade não podem trazer bem a nós e aos nossos amados. Tudo correrá bem conosco quando caminharmos bem diante de Deus. Caso a integridade não nos faça prosperar, a desonestidade não o fará. Aquilo que agrada a Deus trará alegria a nós.

30 DE JANEIRO

Uma escolta celestial

*Eis que eu estou contigo, e te guardarei
por onde quer que fores, e te farei voltar a esta terra,
porque te não desampararei,
até cumprir eu aquilo que te hei referido.* GÊNESIS 28:15

Precisamos de misericórdias para a viagem? Aqui estão opções seletas: a presença e a preservação de Deus. Em todos os lugares, precisamos de ambas e em todos os lugares as teremos se atendermos ao chamado para serviço e não andarmos meramente segundo nossos próprios caprichos. Por que deveríamos considerar uma mudança para outro país como uma necessidade dolorosa quando é uma circunstância disposta a nós pela vontade divina? Em todas as terras, o cristão é igualmente um peregrino e um estranho, e, contudo, em todas as regiões o Senhor é seu lugar de habitação, assim como o foi para Seus santos em todas as gerações. Podemos perder a proteção de um monarca terreno, mas, quando Deus diz: "...te guardarei...", não estamos em perigo real. Este é um passaporte bendito para um viajante e uma escolta celestial para um emigrante.

Jacó nunca havia deixado a casa de seu pai; fora o queridinho da mamãe e não um aventureiro como seu irmão. Contudo foi a outras terras, e Deus foi com ele. Jacó tinha pouca bagagem e nenhum criado; contudo nenhum príncipe jamais fez uma jornada com um guarda-costas mais nobre. Até mesmo enquanto dormia em campo aberto, anjos o protegiam, e o Senhor Deus falou com ele. E se o Senhor nos ordena a ir, digamos com o nosso Senhor Jesus: "...Levantai-vos, vamo-nos daqui" (JOÃO 14:31).

31 DE JANEIRO

Deus sempre ouve

*Eu, porém, olharei para o SENHOR e esperarei
no Deus da minha salvação; o meu Deus me ouvirá.*

MIQUEIAS 7:7

Amigos podem ser infiéis, mas o Senhor não voltará as costas para a alma graciosa; pelo contrário, Ele ouvirá todos os seus desejos. O profeta diz: "...Guarda a porta de tua boca àquela que reclina sobre o teu peito. [...] os inimigos do homem são os da sua própria casa" (MIQUEIAS 7:5-6). Este é um estado miserável, mas, mesmo em tal caso, o Melhor Amigo permanece verdadeiro e podemos falar-lhe sobre todo o nosso sofrimento.

Nossa sabedoria é olhar firmemente para o Senhor e não entrar em querelas com homens e mulheres. Caso nossos afetuosos apelos sejam desconsiderados por nossos parentes, esperemos no Deus de nossa salvação, pois Ele nos ouvirá. Ele nos ouvirá ainda mais devido à indelicadeza e opressão de outros e nós, em breve, teremos motivo para bradar: "Ó inimiga minha, não te alegres a meu respeito..." (MIQUEIAS 7:8).

Pelo fato de Deus ser o Deus vivo, Ele pode ouvir; pois Ele é o Deus amoroso, Ele ouvirá; e, por ser Ele o nosso Deus de aliança, Ele se obrigou a nos ouvir. Se cada um de nós pode chamá-lo de "Meu Deus", poderemos afirmar com certeza definitiva: "...o meu Deus me ouvirá". Venha, então, ó coração que sangra, e deixe seus sofrimentos se manifestarem ao Senhor seu Deus! Eu dobrarei os joelhos em secreto e interiormente sussurrarei: "...Meu Deus me ouvirá".

1.º DE FEVEREIRO

Nunca se desespere

*Mas para vós outros que temeis o meu nome nascerá
o sol da justiça, trazendo salvação nas suas asas;
saireis e saltareis como bezerros soltos da estrebaria.*

MALAQUIAS 4:2

Cumprida uma vez no primeiro advento de nosso glorioso Senhor essa graciosa promessa prestes a ter realização mais plena em Sua segunda vinda é também para uso diário. O leitor não a desvenda? A noite aprofunda-se em negrura mais densa? Ainda assim, não nos desesperemos; o Sol ainda nascerá. Quando a noite está no auge de sua escuridão, a alvorada se aproxima.

O Sol que nascerá não é de ordem comum. É O SOL — o Sol da Justiça, cujos raios, cada um deles, é santidade. Ele, que vem para nos alegrar, vem na forma de justiça assim como de misericórdia, vem sem violar lei alguma, para nos salvar. Jesus demonstra a santidade de Deus tanto quanto Seu amor. Nossa libertação, quando vier, estará segura porque é justa.

Nosso único ponto de questionamento deveria ser: "Tememos o nome do Senhor? Somos reverentes ao Deus vivo e andamos em Seus caminhos?". Para nós, então, a noite será curta e, quando a manhã chegar, toda a enfermidade e dor de nossa alma terão fim para sempre. A nós virão luz, calidez, alegria e nitidez de visão e a cura de toda doença e angústia as seguirá.

Jesus levantou-se no horizonte para nós? Sentemo-nos sob o Sol. Escondeu Ele Sua face? Aguardemos Sua ascensão. Ele resplandecerá tão certamente como o Sol o faz.

2 DE FEVEREIRO

Salte

*Mas para vós outros que temeis o meu nome
nascerá o sol da justiça, trazendo salvação nas suas asas;
saireis e saltareis como bezerros soltos da estrebaria.*

MALAQUIAS 4:2

Sim, quando o Sol brilha, os doentes deixam suas alcovas e caminham para fora, para respirar ar fresco. Quando o Sol traz a primavera e o verão, o gado sai dos estábulos e procura pasto nos Alpes mais altos. Sendo assim, quando temos comunhão consciente com nosso Senhor, deixamos a estrebaria do desânimo e caminhamos para fora, nos campos da santa confiança. Nós subimos as montanhas da alegria e nos alimentamos do doce pasto que cresce próximo ao Céu e não da ração de homens carnais.

"Sair" e "saltar" fazem parte de uma promessa em dobro. Ó minha alma, anseie usufruir de ambas as bênçãos! Por que você seria prisioneira? Levante-se e caminhe em liberdade. Jesus diz que Suas ovelhas sairão e encontrarão pasto. *Saia*, então, e alimente-se nos ricos prados de amor ilimitado.

Por que permanecer engatinhando na graça? Salte. Bezerros jovens começam a andar em pouco tempo especialmente se são alimentados no estábulo; e você tem o cuidado especial do seu Redentor. Salte, então, na graça e no conhecimento do Seu Senhor e Salvador. Não seja mirrado e raquítico. O Sol da Justiça nasceu sobre você. Responda a Seus raios como os brotos reagem ao Sol natural. Abra seu coração, expanda e aumente a sua intimidade com Ele em todos os aspectos.

3 DE FEVEREIRO

Ele concede graciosamente

Aquele que não poupou o seu próprio Filho, antes, por todos nós o entregou, porventura, não nos dará graciosamente com ele todas as coisas?

ROMANOS 8:32

Se isso, em sua forma, não for uma promessa, na prática é. Certamente, é mais do que uma promessa, é um conglomerado de promessas. É um conjunto de rubis, esmeraldas e diamantes com uma pepita de ouro como sua base. É uma questão que nunca pode ser respondida de modo que nos cause ansiedade no coração. O que o Senhor pode nos negar após nos ter concedido Jesus? Caso precisemos de todas as coisas no Céu e na Terra, o Pai as concederá, pois, se houvesse algum limite em qualquer ponto, Ele teria poupado Seu próprio Filho.

O que quero hoje? Preciso apenas pedir. Posso buscar seriamente, mas não como se precisasse fazer uso de pressão e extorquir da mão do Senhor um presente indisponível, pois Ele dará graciosamente. De Sua vontade Ele nos deu Seu próprio Filho. Certamente ninguém lhe pediria tal dádiva. Jamais alguém teria se aventurado a pedir tal coisa. Teria sido presunçoso demais. Ele deu graciosamente Seu Filho Primogênito e você, ó minha alma, não consegue confiar em seu Pai celestial para que conceda a você qualquer coisa, para que dê a você todas as coisas? Sua pobre oração não teria força alguma com a Onipotência caso a força fosse necessária; mas Seu amor, como uma fonte que emerge de si mesma e transborda para suprir todas as suas necessidades.

4 DE FEVEREIRO

Ele voltará

Não vos deixarei órfãos, voltarei para vós outros...
JOÃO 14:18

Ele nos deixou, contudo não fomos deixados órfãos. Ele é nosso consolo e Ele se foi, mas não estamos desconsolados. Nosso consolo é que Ele voltará para nós, e isso é consolação suficiente para nos manter durante Sua prolongada ausência. Jesus já está a caminho: "Venho sem demora..." (APOCALIPSE 3:11). Ele vem cavalgando até nós. Ele diz: "Voltarei", e ninguém pode impedir Sua vinda ou atrasá-la em um quarto de hora. Ele diz especificamente: "...voltarei para vós...", e assim o fará. Sua vinda é especialmente para e por Seu povo. Diz isso para consolar o Seu povo enquanto eles lamentam pela demora do Noivo.

Quando perdemos a consciência jubilosa de Sua presença, lamentamos, mas não devemos sofrer como se não houvesse esperança. Nosso Senhor, em uma breve ira, escondeu-se de nós por um momento; mas Ele retornará em favor pleno. Ele nos deixa, em certo sentido, mas somente em um sentido. Quando Ele se retira, deixa uma garantia de que voltará. Venha depressa, ó Senhor! Não há vida nessa existência terrena se o Senhor não estiver aqui. Suspiramos pelo retorno de Seu doce sorriso. Quando o Senhor virá a nós? Estamos certos de que o Senhor aparecerá, mas seja como uma corça ou um jovem cervo.

Não tarde, ó nosso Deus!

5 DE FEVEREIRO

Justiça satisfeita

O sangue vos será por sinal nas casas em que estiverdes; quando eu vir o sangue, passarei por vós, e não haverá entre vós praga destruidora, quando eu ferir a terra do Egito. ÊXODO 12:13

Considerar o precioso sangue é para meu consolo, mas é o fato de o Senhor contemplar esse sangue, que garante minha segurança. Mesmo quando não sou capaz de contemplá-lo, o Senhor olha para o sangue e, por causa deste sangue, passa por mim. Caso não esteja tão completamente tranquilo como deveria, já que minha fé é fraca, ainda assim estou igualmente seguro, pois o olhar do Senhor não está ofuscado e Ele vê o sangue do grande Sacrifício com olhar firme. Que tamanha alegria!

O Senhor enxerga o profundo significado interior, a infinita plenitude de tudo o que significa a morte do Seu amado Filho. Ele contempla isso com a memória tranquila da justiça ter sido satisfeita e todos os Seus atributos inigualáveis glorificados. Ele contemplou a criação em seu progresso e disse: "É muito bom"; mas o que Ele diz da redenção em sua completude? O que Ele diz da obediência até a morte de Seu Filho mui amado? Ninguém pode descrever o deleite do Pai em Jesus, Seu descanso no doce aroma que Jesus apresentou quando ofereceu-se sem mácula a Deus.

Agora descansemos nós em calma segurança. Temos o sacrifício de Deus e a Palavra de Deus para criarem em nós a consciência de perfeita segurança. Ele passará, Ele deve passar por nós uma vez que não poupou nosso glorioso Substituto. A justiça dá as mãos ao amor para prover salvação eterna a todos os espargidos com sangue.

6 DE FEVEREIRO

Bênção na cidade

*Se ouvires a voz do SENHOR, teu Deus,
virão sobre ti e te alcançarão todas estas bênçãos:
Bendito serás tu na cidade e bendito serás no campo.*

DEUTERONÔMIO 28:2-3

A cidade é repleta de preocupações, e aquele que, dia após dia, precisa ir até lá descobre ser um lugar de grande deterioração e desgaste. É repleta de ruído, agitação, obstáculos e ocupações enfadonhas; muitas são as suas tentações, perdas e inquietações. Mas ir até lá com a bênção divina afasta a dificuldade; permanecer lá com essa bênção significa encontrar satisfação nos seus deveres e força equivalente às demandas.

Uma bênção na cidade pode não nos tornar importantes, mas nos manterá bem; pode não nos enriquecer, mas nos preservará honestos. Sejamos carregadores, ou balconistas, ou gestores, ou comerciantes, a cidade nos oferecerá oportunidades profícuas. Bom é pescar onde há cardumes de peixes e é confortante trabalhar para nosso Senhor em meio às multidões esmagadoras. Podemos preferir a quietude de uma vida no campo, mas, se chamados para a cidade, poderemos certamente preferi-la, pois há espaço para nossas energias.

Hoje, esperemos boas coisas devido a tal promessa e que nosso cuidado seja o de ter o ouvido aberto para a voz do Senhor e mão pronta para executar Sua ordenança. A obediência traz a bênção. "Em guardar seus mandamentos há grande recompensa."

7 DE FEVEREIRO

Retorno da apostasia

*Se te converteres ao Todo-Poderoso,
serás restabelecido;
se afastares a injustiça da tua tenda.*
JÓ 22:23

Elifaz, nessa afirmação, falou uma grande verdade que é a síntese de muitas das Escrituras inspiradas. Leitor, o pecado o destruiu? O pecado o arruinou? A mão do Senhor voltou-se contra você de modo a empobrecê-lo quanto a bens e o deixar com espírito falido? Foi sua própria insensatez que trouxe sobre você tal degradação? Então a primeira coisa a ser feita é voltar ao Senhor. Com profundo arrependimento e fé sincera, encontre seu caminho para retornar da apostasia. É seu dever, pois você se desviou de quem professava servir. É a sua sensatez, pois você não pode lutar contra Ele e prosperar. Essa é a sua necessidade imediata, pois o que Ele fez não pode em nada se comparar ao que Ele pode fazer, em forma de castigo, posto que Ele é Todo-poderoso para punir.

Veja que promessa o espera! Você será "edificado". Ninguém exceto o Todo-poderoso pode erguer pilares caídos e restaurar as paredes cambaleantes de sua condição; mas o Senhor pode e assim fará, se você se voltar a Ele. Não se demore. Sua mente subjugada pode lhe decepcionar se você continuar na rebeldia, mas a confissão sincera o acalmará e a fé humilde o consolará. Faça isso e tudo ficará bem.

8 DE FEVEREIRO

Jubilosa segurança

...não temas, porque eu sou contigo;
não te assombres, porque eu sou o teu Deus;
eu te fortaleço, e te ajudo,
e te sustento com a minha destra fiel.

ISAÍAS 41:10

O medo da queda é salutar. Ser aventureiro não é sinal de sabedoria. Há momentos em que sentimos que afundaremos a menos que tenhamos apoio especial; aqui nós o temos. A destra de Deus é algo grandioso sobre o qual se amparar. Observe que não se trata apenas de Sua mão, embora esta mantenha Céu e Terra em seus lugares, mas de Sua mão direita: Seu poder unido à habilidade, Seu poder onde é mais ágil. Não, isso não é tudo; está escrito: "...eu [...] te sustento com a minha destra fiel". Essa mão que Ele utiliza para manter Sua santidade e executar Suas sentenças reais será estendida para sustentar aqueles que nele confiam. Temível é nosso perigo, mas jubilosa é nossa segurança. Demônios não podem derrubar o homem a quem Deus mantém.

Nossos pés podem ser fracos, mas a destra de Deus é onipotente. Acidentada pode ser a estrada, mas a Onipotência é nosso apoio. Podemos com ousadia ir adiante. Não cairemos. Apoiemo-nos continuamente onde todas as coisas se sustentam. Deus não retirará Sua força, pois ali também está a Sua fidelidade. Ele será fiel à Sua promessa e fiel a Seu Filho e, portanto, fiel a nós. Como devemos estar felizes! Já não o somos?

9 DE FEVEREIRO

A impureza removida

Farei passar a terceira parte pelo fogo, e a purificarei
como se purifica a prata, e a provarei
como se prova o ouro; ela invocará o meu nome,
e eu a ouvirei; direi: é meu povo,
e ela dirá: O Senhor é meu Deus.

ZACARIAS 13:9

A graça nos transmuda em metal precioso e então o fogo e a fornalha seguem como consequência necessária. Somos nós que iniciamos isso? Não preferiríamos antes ser considerados sem valor para que pudéssemos desfrutar de repouso, como as pedras no campo? Isso seria escolher a parte mais infame (como Esaú), aceitar as lentilhas e abrir mão da porção da aliança. Não, Senhor, nós, de bom grado, aceitamos ser lançados na fornalha em lugar de sermos lançados para longe de Sua presença!

O fogo apenas refina, não destrói. Devemos passar pelo fogo, não ficar abandonados nele. O Senhor valoriza Seu povo como prata e, portanto, Ele se esforça para remover sua impureza. Nós, se formos sábios, preferiremos aceitar o processo refinador em lugar de rejeitá-lo. Nossa oração será que nossa amálgama pode ser retirada de nós em vez de sermos retirados do crisol.

Ó, Senhor, de fato, testa-nos! Estamos prontos a derreter sob a ferocidade da chama; pois esse é o Teu método, e o Teu método é o melhor. Sustenta-nos sob a prova, completa o processo de nossa purificação, e seremos Teus para todo sempre.

10 DE FEVEREIRO

Uma testemunha constante

*...porque terás de ser sua testemunha diante
de todos os homens, das coisas que tens visto e ouvido.*
ATOS 22:15

Paulo foi escolhido para ver e ouvir o Senhor falando-lhe diretamente do Céu. Esta eleição divina foi alto privilégio para ele, mas não foi planejada para que terminasse com o apóstolo. O plano era que exercesse influência sobre outros, sim, sobre todos os homens. É a Paulo que a Europa deve o evangelho naquele período.

Cabe a nós como dever, em nossa capacidade, sermos testemunhas daquilo que o Senhor nos revelou, e nos colocamos sob perigo se ocultarmos essa preciosa revelação. Primeiro, devemos ver e ouvir ou nada teremos para contar; mas, quando assim tivermos feito, devemos ansiar por disseminar o nosso testemunho. Deve ser pessoal: "...porque terás de ser...". Deve ser por Cristo: "...terás de ser sua testemunha...". Deve ser constante e totalmente envolvente; devemos ser isso acima de todas as outras coisas e excluindo muitas outras questões. Nosso testemunho não deve ser para alguns selecionados que alegremente nos acolherão, mas para "...todos os homens..." — a todos aqueles a quem podemos alcançar, jovens ou idosos, ricos ou pobres, bons ou maus. Não devemos jamais nos silenciar como aqueles que são tomados por espírito mudo, pois o texto diante de nós é uma ordenança e uma promessa, e não devemos perdê-la, "porque terás de ser sua testemunha...". "Vós sois as minhas testemunhas, diz o Senhor..." (ISAÍAS 43:10).

Senhor, cumpre também em mim essa palavra!

11 DE FEVEREIRO

E nossos filhos?

Porque derramarei água sobre o sedento e torrentes, sobre a terra seca; derramarei o meu Espírito sobre a tua posteridade e a minha bênção, sobre os teus descendentes.

ISAÍAS 44:3

Nossos amados filhos não têm o Espírito de Deus por natureza, como nós vemos claramente. Vemos muito neles que nos faz temer por seu futuro, e isso nos leva a orações angustiantes. Quando um filho se torna especialmente perverso, clamamos com Abraão: "...Tomara que viva Ismael diante de ti" (GÊNESIS 17:18). Nós preferiríamos ver nossas filhas como Ana do que imperatrizes. Este versículo deveria nos encorajar grandemente. Nele seguem as seguintes palavras: "...Não temas, ó Jacó, servo meu..." (ISAÍAS 44:2); e pode muito bem banir nossos medos.

O Senhor dará Seu Espírito e o dará abundantemente, derramando-o; dará eficazmente de modo que será uma bênção verdadeira e eterna. Nossos filhos se apresentarão sob esse derramar divino, e "Um dirá: Eu sou do Senhor; outro se chamará do nome de Jacó..." (ISAÍAS 44:5).

Essa é uma daquelas promessas sobre as quais o Senhor será questionado. Não deveríamos, em momentos estabelecidos, de modo distinto, orar por nossos descendentes? Não podemos dar-lhes novo coração, mas o Espírito Santo pode, e facilmente podemos rogar a Ele. O grandioso Pai tem prazer nas orações de pais e mães. Temos algum amado fora da arca? Não descansemos até que, pela mão do Senhor, estejam lá dentro conosco.

12 DE FEVEREIRO

Deus se deleita em dar

*Disse o Senhor a Abrão, depois que Ló se separou dele:
Ergue os olhos e olha desde onde estás
para o norte, para o sul, para o oriente e para o ocidente;
porque toda essa terra que vês,
eu ta darei, a ti e à tua descendência, para sempre.*

GÊNESIS 13:14-15

Uma bênção especial para uma ocasião memorável. Abrão havia acabado com o litígio da família. Ele disse: "...Não haja contenda entre mim e ti [...] porque somos parentes chegados" (GÊNESIS 13:8). E assim ele recebeu a bênção que pertence aos pacificadores. O Senhor e doador da paz deleita-se em manifestar Sua graça àqueles que buscam paz e a perseguem. Caso desejemos comunhão mais próxima com Deus, devemos permanecer mais próximos aos caminhos da paz.

Abrão havia se comportado de modo muito generoso com seu parente, dando-lhe a terra que escolhera. Caso nos neguemos a nós mesmos em prol da paz, o Senhor nos restituirá com mais do que esperamos. O patriarca pôde reivindicar toda a extensão que o seu olhar alcançou, e nós podemos fazer o mesmo pela fé. Abrão precisou aguardar até tomar posse de fato, mas o Senhor vinculou a terra a ele e à sua posteridade. Bênçãos ilimitadas pertencem a nós pelo dom da aliança. Todas as coisas são nossas. Quando agradamos ao Senhor, Ele nos faz olhar para todos os cantos e ver todas as coisas como nossas; sejam coisas presentes ou coisas por vir, todas são nossas, e nós somos de Cristo, e Cristo é de Deus.

13 DE FEVEREIRO

Abençoado no campo

Bendito serás tu na cidade e bendito serás no campo.
DEUTERONÔMIO 28:3

Assim foi Isaque abençoado quando, ao entardecer, saiu "a meditar no campo". Quão frequentemente o Senhor nos encontrou quando estávamos sozinhos! Os recantos e árvores podem dar testemunho da nossa alegria. Novamente, esperamos por tal bem-aventurança.

Assim foi Boaz abençoado quando colheu sua safra e seus trabalhadores o encontraram com bênçãos. Que o Senhor prospere todos que manejam o arado! Todo fazendeiro pode apelar a Deus por essa promessa se, de fato, obedece à Sua voz.

Nós vamos ao campo para trabalhar como o pai Adão o fez; e, uma vez que a maldição caiu no solo pelo pecado do primeiro Adão, é grande consolo encontrar a bênção por meio do segundo Adão: Jesus.

Nós vamos ao campo para exercício e nos alegramos na crença de que o Senhor abençoará esse exercício e nos dará saúde, que usaremos para a Sua glória.

Nós vamos ao campo para estudar a natureza e não há nada em um conhecimento da criação visível que não possa ser santificado aos usos mais elevados pela bênção divina.

E por fim, temos que ir ao campo para enterrar nossos mortos; e sim, quando chegar a nossa hora, outros nos levarão ao cemitério. Mas nós somos benditos, seja em lamentar diante do túmulo ou em repousar nele.

14 DE FEVEREIRO

Misericórdia a quem não merece

*Muito sofrimento terá de curtir o ímpio,
mas o que confia no Senhor, a misericórdia o assistirá.*
SALMO 32:10

Ó bela recompensa da confiança! Meu Senhor, concede-me à plenitude! Dentre todos os homens, aquele que confia sente-se um pecador; e, veja, a misericórdia lhe está preparada. Ele sabe que não tem merecimentos, mas a misericórdia vem e o mantém abrigado, generosamente. Ó, Senhor, dá-me esta misericórdia, uma vez que confio em Ti!

Observe, minha alma, que guarda-costas você tem! Como um príncipe é cercado por soldadesca, assim você é rodeada por misericórdia. Adiante, atrás e em todos os lados cavalgam esses guardas da graça. Nós estamos no centro do sistema da misericórdia, pois estamos em Cristo Jesus.

Ó minha alma, que atmosfera você respira! Como os ares cercam você, assim também a misericórdia de seu Senhor. Para o perverso há muitas amarguras, mas para você há tantas misericórdias a ponto de que suas amarguras não são dignas de menção. Davi diz: "Alegrai-vos no Senhor e regozijai-vos, ó justos; exultai, vós todos que sois retos de coração" (SALMO 32:11). Em obediência a este preceito, meu coração deverá triunfar em Deus, e eu declararei minha alegria.

Como Tu me envolveste com misericórdia, eu também envolverei Teus altares, ó meu Deus, com cânticos de ações de graça!

15 DE FEVEREIRO

Sempre se lembra

*De nós se tem lembrado o SENHOR;
ele nos abençoará; abençoará a casa de Israel,
abençoará a casa de Arão.*

SALMO 115:12

Eu posso confirmar o que essa primeira sentença diz. Você não pode? Sim, Jeová lembrou-se de nós, proveu para nós, consolou-nos, libertou e guiou. Em todos os movimentos de Sua providência, Ele tem se lembrado de nós, sem jamais desconsiderar nossas questões mesquinhas. Sua mente tem sido preenchida com pensamentos sobre nós — esta é a outra forma da palavra "lembrar". Esse tem sido o caso desde o princípio e sem um intervalo sequer. Em momentos especiais, contudo, temos visto mais distintivamente essa lembrança e gostaríamos de nos recordar delas nesta hora com gratidão transbordante. Sim, sim, "De nós se tem lembrado o Senhor...".

A próxima sentença é uma inferência lógica da anterior. Uma vez que Deus é imutável, Ele continuará a lembrar-se de nós no futuro como o fez no passado, e a Sua lembrança significa equipara-se a nos abençoar. Porém aqui não temos apenas a conclusão do motivo, mas a declaração da inspiração; nós a temos na autoridade do Espírito Santo: "...ele nos abençoará...". Isso significa coisas grandes e insondáveis. A própria indistinção da promessa indica seu alcance infinito. Ele nos abençoará segundo Seu próprio modo divino, e isso para todo sempre. Portanto, que cada um de nós diga: "Bendize, ó minha alma, ao Senhor..." (SALMO 103:1).

16 DE FEVEREIRO

Lide com Deus

*Não executarei o furor da minha ira; não tornarei
para destruir a Efraim, porque
eu sou Deus e não homem, o Santo no meio de ti;
não voltarei em ira.* OSEIAS 11:9

O Senhor dá assim a conhecer as Suas lenientes misericórdias. Talvez o leitor esteja agora sob pesado desgosto e tudo ameace sua rápida condenação. Deixe que o texto o impeça de desesperar-se. O Senhor agora o convida a considerar seus caminhos e confessar seus pecados. Fosse Ele um homem, há muito o teria eliminado. Caso agora Ele agisse segundo os modos dos homens, seria uma palavra e um golpe e então seria o seu fim; mas não é assim, pois "...assim como os céus são mais altos do que a terra, assim são os meus caminhos mais altos do que os vossos caminhos...".

Você julga corretamente que Ele está irado, mas Ele não mantém Sua ira para sempre; se você abandonar o pecado e se voltar para Jesus, Deus abandonará a ira. Por Deus ser Deus e não homem, ainda há perdão para você, ainda que você possa estar submerso até o pescoço em iniquidade. Você tem um Deus com quem lidar e não um homem severo, ou mesmo um mero homem justo. Nenhum ser humano poderia ter paciência com você. Você teria exaurido um anjo, como exauriu seu pai aflito, mas Deus é longânimo. Venha e teste-o imediatamente. Confesse, creia, abandone seus caminhos maus e você será salvo.

17 DE FEVEREIRO

Deus pode torná-lo forte

*Mas sede fortes, e não desfaleçam as vossas mãos,
porque a vossa obra terá recompensa.*
2 CRÔNICAS 15:7

Deus havia feito grandes coisas pelo rei Asa e Judá, mas ainda assim eles eram um povo fraco. Seus pés eram sobremaneira cambaleantes nos caminhos do Senhor, e o coração deles era muito hesitante, de modo que precisaram ser alertados de que o Senhor estaria com eles enquanto estivessem com o Senhor, mas, se o abandonassem, Ele os abandonaria. Eles também foram lembrados de seu reino irmão, de como adoeceu em sua rebelião e como o Senhor foi gracioso com eles quando demonstraram arrependimento. O intento do Senhor era confirmá-los em Seus caminhos e torná-los fortes em justiça. Assim deve ser conosco. Deus merece ser servido com toda energia de que somos capazes de dispor.

E, se o serviço a Deus vale algo, vale tudo o que temos. Descobriremos nossa melhor recompensa na obra do Senhor se a executarmos com resoluta diligência. Sabemos disto: no Senhor o nosso trabalho não é vão. Trabalho irresoluto não trará recompensa, mas, quando lançarmos toda nossa alma em Sua causa, veremos prosperidade. O versículo acima foi enviado ao autor destas notas em um dia de terrível tempestade e sugeria que ele continuasse a todo vapor, com a garantia de que alcançaria o porto em segurança e com uma carga gloriosa.

18 DE FEVEREIRO

Deus responderá

*Ele acode à vontade dos que o temem;
atende-lhes o clamor e os salva.*

SALMO 145:19

Seu próprio Espírito forjou este desejo em nós e, portanto, Ele responderá. É a Sua própria vida em nosso interior que motiva o clamor e, portanto, Ele ouvirá. Aqueles que o temem são homens sob a influência mais santa e, portanto, seu desejo é glorificar a Deus e dele desfrutar para sempre. Como Daniel, são homens de desejos, e o Senhor os fará realizar suas pretensões.

Desejos santos são graça em forma de planta e o Agricultor celestial os cultivará até que atinjam estado de grão cheio na espiga. Homens tementes a Deus desejam ser santos, ser úteis, ser uma bênção para outros e assim honrar seu Senhor. Eles desejam suprimentos para suas necessidades, auxílio quando sob fardos, orientação na perplexidade, libertação na angústia, e certas vezes este desejo é tão forte e sua situação é tão premente que clamam em agonia como crianças com dores e, então, o Senhor age sobremodo compreensivamente e faz tudo o que é necessário segundo esta Palavra: "…e os salva".

É certo que se tememos a Deus nada mais temos a temer; se clamamos ao Senhor, nossa salvação é certa.

Que o leitor tenha esse texto em sua língua e o mantenha em sua boca durante o dia, e será para ele como "favos de mel".

19 DE FEVEREIRO

Apenas o suficiente

*Assim diz o SENHOR: Por mais seguros
que estejam e por mais numerosos que sejam,
ainda assim serão exterminados e passarão;
eu te afligi, mas não te afligirei mais.* NAUM 1:12

Há um limite para a aflição. Deus a envia e Deus a remove. Você suspira e diz: "Quando será o fim?". Lembre-se de que nossos sofrimentos — certa e finalmente — acabarão quando esta pobre vida terrena findar. Aguardemos calmamente e suportemos com paciência a vontade do Senhor, até que Ele venha.

Enquanto isso, nosso Pai no Céu retira a vara quando o objetivo para seu uso finalmente é alcançado. Quando Ele tiver extirpado nossa insensatez, não haverá mais golpes. Ou, se a aflição é enviada para nos testar, de modo que nossas graças possam glorificar a Deus, ela terá fim quando o Senhor nos levar a testemunhar de Seu louvor. Não devemos desejar que a aflição se vá até que Deus tenha obtido de nós toda a honra que poderíamos conceder a Ele.

Pode haver hoje "uma grande calmaria". Quem sabe quão rapidamente aquelas ferozes vagas darão lugar a um mar de vidro e as aves marinhas pousarão sobre ondas mansas? Após longa tribulação, o mangual é pendurado e o trigo descansa no celeiro. Nós podemos, antes que muitas horas se passem, simplesmente nos alegrar na mesma medida em que agora sofremos. Não é penoso para o Senhor transformar a noite em dia. Ele, que envia as nuvens, pode, tão facilmente, limpar os céus. Tenhamos bom ânimo, adiante está o melhor. Cantemos aleluia antecipadamente.

20 DE FEVEREIRO

Orientação contínua

*O Senhor te guiará continuamente,
fartará a tua alma até em lugares áridos e
fortificará os teus ossos; serás como
um jardim regado e como um manancial cujas
águas jamais faltam.* ISAÍAS 58:11

O que o aflige? Você se perdeu no caminho? Está preso em floresta sombria e não consegue encontrar suas rotas? Aquiete-se e veja a salvação de Deus. O Senhor conhece o caminho e o guiará no percurso se a Ele você clamar.

Cada dia traz sua própria confusão. Como é doce sentir que a orientação do Senhor é contínua! Caso escolhamos nosso próprio caminho ou consultemos a carne e o sangue, descartamos a orientação do Senhor. Mas, se nos abstivermos da vontade própria, então Ele direcionará cada passo em nossa estrada, cada hora do dia e todos os dias do ano e todos os anos de nossa vida. Caso desejemos apenas ser guiados, seremos guiados. Caso desejemos entregar nosso caminho ao Senhor, Ele direcionará nosso percurso de modo que não nos perderemos.

Contudo veja a quem essa promessa é feita. Leia o versículo anterior: "se abrires a tua alma ao faminto..." (ISAÍAS 58:10); devemos nos compadecer de outros e dar-lhes não algumas cascas secas, mas aquilo que nós mesmos gostaríamos de receber. Caso demonstremos cuidado gentil ao nosso próximo na hora de sua necessidade, o Senhor então atenderá às nossas necessidades e será nosso Guia contínuo. Jesus é o Líder não do avarento, nem daqueles que oprimem aos pobres, mas do bondoso e do caridoso. Tais pessoas são peregrinos que jamais se perderão no caminho.

21 DE FEVEREIRO

A bênção sobre o pequeno

*Ele abençoa os que temem o Senhor,
tanto pequenos como grandes.*
SALMO 115:13

Essa é uma palavra de júbilo àqueles que tem função humilde e patrimônio escasso. Nosso Deus tem uma consideração muito graciosa por aqueles de poucos bens, pouco talento, pouca influência, pouco prestígio. Deus se importa com as pequenas coisas na criação e considera inclusive os pardais ao pousar sobre o solo. Nada é pequeno para Deus, pois Ele faz uso de agentes insignificantes para o cumprimento de Seus propósitos. Que o menor entre os homens busque a Deus para uma bênção sobre sua pequenez e verá que seu pequeno campo é um lugar feliz.

Entre os que temem o Senhor há pequenos e grandes. Alguns são miúdos, outros gigantes, mas todos são abençoados. Pequena fé é fé abençoada. A esperança oscilante é esperança abençoada. Toda graça do Espírito Santo, embora seja apenas um broto, traz em si uma bênção. Ademais, o Senhor Jesus comprou pequenos e grandes com o mesmo sangue precioso e comprometeu-se a preservar os cordeiros assim como as ovelhas crescidas. Não há mãe que negligencie seu filho por ser pequeno; não, quanto menor for, mais ternamente ela o acalentará. Se houver qualquer preferência por parte do Senhor, Ele não os distribui como "grande e pequeno", mas como "pequenos e grandes".

22 DE FEVEREIRO

O livramento de outrora gera fé

*Disse mais Davi: O Senhor me livrou
das garras do leão e das do urso; ele me livrará das mãos
deste filisteu. Então, disse Saul a Davi:
Vai-te, e o Senhor seja contigo.* 1 SAMUEL 17:37

Essa não é uma promessa se considerarmos apenas as palavras, mas é verdadeiramente uma promessa quando se trata de seu sentido; pois Davi declarou uma palavra que o Senhor endossou tornando-a verdade. Ele alegou livramentos anteriores que embasaram seu argumento de que receberia auxílio diante de um novo perigo. Em Jesus todas as promessas, para nós, são "Sim" e "Amém" para a glória de Deus, e assim as ações anteriores do Senhor para com o Seus povo serão repetidas.

Venha, então, lembremo-nos da benignidade já demonstrada pelo Senhor. Antigamente, nós não poderíamos esperar ser libertos por nossa própria força; contudo o Senhor nos libertou. Não nos salvará Ele novamente? Estamos certos de que sim. Como Davi correu para enfrentar seu adversário, assim faremos nós. O Senhor tem estado conosco, Ele está conosco e afirmou: "...De maneira alguma te deixarei, nunca jamais te abandonarei" (HEBREUS 13:5). Por que trememos? O passado foi um sonho? De fato, já não é a mesma situação, e não é nem urso nem leão, mas Deus é o mesmo, e Sua honra está tão envolvida neste caso como no outro. Ele não nos salvou de feras da floresta para permitir que um gigante nos mate. Tenhamos bom ânimo.

23 DE FEVEREIRO

Comunhão contínua é impreterível

*Se permanecerdes em mim,
e as minhas palavras permanecerem em vós,
pedireis o que quiserdes, e vos será feito.*
JOÃO 15:7

Por necessidade, devemos estar em Cristo para vivermos para Ele e permanecer nele a fim de podermos reivindicar a generosidade de tal promessa feita por Ele. Permanecer em Jesus é jamais desistir dele em troca de outro amor ou outro propósito, mas continuar em união viva, terna, consciente e voluntária com Ele. O ramo não fica apenas próximo ao tronco, mas recebe dele a vida e a fertilidade. Todos os verdadeiros cristãos permanecem em Cristo em certo sentido, no entanto há um significado mais elevado o qual devemos conhecer antes que ganhemos poder ilimitado no trono. "...pedireis o que quiserdes..." (JOÃO 15:7) é para os Enoques que caminham com Deus, para Joãos que reclinam a cabeça no peito do Senhor, para aqueles cuja união com Cristo conduz à constante comunhão.

O coração deve permanecer amando, a mente deve estar enraizada na fé, a esperança cimentada na Palavra, o homem como um todo deve estar unido ao Senhor; caso contrário seria arriscado confiar a nós o poder em oração. A carta branca pode ser concedida somente àqueles cuja vida declara: "logo, já não sou eu quem vive, mas Cristo vive em mim..." (GÁLATAS 2:20). Ó você que quebra sua comunhão, que poder você perde! Se você deseja ser eficaz em suas súplicas, o próprio Senhor deve estar em você e você nele.

24 DE FEVEREIRO

Ouça para ser ouvido

*Se permanecerdes em mim,
e as minhas palavras permanecerem em vós,
pedireis o que quiserdes, e vos será feito.*

JOÃO 15:7

Observe bem que devemos ouvir Jesus falar se esperamos que Ele nos ouça falar. Caso não tenhamos ouvidos para Cristo, Ele não terá ouvidos para nós. Na proporção em que ouvimos, seremos ouvidos.

Ademais, aquilo que se ouve deve persistir, deve viver em nós e deve permanecer em nosso caráter como uma força e um poder. Devemos receber as verdades que Jesus ensinou, os preceitos que Ele estabeleceu e o agir do Seu Espírito em nosso interior, ou não teremos poder diante do Trono de Misericórdia.

Suponhamos que as palavras de nosso Senhor sejam recebidas e permaneçam em nós; que privilégios ilimitados se tornam disponíveis a nós! Nossa vontade deve ser objeto da oração, porque já a rendemos ao comando do Senhor. Assim são treinados os Elias para administrar as chaves do Céu e abrir e fechar as nuvens. Um homem como esse vale por mil cristãos comuns. Desejamos humildemente ser intercessores para a igreja e o mundo e, como Lutero, ser capazes de receber do Senhor aquilo que desejamos? Então devemos inclinar o ouvido à voz do Bem-amado, estimar Suas palavras e cuidadosamente obedecê-las. Aquele que deseja orar eficazmente necessita "ouvir diligentemente".

25 DE FEVEREIRO

Separado

*Mas vós sereis chamados sacerdotes do SENHOR,
e vos chamarão ministros
de nosso Deus; comereis as riquezas das nações
e na sua glória vos gloriareis.* ISAÍAS 61:6

Essa promessa literal feita a Israel pertence espiritualmente à semente segundo o Espírito, a saber, todos os cristãos. Caso vivamos à altura de nossos privilégios, viveremos tão clara e distintivamente para Deus que homens verão que somos separados para serviço santo e nos chamarão de sacerdotes do SENHOR. Poderemos trabalhar ou negociar como outros fazem e, contudo, seremos exclusiva e inteiramente os servos ministradores de Deus. Nossa única ocupação será apresentar o sacrifício perpétuo de oração, louvor, testemunho e autoconsagrarão ao Deus vivo por meio de Jesus Cristo.

Sendo esse o nosso alvo, podemos deixar as preocupações inquietantes àqueles que não têm chamado mais elevado. "...deixa aos mortos o sepultar os seus próprios mortos" (MATEUS 8:22). Está escrito: "Estranhos se apresentarão e apascentarão os vossos rebanhos; estrangeiros serão os vossos lavradores e os vossos vinhateiros" (ISAÍAS 61:5). Eles podem lidar com política, solucionar questões financeiras, discutir ciência e liquidar as últimas ninharias de críticas, mas nós nos dedicaremos ao serviço que compete àqueles que, como o Senhor Jesus, são ordenados ao sacerdócio perpétuo.

Aceitando essa honrosa promessa como algo que abrange um dever sagrado, trajemos as vestes de santidade e ministremos diante do Senhor ao longo de todo o dia.

26 DE FEVEREIRO

Verdade estabelecida

*O lábio veraz permanece para sempre,
mas a língua mentirosa, apenas um momento.*
PROVÉRBIOS 12:19

A verdade prevalece. O tempo a testa, mas ela suporta muito bem a prova. Se, então, falei a verdade e tenho que sofrer por ela, devo alegrar-me em esperar. Se também creio na verdade de Deus e esforço-me para declará-la, posso encontrar muita oposição, mas não preciso temer, pois, em última instância, a verdade prevalecerá.

Que pobre infelicidade é o triunfo temporário da falsidade! "...a língua mentirosa, apenas um momento". É uma mera aboboreira que surge em uma noite e perece numa noite; e quanto maior é seu desenvolvimento, mais manifesta sua degradação. Por outro lado, quão digno de um ser imortal é o reconhecimento e a defesa desta verdade que jamais pode mudar: o evangelho eterno, que é estabelecido na verdade invariável do Deus imutável! Um antigo provérbio diz: "Aquele que fala a verdade envergonha o diabo". Certamente aquele que fala a verdade de Deus envergonhará todos os demônios no inferno e confundirá toda a semente da serpente que agora sibila suas falsidades.

Ó meu coração, tenha cuidado para, em todas as coisas, estar do lado da verdade, tanto em pequenas como em grandes; mas especialmente do lado do Senhor por meio de quem a graça e a verdade surgiram entre os homens!

27 DE FEVEREIRO

Confiança inabalável

Não se atemoriza de más notícias;
o seu coração é firme, confiante no Senhor.
SALMO 112:7

O suspense é aterrorizante. Quando não temos notícias de casa, podemos ficar ansiosos, e não é possível nos convencer de que "notícia alguma é notícia boa". A fé é a cura para essa condição de tristeza. O Senhor, por Seu Espírito, aquieta a mente em santa serenidade, e todo o medo com relação ao futuro, assim como em relação ao presente, se vai.

A determinação de coração mencionada pelo salmista deve ser diligentemente buscada. Não é crer nesta ou naquela promessa do Senhor, mas a condição geral de confiança inabalável em nosso Deus, a confiança que temos nele de que Ele não nos fará mal nem permitirá que qualquer outro nos cause danos. Essa confiança firme preenche o aspecto desconhecido da vida assim como o conhecido. Deixe o amanhã ser o que for; o nosso Deus é o Deus do amanhã. Quaisquer eventos que ocorram, que são para nós desconhecidos, nosso Jeová é o Deus do desconhecido assim como o é do conhecido. Venha o que vier, estamos determinados a confiar no Senhor. Caso algo muito pior venha a acontecer, nosso Deus é ainda o mais grandioso e o melhor. Portanto não temeremos ainda que a batida do carteiro à porta nos alarme ou um telegrama nos acorde à meia-noite. O Senhor vive e o que têm Seus filhos a temer?

28 DE FEVEREIRO

Patrimônio no Céu

Porque não somente vos compadecestes dos encarcerados, como também aceitastes com alegria o espólio dos vossos bens, tendo ciência de possuirdes vós mesmos patrimônio superior e durável.

HEBREUS 10:34

Isto é benéfico. Nosso patrimônio aqui é muito imaterial, não há substância nele. Mas Deus nos deu a promessa de patrimônio na Terra gloriosa, e essa promessa vem ao nosso coração com tamanha garantia que a plena certeza dela nos leva a crer que nela temos um patrimônio duradouro. Sim, "nós o possuímos" desde já. Eles dizem: "Um pássaro na mão é melhor do que dois voando", mas nós temos nossos pássaros voando e um nas mãos. O Céu, mesmo agora, é nosso. Temos sua escritura, temos seu penhor, temos suas primícias. Temos o Céu por preço, por promessa e por princípio; sabemos disso não apenas por ouvidos que ouvem, mas "em nós mesmos".

Não deveria a ideia de um "patrimônio superior" do outro lado do Jordão nos trazer paz diante de perdas presentes? Podemos perder nosso dinheiro, mas nosso tesouro está seguro. Perdemos as sombras, mas a essência permanece, pois nosso Salvador vive, e o lugar que Ele preparou para habitarmos permanece. Há uma terra melhor, um patrimônio melhor, uma promessa melhor; e tudo isso chega a nós por uma aliança melhor. Tenhamos, portanto, ânimo melhor e digamos ao Senhor: "Todos os dias te bendirei e louvarei o teu nome para todo o sempre" (SALMO 145:2).

29 DE FEVEREIRO

O que nos segue

*Bondade e misericórdia certamente
me seguirão todos os dias da minha vida; e habitarei
na Casa do SENHOR para todo o sempre.*
SALMO 23:6

Um devoto poeta canta:

*Senhor, quando acrescentares a meu tempo um dia,
como agora o fazes,
Um dia desconhecido em outros anos, concede-me, suplico
Que tal graça o ilumine, seja quando for que ele venha;
Que seja acréscimo à santidade e prolongue o louvor!*

Este dia vem apenas uma vez a cada quatro anos. Ó, que possamos receber uma bênção quadruplicada! Até então, a bondade e a misericórdia, como dois guardas, nos seguiram dia após dia, estando a postos na retaguarda enquanto a graça vai na vanguarda; e, dado que este dia fora do percurso é um dos dias de nossa vida, os dois anjos guardiões estarão conosco também hoje. Bondade para suprir nossas necessidades e misericórdia para apagar nossos pecados. Estas duas acompanharão cada um de nossos passos neste e em todos os dias até que não haja mais dias. Portanto, sirvamos ao Senhor neste dia peculiar com especial consagração de coração e cantemos Seus louvores com mais entusiasmo e doçura do que nunca. Não poderíamos hoje fazer uma oferta especial à causa de Deus ou aos pobres? Pela criatividade do amor, façamos deste 29 de fevereiro um dia a ser lembrado para sempre.

1.º DE MARÇO

Alegria para os excluídos

*Ouvi a palavra do SENHOR, vós, os que
a temeis: Vossos irmãos, que vos
aborrecem e que para longe vos lançam por causa do
vosso amor ao meu nome e que dizem:
Mostre o SENHOR a sua glória, para que vejamos
a vossa alegria, esses serão confundidos.*
ISAÍAS 66:5

Possivelmente esse versículo pode não se aplicar a um entre mil leitores deste pequeno livro de promessas, mas o Senhor a este alegra com tais palavras. Oremos por todos que são erroneamente lançados para longe da sociedade que amam. Que o Senhor apareça para alegria deles!

O texto se aplica a homens verdadeiramente graciosos que tremem diante da Palavra do Senhor. Estes foram odiados por seus irmãos e, finalmente, excluídos devido à sua fidelidade e santidade. Isto provavelmente lhes foi de muito amargor e ainda muito mais porque sua exclusão ocorreu em nome da religião e, declaradamente, com a visão de glorificar a Deus. Quanto é feito pelo diabo em nome de Deus! O uso do nome de Jeová para acrescentar veneno à picada da antiga serpente é um exemplo da sutileza dela.

O manifestar do Senhor para eles é a esperança de Seu povo perseguido. Ele surge como o advogado e defensor de Seus eleitos, e, quando assim o faz, significa libertação clara para os tementes a Deus e vergonha para seus opressores.

*Ó, Senhor, cumpra essa palavra para aqueles
a quem os homens estão ridicularizando!*

2 DE MARÇO

Dar sem nem mesmo sussurrar

Tu, porém, ao dares a esmola, ignore
a tua mão esquerda o que faz a tua mão direita;
para que a tua esmola fique em secreto;
e teu Pai, que vê em secreto, te recompensará.

MATEUS 6:3-4

Nenhuma promessa é feita àqueles que dão aos pobres para serem vistos por homens. Eles recebem sua recompensa de imediato e não podem esperar ser pagos duplamente.

Ocultemos nossa caridade; sim, escondê-la até de nós mesmos. Dê tanto e com tanta frequência de modo que você não mais diferencie o ajudar os pobres do comer suas refeições regulares. Dê suas esmolas sem nem mesmo sussurrar a si: "Como sou generoso!". Não tente assim recompensar a si mesmo. Deixe essa questão com Deus, que nunca falha em ver, registrar e recompensar. Bem-aventurado é o homem que se ocupa em segredo com sua bondade; ele encontra alegria peculiar em suas benevolências anônimas. Este é o pão que, ingerido secretamente, é mais doce que os banquetes dos reis. Como posso satisfazer-me hoje com este agradável requinte? Deixe-me banquetear-me com ternura e o transbordar da alma.

Agora e daqui em diante o próprio Senhor pessoalmente garantirá a recompensa daquele que dá esmolas secretamente. Isso será de Sua maneira e em Seu tempo; e Ele escolherá o melhor. O quanto tal promessa significa apenas a eternidade revelará.

3 DE MARÇO

Não será deixado para perecer

Pois não deixarás a minha alma na morte,
nem permitirás que o teu Santo veja corrupção.
SALMO 16:10

Essa palavra tem seu próprio cumprimento no SENHOR Jesus, mas aplica-se também, com uma variação, a todos que estão nele. Nossa alma não será deixada no estado separado e nosso corpo, embora veja corrupção, ressuscitará. O significado geral, em lugar da aplicação específica, é para o qual chamamos a atenção de nossos leitores nesse momento em particular.

Podemos descer, em espírito, muito profundamente, até parecermos estar mergulhados no abismo do inferno; todavia não seremos deixados lá. Podemos aparentar estar à porta da morte, em nosso coração, alma e consciência; mas lá não ficaremos. Nossa morte interior, em relação à alegria e à esperança, pode ir muito longe; mas não pode prosseguir até as últimas consequências, a ponto de alcançar a corrupção final do obscuro desespero. Podemos ir fundo, muito fundo; porém não mais fundo do que o Senhor permita. Podemos estar no mais baixo calabouço de dúvida por certo tempo; mas ali não pereceremos. A estrela de esperança ainda está no céu, quando a noite é mais sombria. O Senhor não se esquecerá de nós a ponto de nos entregar ao inimigo. Descansemos em esperança. Nós lidamos com Aquele cuja misericórdia dura para sempre. Certamente, nós nos levantaremos da morte, da escuridão e do desespero para a vida, a luz e a liberdade.

4 DE MARÇO

Honra a Deus

Portanto, diz o SENHOR, Deus de Israel:
Na verdade, dissera eu que a tua casa e a casa de teu pai
andariam diante de mim perpetuamente;
porém, agora, diz o SENHOR: Longe de mim tal coisa,
porque aos que me honram, honrarei,
porém os que me desprezam serão desmerecidos.

1 SAMUEL 2:30

Eu faço da honra a Deus o grande objeto de minha vida e a regra de minha conduta? Caso sim, Ele me honrará. Posso durante certo tempo ser honrado por homens, mas o próprio Deus colocará honra sobre mim da maneira mais eficaz. No fim das contas, será descoberto que o caminho mais certo para a honra é estar disposto a ser envergonhado em prol da consciência.

Eli não honrou o Senhor ao governar mal o seu lar, e seus filhos não honraram o Senhor ao se comportarem de modo indigno de seu sagrado ofício. Portanto, o Senhor não os honrou, mas tirou de sua família o sublime sacerdócio e fez o jovem Samuel ser governador na terra em lugar de qualquer um daquela linhagem. Caso eu deseje que minha família seja enobrecida, devo honrar o Senhor em todas as coisas. Deus pode permitir que o perverso ganhe honras mundanas, mas a dignidade que Ele mesmo concede, até mesmo glória, honra e imortalidade, Ele reserva para aqueles que, pela obediência divina, cuidam de honrá-lo.

O que posso fazer neste dia para ao Senhor? Promoverei Sua glória por meu testemunho falado e por minha obediência prática; também o honrarei com meu patrimônio e oferecendo a Ele algum serviço especial. Permita-me sentar-me e pensar em como posso honrá-lo, uma vez que Ele me honrará.

5 DE MARÇO

Bênçãos no lar

A maldição do SENHOR habita na casa do perverso, porém a morada dos justos ele abençoa.
PROVÉRBIOS 3:33

Ele teme o Senhor e, portanto, fica sob proteção divina inclusive quando se trata do telhado sobre sua cabeça e de sua família. Sua casa é sua morada de amor, uma escola de santo treinamento e um lugar de luz celestial. Nela há um altar da família em que o nome do Senhor é diariamente reverenciado. Portanto o Senhor abençoa sua habitação. Pode ser um humilde casebre ou uma mansão senhoril, mas a bênção do Senhor vem devido ao caráter do habitante e não ao tamanho da habitação.

É sobremaneira abençoada a casa em que o homem e a mulher são pessoas tementes a Deus, mas um filho ou filha ou até mesmo um servo podem trazer uma bênção para toda uma casa. O Senhor frequentemente preserva e prospera uma família e lhe provê em prol de um ou dois que há nela os quais, a Seus olhos, são pessoas "justas", pois Sua graça assim os fez. Amado, tenhamos Jesus como nosso convidado constante, assim como as irmãs de Betânia tinham, e então seremos de fato abençoados.

Cuidemos a fim de que, em todas as coisas, sejamos justos: em nossos negócios, no julgar os outros, no modo de tratar nossos vizinhos e em nosso próprio caráter. O Deus justo não pode abençoar atividades injustas.

6 DE MARÇO

Guardião do órfão

A Assíria já não nos salvará,
não iremos montados em cavalos e não mais diremos à
obra das nossas mãos: tu és o nosso Deus;
por ti o órfão alcançará misericórdia. OSEIAS 14:3

Esta é uma excelente razão para rejeitarmos a confiança em qualquer outro aspecto e dependermos somente do Senhor. Quando uma criança é deixada sem a figura de seu protetor biológico, nosso Deus intervém e se torna seu guardião. Assim também, quando um homem perde todos os recursos dos quais dependia, ele pode lançar-se diante do Deus vivo e encontrar nele tudo de que precisa. Órfãos são lançados diante da paternidade de Deus, e Ele lhes provê. O escritor destas páginas sabe o que significa depender apenas do braço de Deus e testemunha voluntariamente de que nenhuma confiança é tão bem assegurada por fatos ou que tão certamente será recompensada por resultados como a fé no Deus invisível, contudo, eternamente vivo.

Alguns filhos que têm pais não estão em melhor situação por causa disso, mas os órfãos, com Deus, são ricos. Melhor ter Deus e nenhum amigo mais do que todos os benfeitores na Terra e estar sem Ele. Sofrer a perda de uma criatura é doloroso, mas, enquanto o Senhor permanece sendo a fonte de misericórdia para nós, não somos verdadeiramente órfãos. Que os órfãos supliquem pela graciosa palavra deste dia e que todos os que foram privados de suporte visível façam o mesmo.

Senhor, deixa-me encontrar misericórdia em ti! Quanto mais necessitado e abandonado eu estiver, mais confiantemente apelo ao Teu afetuoso coração.

7 DE MARÇO

Livre de grilhões

*Que faz justiça aos oprimidos
e dá pão aos que têm fome.*
SALMO 146:7

Ele já o fez. Lembre-se de José, Israel no Egito, Manassés, Jeremias, Pedro e muitos outros. Ele ainda pode fazer! Ele quebra as barras de cobre com uma palavra e rompe os grilhões de ferro com um olhar. Ele está agindo! Em mil lugares, os atribulados se colocam diante da luz e do alargamento das fronteiras. Jesus ainda proclama a abertura da prisão aos que estão encarcerados. Neste momento, portas estão se abrindo e grilhões estão caindo ao chão.

Ele se deleitará ao ver sua face, caro amigo, se neste momento você sofre por aflição, dúvida e medo. Será júbilo para Jesus conceder-lhe a liberdade. Ele terá tão grande prazer em libertá-lo quanto você por ser liberto. Não, você não tem que romper a barra de ferro; o próprio Senhor a romperá. Tão somente confie nele e Ele será seu Emancipador. Creia nele apesar das paredes de pedra ou grilhões de ferro. Satanás não pode prendê-lo, o pecado não pode acorrentá-lo, nem mesmo o desespero pode amarrá-lo se você deseja crer agora no Senhor Jesus, na liberdade de Sua graça e na plenitude de Seu poder para salvar.

Desafie o inimigo e permita que a palavra que está diante de você seja sua canção de libertação: "Jeová liberta os prisioneiros".

8 DE MARÇO

Nosso patrimônio abençoado

Bendito o teu cesto e a tua amassadeira.
DEUTERONÔMIO 28:5

A obediência traz uma bênção sobre todas as provisões que nossa atividade conquista para nós. Aquilo que vem e vai rápido, como o fruto no cesto que é para uso imediato, será abençoado; e aquilo que permanece conosco por uma estação mais longa receberá, igualmente, uma bênção. Talvez nossa porção seja a de um cesto; temos um pouco para o café da manhã e, ao sairmos para nosso trabalho logo cedo, apenas um pequeno bocado em um cesto para o jantar. Isto nos é bom, pois a bênção de Deus é uma promessa para o cesto. Caso vivamos em escassez, conseguindo diariamente o suprimento, estamos tão bem quanto Israel, pois, quando o Senhor alimentava Seu povo agraciado, Ele lhes dava apenas o maná do dia. De que mais *eles* precisavam? De que mais *nós* precisamos?

Mas, se temos depósito, como precisamos que o Senhor o abençoe! Pois há o cuidado de receber, o cuidado de manter, o cuidado de gerenciar, o cuidado da utilização; e, a menos que o Senhor abençoe, estes cuidados devorarão o nosso coração até que nossos bens se tornem ídolos e nossas preocupações evidenciem ser cancros.

Ó, Senhor, abençoe nosso patrimônio. Capacita-nos a utilizá-lo para a Tua glória. Ajuda-nos a manter coisas mundanas em seus lugares apropriados e que nosso cuidado com nossas economias nunca comprometa nosso cuidado com a salvação de nossa alma.

9 DE MARÇO

Oração por paz

Procurai a paz da cidade para onde vos desterrei e orai por ela ao Senhor; porque na sua paz vós tereis paz.
JEREMIAS 29:7

O princípio envolvido nesse versículo sugeriria a todos nós que somos do Senhor e, por isso, estrangeiros e peregrinos que deveríamos ser desejosos de promover a paz e a prosperidade das pessoas entre as quais habitamos. Nossa nação e nossa cidade deveriam ser especialmente abençoadas por nossa constante intercessão. Uma oração sincera por nosso país e por outros países cai bem nos lábios de todo cristãos.

Oremos avidamente pela grande dádiva de paz, tanto onde vivemos quanto no exterior. Caso a discórdia cause derramamento de sangue em nossas ruas, ou se batalhas estrangeiras matarem nossos corajosos soldados, deveremos todos lamentar a calamidade. Oremos, portanto, pela paz; promovamos diligentemente esses princípios pelo quais diferentes povos, estrangeiros e peregrinos, aqui e em outros países, possam unir-se em laços de amizade.

A nós é prometida quietude em conexão com a paz do país, e isso é, sobremaneira, desejável, pois assim podemos criar nossas famílias no temor do Senhor e, também, pregar o evangelho sem obstáculos ou impedimentos. Estejamos hoje em oração, intensamente, por nosso país, confessando os pecados da pátria e pedindo perdão e bênção para toda a nação, por amor a Jesus.

10 DE MARÇO

Ande na luz

*Eu vim como luz para o mundo, a fim de que
todo aquele que crê em mim não permaneça nas trevas.*
JOÃO 12:46

Este mundo é tão escuro quando a escuridão da meia-noite. Jesus veio para que, pela fé, possamos ter luz e não mais nos assentemos na melancolia que cobre o restante da humanidade.

Todo aquele é um termo muito amplo; significa você e eu. Se nós confiamos em Jesus, não mais nos sentaremos na escura sombra da morte, mas entraremos na tépida luz de um dia que nunca acabará. Por que não nos colocamos na luz imediatamente?

Uma nuvem pode, algumas vezes, pairar sobre nós, mas nós não permaneceremos na escuridão se cremos em Jesus. Ele veio para nos dar imensa luz. Virá Ele em vão? Pois, se temos fé, temos o privilégio da luz do Sol, então desfrutemos dela. Jesus veio para nos libertar da noite de depravação natural, da ignorância, da dúvida, do desespero, do pecado, do terror, e todos os cristãos saberão que Ele não vem em vão. Da mesma maneira, também não é vão cada nascer do Sol e a dispersão de seu calor e sua luz.

Livre-se de sua depressão, caro irmão. Não permaneça na escuridão, mas na luz. Em Jesus está a sua esperança, a sua alegria, o seu Céu. Olhe para Ele, para Ele somente, e você se regozijará como os pássaros regozijam-se ao nascer do sol e como os anjos se regozijam diante do trono.

11 DE MARÇO

De quem é a batalha?

*Saberá toda esta multidão que o Senhor salva,
não com espada, nem com lança;
porque do Senhor é a guerra, e ele vos entregará
nas nossas mãos.* 1 SAMUEL 17:47

Que isto fique estabelecido: a batalha é do Senhor e nós podemos ter completa certeza da vitória de uma forma que demonstrará, da melhor maneira possível, o poder de Deus. O Senhor foi sobremaneira esquecido por todos os homens; sim, até mesmo pelas assembleias de Israel. E quando há uma oportunidade de fazer os homens verem que a Primeira Grandiosa Causa pode alcançar Seus propósitos sem o poder do homem, é ocasião inestimável que deveria ser bem empregada. Até mesmo Israel recorre demais à espada e à lança. É algo grandioso Davi não empunhar espada alguma e, ainda assim, saber que seu Deus derrubará um exército inteiro de inimigos.

Caso estejamos lutando pela verdade e justiça, não nos demoremos até que adquiramos talento, ou riqueza ou qualquer outra forma de poder visível à nossa disposição, mas, munidos de pedras que encontramos no riacho e nossa funda comum, corramos de encontro ao inimigo. Caso fosse nossa a batalha, poderíamos não nos sentir confiantes, mas, se estamos nos levantando por Jesus e guerreando somente em Sua força, quem pode nos resistir? Sem traço de hesitação, enfrentemos os filisteus, pois o Senhor dos exércitos é conosco, e quem pode ser contra nós?

12 DE MARÇO

Indo com alegria

*De Zebulom disse: Alegra-te, Zebulom,
nas tuas saídas marítimas, e tu, Issacar, nas tuas tendas.*
DEUTERONÔMIO 33:18

As bênçãos das tribos são nossas, pois somos a verdadeira Israel que adora a Deus no espírito e que confia na carne. Zebulom deve regozijar-se porque Jeová abençoará suas "saídas"; nós também vemos uma promessa latente para nós nessa bênção. Quando sairmos, procuraremos ocasiões de alegria.

Saímos para viajar, e a providência de Deus é nossa escolta. Saímos para emigrar, e o Senhor está conosco tanto em terra como no mar. Saímos como missionários, e Jesus diz: "...eis que estou convosco todos os dias até à consumação do século" (MATEUS 28:20). Saímos diariamente para trabalhar, e podemos fazer isso com prazer, pois Deus estará conosco desde a manhã até o anoitecer.

Algumas vezes, certo medo nos afeta no início, pois não sabemos o que poderemos encontrar, mas essa bênção pode muito nos servir como uma palavra de bom ânimo. Ao encaixotarmos as coisas para uma mudança, coloquemos esse versículo em nosso porta-malas; coloquemo-lo em nosso coração e ali o mantenhamos; sim, guardemo-lo em nossa língua para nos fazer cantar. Ergamos a âncora com um cântico, ou entremos na carruagem com um salmo. Pertençamos à tribo do júbilo e louvemos ao Senhor em todos os momentos com corações jubilosos.

13 DE MARÇO

Não despreze sua juventude

Então, lhe disse eu: ah! SENHOR Deus!
Eis que não sei falar, porque não passo de uma criança.
Mas o SENHOR me disse: Não digas:
Não passo de uma criança; porque a todos a quem
eu te enviar irás; e tudo quanto
eu te mandar falarás. JEREMIAS 1:6-7

Jeremias era jovem e sentiu um acanhamento natural quando o Senhor lhe enviou a uma grande missão; mas Aquele que o enviara não aceitou ouvi-lo dizer: "Não passo de uma criança". O que ele era em si mesmo não deve ser mencionado, mas deixado de lado ao considerar que fora escolhido para falar por Deus. Ele não tinha que pensar e inventar uma mensagem ou escolher uma plateia. Jeremias deveria falar o que Deus ordenara e falar no local para onde Deus o enviara, e ele seria capacitado a fazer isso com força que não era a sua.

Não é assim com alguns jovens pregadores ou mestres que leem estas linhas? Deus sabe como você é jovem e como é esguio seu conhecimento e experiência, mas, se Ele escolhe enviá-lo, não é para seu acanhamento diante do chamado celestial. Deus se magnificará em sua debilidade. Fosse você tão idoso quanto Matusalém, quanto mais esses anos o auxiliariam? Fosse você sábio como Salomão, você poderia ser igualmente intencional. Restrinja-se à sua mensagem e isso será sua sabedoria; siga suas ordens de marcha e elas serão seu critério.

14 DE MARÇO

Terno consolo

*Como alguém a quem sua mãe consola,
assim eu vos consolarei;
e em Jerusalém vós sereis consolados.*
ISAÍAS 66:13

O consolo de uma mãe! Ah, a própria ternura. Como ela adentra ao sofrimento de seu filho! Como o pressiona em seu peito e tenta retirar toda sua tristeza trazendo-a para seu próprio coração! Tudo ele pode contar a ela, e a mãe se compadecerá como ninguém mais pode fazê-lo. De todos os consoladores, a mãe é quem o filho mais ama, até mesmo homens crescidos assim consideram.

Jeová aceita exercer o papel da mãe? Isto, de fato, é bondade. Nós prontamente percebemos como Ele é pai, mas será Ele também uma mãe? Isso não nos convida à intimidade santa, à confiança plena, ao descanso sagrado? Quando o próprio Deus se torna "o Consolador", nenhuma angústia pode permanecer longamente. Proclamemos nossa dificuldade ainda que soluços e suspiros devam tornar-se nossa declaração mais pronta. Ele não nos desprezará por nossas lágrimas; nossa mãe não fez tal coisa. Deus considerará nossa fraqueza assim como ela considerou e Ele afastará nossas falhas apenas de modo mais certo e seguro do que a mãe poderia fazer. Não tentaremos suportar nosso sofrimento sozinhos; isso seria indelicado com alguém tão gentil e bondoso. Comecemos o dia com nosso Deus amoroso e, por conseguinte, não deveríamos terminá-lo na mesma companhia, dado que mães não se cansam de seus filhos?

15 DE MARÇO

Deus é um santuário

Portanto, dize: Assim diz o SENHOR Deus:
Ainda que os lancei para longe entre as nações
e ainda que os espalhei pelas terras, todavia,
lhes servirei de santuário, por um pouco de tempo,
nas terras para onde foram. EZEQUIEL 11:16

Banidos dos meios públicos da graça, não fomos removidos dos meios dessa graça. O SENHOR, que coloca Seu povo onde sentem-se como exilados, Ele próprio estará com eles e lhes será tudo aquilo que poderiam ter tido em casa, no lugar de suas assembleias solenes. Tomem isto para si, ó vocês que são chamados a vaguear!

Deus é um lugar de refúgio para o Seu povo os quais encontram nele, santuário de todo adversário. Ele é, também, seu lugar de adoração. Deus está com Seu povo como estava com Jacó quando este dormiu em campo aberto e, ao levantar-se, declarou: "...Na verdade, o Senhor está neste lugar". A estes, Ele também lhes será santuário de quietude, como o Santo dos Santos, que era a habitação silenciosa do Eterno. Eles terão quietude à parte do medo do mal.

O próprio Deus, em Cristo Jesus, é o santuário de misericórdia. A Arca da Aliança é o Senhor Jesus; a vara de Arão, o maná; as tábuas da Lei são todos, em Cristo, nosso santuário. Em Deus, encontramos o templo de santidade e de comunhão. De que mais precisamos?

Ó, SENHOR, cumpre essa promessa! Que ela seja
sempre para nós como um pequeno santuário.

16 DE MARÇO

Um exemplo para outros

*O que também aprendestes, e
recebestes, e ouvistes, e vistes em mim, isso praticai;
e o Deus da paz será convosco.*

FILIPENSES 4:9

Bom é quando um homem pode, com benefício, ser tão minuciosamente imitado como Paulo provavelmente o foi. Ó, que graça o imitarmos neste e em todos os dias!

Desejando, por meio da graça divina, colocar em prática o ensino paulino, podemos requerer a promessa que é agora aberta diante de nós; e que promessa ela é! Deus, que ama paz, cria paz e respira paz, estará conosco. "Paz seja convosco" é uma doce bênção, mas o fato de que o Deus da paz está conosco é algo muito mais grandioso. Assim temos tanto a fonte quanto as correntes, tanto o Sol como os raios. Estando o Deus da paz conosco, desfrutaremos da Sua paz, que excede todo entendimento, embora circunstâncias externas ameacem perturbar-nos. Havendo desavenças entre homens, nós certamente seremos pacificadores se o Pacificador está conosco.

É no caminho da verdade que a verdadeira paz é encontrada. Caso desistamos da fé ou deixemos o caminho da justiça com a perspectiva de promoção da paz, estaremos muitíssimo equivocados. A ordem da sabedoria e da realidade é primeiro pura, depois pacífica. Sigamos os conselhos de Paulo e teremos o Deus da paz conosco, como Ele estava com o apóstolo.

17 DE MARÇO

Temor do medo

*Não temas diante deles, porque
eu sou contigo para te livrar, diz o S*ENHOR.
JEREMIAS 1:8

Sempre que o medo chega e nos faz fraquejar, corremos o risco de cair em pecado. A prepotência deve ser temida, mas também a covardia. "Ouse ser um Daniel". Nosso Grande Capitão deveria ser servido por soldados intrépidos.

Que motivo para bravura temos aqui! Deus está com os que estão com Ele. Deus nunca estará distante quando a hora da luta chegar. Eles o ameaçam? Quem é você para temer um homem que morrerá? Você está prestes a perder sua posição? Seu Deus, a quem você serve, encontrará pão e água para Seus servos. Você conseguiria não confiar nele? Eles vertem escárnio sobre você? Isso quebrará seus ossos ou seu coração? Suporte por amor a Cristo e até mesmo regozije-se nisso.

Deus está com o verdadeiro, o justo, o santo, para libertá-los; e Ele libertará você. Lembre-se de como Daniel saiu da cova dos leões e de como os três santos filhos saíram da fornalha. O seu caso não é tão dramático como o deles; mas, caso o fosse, o Senhor carregaria você até o fim e o faria mais que vencedor. Tema o medo. Tenha medo de ter medo. Seu pior inimigo está dentro de seu próprio peito. Ajoelhe-se, clame por auxílio e então levante-se dizendo: "…confiarei e não temerei" (ISAÍAS 12:2).

18 DE MARÇO

Permaneça reto

O sacrifício dos perversos é abominável ao SENHOR,
mas a oração dos retos é o seu contentamento.
PROVÉRBIOS 15:8

Isso é tão bom quanto uma promessa, pois declara um fato presente, que será o mesmo por todas as eras. Deus tem grande prazer nas orações de homens retos e até mesmo as considera Seu deleite. Nossa primeira preocupação é ser reto. Não penda para um lado nem para o outro, mas continue reto; não seja sinuoso com diretrizes, nem se prostre cedendo ao mal, mas seja reto em integridade e franqueza rigorosas. Caso comecemos a titubear e reorientar-nos, seremos deixados para mudarmos por nós mesmos. Caso tentemos caminhos tortos, descobriremos que não conseguimos orar e, se fingirmos fazê-lo, veremos que nossas orações não entram nos Céus.

Estamos atuando em linha reta e, assim, seguindo a vontade revelada do Senhor? Então oremos muito e oremos em fé. Sendo nossa oração o deleite de Deus, não o restrinjamos naquilo que lhe agrada. Ele não considera a gramática utilizada, nem a metafísica, nem a retórica; a preocupação com tudo isso pode levar os homens a desprezá-la. O Senhor, como um Pai, tem prazer nos ceceios de Seus bebês, nos balbucios de Seus filhos e filhas recém-nascidos. Não nos deleitaríamos em oração uma vez que o Senhor nela se deleita? Enviemos recados ao trono. O Senhor nos fornece motivos suficientes para oração, e nós devemos agradecê-lo por assim ser.

19 DE MARÇO

Preparando-se para a glória

*Porque o Senhor Deus é sol e escudo;
o Senhor dá graça e glória; nenhum bem sonega
aos que andam retamente.* SALMO 84:11

Graça é o que precisamos neste instante e deve ser obtida gratuitamente. O que pode ser mais gracioso do que uma dádiva? Hoje receberemos graça sustentadora, fortalecedora, santificadora e satisfatória. Ele deu graça diária até o momento, e, com relação ao futuro, essa graça é ainda suficiente. Caso tenhamos apenas pequena graça, a culpa deve cair sobre nós, pois o Senhor não é limitado e nem lento em concedê-la em abundância. Podemos pedir tanto quanto quisermos e nunca temer uma recusa. Ele concede liberalmente e não repreende.

O Senhor pode não conceder ouro, mas concederá graça. Ele pode não dar o lucro, mas dará graça. Ele certamente nos enviará provações, mas fornecerá graça em proporção a elas. Podemos ser chamados para labutar e sofrer, contudo com o chamado virá toda a graça exigida.

Que "e" é esse no texto — "e glória"! Ainda não precisamos de glória e ainda não estamos preparados a ela, mas a teremos no momento devido. Após termos comido o pão da graça, beberemos o vinho da glória. Precisamos passar pelo santo, que é graça, até o Santo dos Santos, que é glória. Estas palavras e a glória são suficientes para fazer um homem dançar de alegria. Um pouco mais de tempo — um pouco mais de tempo e, então, glória para sempre!

20 DE MARÇO

Provisão divina

*Ora, se Deus veste assim a erva do campo,
que hoje existe e amanhã é lançada no forno,
quanto mais a vós outros, homens de pequena fé?*
MATEUS 6:30

As roupas são caras, e cristãos pobres podem sentir-se ansiosos com relação à aquisição de seu próximo traje. As solas estão finas, como teremos sapatos novos? Veja como é cuidadoso o nosso Senhor, que proveu para sanar esta preocupação. Nosso Pai celestial veste a erva do campo com esplendor tal, de modo que Salomão não pôde se igualar. Não vestirá Ele Seus próprios filhos? Estamos certos de que sim. Pode haver muitos retalhos e remendos, todavia teremos com o que nos vestirmos.

Um pobre ministro tinha suas roupas praticamente puídas e já tão desgastadas que mal mantinham-se inteiras. Mas esse servo do Senhor esperava que seu Mestre providenciasse vestimenta para ele. Ocorreu que o escritor, em uma visita a um amigo, teve como empréstimo o púlpito desse bom homem e lhe veio à mente fazer-lhe uma doação, e ali estava sua vestimenta. Muitos outros casos temos visto em que aqueles que serviam ao Senhor o encontraram atento a seu guarda-roupa. Ele, que fez o homem de modo que, quando pecasse, precisasse de vestiduras, também em misericórdia supriu-lhe, e aquelas que o Senhor deu aos nossos primeiros pais eram sobremaneira melhores do que aquelas que eles mesmo fizeram para si.

21 DE MARÇO

Evite tal deslize

*Então, andarás seguro no teu caminho,
e não tropeçará o teu pé.* PROVÉRBIOS 3:23

Isso significa dizer que, se seguirmos os caminhos da sabedoria e da santidade, seremos preservados neles. Aquele que viaja durante o dia à margem da estrada tem certa proteção. Há um caminho para todo homem, ou seja, seu próprio chamado na vida e, se nós devotamente caminharmos nele no temor de Deus, Ele nos preservará do mal. Nós podemos viajar sem luxos, mas caminharemos com segurança. Podemos ser incapazes de correr como jovens, mas seremos capazes de caminhar como bons homens.

Nossa maior ameaça está em nós mesmos: nosso pé débil é, lamentavelmente, apto demais a tropeçar. Peçamos mais força moral para que a nossa tendência a tropeçar possa ser debelada. Alguns tropeçam porque não veem a pedra no caminho; porém a graça divina nos capacita a perceber o pecado e, assim, evitá-lo. Pleiteemos tal promessa e confiemos naquele que preserva Seus escolhidos.

Infelizmente nosso pior perigo é a nossa própria negligência, mas contra isso o Senhor Jesus nos colocou a postos, declarando: "...vigiai e orai..." (MARCOS 13:33).

Ó, que tenhamos graça para caminhar neste dia sem um único tropeço! Não é suficiente que de fato não caiamos; nosso clamor deveria ser para que nossos pés não cometam sequer um mínimo deslize, e assim possamos finalmente adorar "...àquele que é poderoso para vos guardar de tropeços...".

22 DE MARÇO

Graça para o humilde

Antes, ele dá maior graça; pelo que diz:
Deus resiste aos soberbos, mas dá graça aos humildes.
TIAGO 4:6

Corações humildes buscam graça e, portanto, a recebem. Corações humildes rendem-se às doces influências da graça e, assim, ela lhes é concedida mais e mais abundantemente. Os corações humildes repousam nos vales onde as correntes de graça fluem e, consequentemente, delas bebem. Corações humildes são gratos pela graça e dão ao Senhor a glória inerente a ela e, por conseguinte, é compatível com Sua honra concedê-la a eles.

Venha, caro leitor, tome uma posição modesta. Seja parco em sua própria avaliação para que o Senhor faça muito de você. Talvez irrompa o suspiro: "Acredito que não sou humilde". Pode ocorrer que essa seja a linguagem da verdadeira humildade. Alguns têm orgulho de serem humildes, e esse é um dos piores tipos de orgulho. Somos carentes, indefesos, indignos, criaturas merecedoras do inferno e, se não somos humildes, devemos ser. Humilhemo-nos por causa de nossos pecados contra a humildade e, então, o Senhor nos dará uma prova de Seu favor. É a graça que nos faz ser humildes e a graça encontra em tal humildade uma oportunidade para derramar ainda mais graça. Rebaixemo-nos para que cresçamos. Sejamos pobres em espírito para que Deus nos faça ricos. Sejamos humildes para que não precisemos ser humilhados, mas sejamos exaltados pela graça de Deus.

23 DE MARÇO

Um Guia seguro

*Guiarei os cegos por um caminho que não conhecem,
fá-los-ei andar por veredas desconhecidas;
tornarei as trevas em luz perante eles e os caminhos
escabrosos, planos. Estas coisas
lhes farei e jamais os desampararei.* ISAÍAS 42:16

Pense no infinitamente glorioso Jeová como um guia para os cegos! Que benevolência ilimitada isso sugere! Um homem cego não consegue encontrar o caminho que não conhece. Mesmo quando ele conhece a estrada é difícil percorrê-la; mas uma estrada que o cego desconhece está realmente fora de questão para seus pés sem um guia. Agora nós, por natureza, somos cegos no que se refere à salvação, e o Senhor, contudo, guia-nos até ela, leva-nos a si mesmo e, então, abre os nossos olhos. Com relação ao futuro, somos todos cegos e não conseguimos ver uma hora adiante de nós; mas o Senhor Jesus nos guiará até o fim de nossa jornada. Bendito seja o Seu nome!

Não conseguimos prever de que direção a libertação pode vir a nós, mas o Senhor sabe e nos guiará até que tenhamos escapado de todo perigo. Felizes são aqueles que colocam sua mão na do grande Guia e lhe entregam inteiramente seu caminho, e a si mesmos. O Senhor os guiará por todo o caminho e, quando os tiver levado à casa para a glória e aberto seus olhos para ver o caminho pelo qual Ele os guiou, ó, que cântico de gratidão entoarão a seu grande Benfeitor!

*Senhor, guia Teus pobres e cegos filhos neste dia,
pois não conhecemos nosso caminho!*

24 DE MARÇO

Confirmado e guardado

Todavia, o Senhor é fiel;
ele vos confirmará e guardará do Maligno.
2 TESSALONICENSES 3:3

Os homens são frequentemente tão desprovidos de razão quanto o são de fé. Ainda há conosco "...homens perversos e maus..." (2 TESSALONICENSES 3:2). De nada adianta argumentar ou tentar ter paz com eles; são falsos em seu interior e enganosos em seu discurso. Bem, o que fazer? Nos preocuparemos com eles? Não, voltemo-nos ao Senhor, pois Ele é fiel. Jamais promessa alguma de Sua Palavra será quebrada. Ele não é nem despropositado em Suas exigências a nós, nem infiel a nossas súplicas a Ele. Temos um Deus fiel. Seja essa nossa alegria.

Ele nos confirmará de tal forma que os homens perversos não causarão nossa derrocada, e Ele nos guardará de modo que nenhum dos demônios que agora nos assaltam causem de fato algum dano. Que bênção para nós não precisarmos contender com homens, mas termos permissão de nos abrigarmos no Senhor Jesus, que é verdadeiramente compassivo conosco. Há um coração verdadeiro, uma mente fiel, um amor imutável; nisso repousemos. O Senhor cumprirá o propósito de Sua graça para conosco, Seus servos, e não há por que deixar que uma sombra de medo caia sobre nosso espírito. Nem tudo o que homens e demônios podem fazer pode ser obstáculo entre nós e a proteção e a provisão divinas. Neste dia, oremos para que o Senhor nos confirme e guarde.

25 DE MARÇO

Sono revigorante

Quando te deitares, não temerás;
deitar-te-ás, e o teu sono será suave.
PROVÉRBIOS 3:24

O leitor é propenso a permanecer confinado por certo tempo à cama pela doença? Que ele se volte para cima sem angústia, com esta promessa em seu coração: "Quando te deitares, não temerás...".

Quando formos nos deitar à noite, que tal palavra afofe nosso travesseiro. Não podemos nos guardar durante o sono, mas o Senhor nos guardará ao longo da noite. Aqueles que se deitam sob a proteção do Senhor estão tão seguros como reis e rainhas em seus palácios e, em grande medida, muito mais. Havendo em nosso deitar uma entrega de todas as preocupações e ambições, teremos renovo tal ao nos levantarmos da cama, como o ansioso e o ganancioso nunca encontram em seu sono. Sonhos maléficos serão banidos, ou, caso venham, erradicaremos a sensação que deixam, sabendo que são apenas sonhos.

Caso durmamos assim será bom para nós. Quão docemente Pedro dormiu quando até mesmo a luz do anjo não o acordou e ele precisou de uma forte sacudida para acordá-lo, estando ele sentenciado a morrer na manhã seguinte. Assim dormiam os mártires antes de serem queimados. "...aos seus amados ele o dá enquanto dormem" (SALMO 127:2). Para ter sono agradável, devemos ter vida, índole, meditação e amor agradáveis.

26 DE MARÇO

O cuidado com o pobre

*O Senhor o assiste no leito da enfermidade;
na doença, tu lhe afofas a cama.*

SALMO 41:3

Lembre-se de que essa é uma promessa aos homens que consideram os pobres. Você é um desses homens? Então leve consigo esse texto.

Veja como, na hora da enfermidade, o Deus dos pobres abençoará o homem que se importa com eles! Os braços eternos sustentarão sua alma como mãos amigáveis e travesseiros macios apoiam o corpo do enfermo. Quão terna e compassiva é essa imagem, o quanto ela aproxima nosso Deus de nossas enfermidades e doenças! Quem teria ouvido isso do antigo pagão Júpiter ou dos deuses da Índia ou outros países da Ásia? Tal linguagem é peculiar ao Deus de Israel; Ele é quem rebaixa-se a fim de tornar-se enfermeiro e cuidador de bons homens. Caso Ele nos atinja com uma de Suas mãos, nos sustenta com a outra. Ó, que bem-aventurança desfalecer quando se cai sobre o peito do próprio Senhor e ali é sustentado! A graça é o melhor dos reconstituintes, o amor divino é o estimulante mais seguro para o paciente lânguido, pois isso torna a alma forte como um gigante mesmo quando os ossos rompem a pele. Não há médico como o Senhor, nenhum tonificante como Sua promessa, nenhum vinho como Seu amor.

Caso o leitor tenha falhado em seu dever para com os pobres, que veja imediatamente o que está perdendo e torne-se seu amigo e ajudador.

27 DE MARÇO

Achegando-se a Deus

*Chegai-vos a Deus, e ele se chegará
a vós outros. Purificai as mãos, pecadores;
e vós que sois de ânimo dobre, limpai o coração.*

TIAGO 4:8

Quanto mais próximos estamos de Deus, mais graciosamente Ele se revelará a nós. Quando o pródigo volta a seu pai, este corre ao encontro do filho. Quando a pomba errante retorna à arca, Noé estende sua mão para recolhê-la para si. Quando a terna esposa busca a companhia de seu marido, ele vem a ela em asas de amor. Venha, então, caro amigo, acheguemo-nos a Deus que tão graciosamente nos espera; sim, Ele vem para encontrar-nos.

Você já observou a passagem em Isaías 58:9? Ali o Senhor parece colocar-se à disposição de Seu povo, dizendo-lhe: "…Eis-me aqui…". Como se dissesse: "O que você tem a dizer? O que posso fazer por você? Estou esperando para abençoá-lo". Como podemos hesitar em nos aproximarmos dele? Deus está próximo para perdoar, abençoar, consolar, auxiliar, avivar, libertar. Ó, que seja o ponto principal para nós o achegarmo-nos a Deus. Feito isso, tudo está feito. Ao nos aproximarmos de outros, eles podem em pouco tempo se cansar de nós e nos deixar; mas, se buscamos o Senhor somente, não haverá mudança de ideia da parte dele, mas Ele continuará a aproximar-se mais e mais de nós pela comunhão mais plena e jubilosa.

28 DE MARÇO

Guie o caminho

*O Senhor te porá por cabeça e não por cauda;
e só estarás em cima e não debaixo,
se obedeceres aos mandamentos do Senhor, teu Deus,
que hoje te ordeno, para os guardar e cumprir.*
DEUTERONÔMIO 28:13

Se obedecermos ao Senhor, Ele compelirá nossos adversários a ver que Sua bênção está sobre nós. Embora essa seja uma promessa da Lei, permanece benéfica ao povo de Deus, pois Jesus removeu a maldição, mas estabeleceu a bênção.

Os santos devem liderar o caminho entre os homens por santa influência; não devem ser cauda, ser arrastados de cá para lá por outros. Não devemos nos curvar ao espírito da época, mas compelir este tempo a honrar Cristo. Estando o Senhor conosco, não almejaremos tolerância para a religião, mas procuraremos acomodá-la no trono da sociedade. O Senhor Jesus não fez de Seu povo sacerdotes? Certamente eles devem ensinar e não ser aprendizes das filosofias de incrédulos. Em Cristo não somos feitos reis para reinar na Terra? Como então podemos ser os servos de uma tradição, os escravos da opinião humana?

Você, caro amigo, já tomou sua verdadeira posição por Jesus? Muitos são silentes por serem tímidos, se não covardes. Deveríamos permitir que o nome do Senhor Jesus seja mantido nos bastidores? Deveria a nossa religião arrastar-se como cauda? Antes não deveria guiar o caminho e ser a força governante em nós e nos outros?

29 DE MARÇO

Fé intrépida

...porquanto eu estou contigo, e ninguém ousará fazer-te mal, pois tenho muito povo nesta cidade.

ATOS 18:10

Enquanto o Senhor tinha trabalho para Paulo em Corinto, a fúria da multidão foi contida. Os judeus se opuseram e blasfemaram, no entanto não podiam impedir nem a pregação do evangelho nem a conversão dos ouvintes. Deus tem poder sobre as mentes mais violentas. Ele faz a ira do homem louvá-lo quando irrompe, mas Ele demonstra ainda mais a Sua bondade quando contém essa ira, e Ele pode contê-la. "...pela grandeza do teu braço, emudecem como pedra; até que passe o teu povo, ó Senhor..." (ÊXODO 15:16).

Não sinta, portanto, medo algum do homem quando você sabe que está cumprindo seu dever. Vá adiante, como Jesus teria feito, e aqueles que se opõem serão como cana quebrada e torcida que fumega. Muitas vezes homens tiveram motivo para temer visto que estavam amedrontados, mas a fé intrépida em Deus ignora o medo como se fossem teias de aranha no caminho de um gigante. Nenhum homem pode nos ferir a menos que o Senhor permita. Aquele que faz o próprio diabo fugir com uma palavra certamente pode controlar os agentes de Satanás. Portanto, vá adiante e, onde você esperava encontrar adversários, encontrará amigos.

30 DE MARÇO

Oração, ação de graças e louvor

*Não andeis ansiosos de coisa alguma; em tudo,
porém, sejam conhecidas, diante de Deus,
as vossas petições, pela oração e pela súplica, com
ações de graças. E a paz de Deus,
que excede todo o entendimento, guardará o vosso coração
e a vossa mente em Cristo Jesus.* FILIPENSES 4:6-7

Preocupação em nada, mas oração em tudo. Nenhuma ansiedade, mas muita comunhão jubilosa com Deus. Leve seus desejos ao Senhor de sua vida, o guardião de sua alma. Vá a Ele com duas porções de oração e uma de louvor perfumado. Não ore duvidando, mas agradecendo. Considere que você tem suas petições e, portanto, agradeça a Deus por Sua graça. Ele está concedendo graça a você; renda gratidão a Ele. Não esconda nada. Não permita que necessidade alguma inflame em seu peito: "Sejam conhecidas as vossas petições". Não corra para o homem. Vá somente ao seu Deus, o Pai de Jesus que, nele o ama.

Isso trará a você a paz do próprio Deus. Você não será capaz de compreender a paz de que desfrutará. Ela o envolverá em seu abraço infinito. Coração e mente, por meio de Cristo Jesus, serão submersos em um mar de descanso. Venha vida ou morte, pobreza, dor, calúnia, você habitará em Jesus acima de todo vento agitado ou nuvem escura. Você poderá deixar de obedecer a esse doce mandamento?

*Sim, Senhor, eu creio em ti! Mas imploro
que me ajudes em minha falta de fé.*

31 DE MARÇO

Presença de espírito

Não temas o pavor repentino, nem a arremetida dos perversos, quando vier. Porque o SENHOR será a tua segurança e guardará os teus pés de serem presos.
PROVÉRBIOS 3:25-26

Quando Deus é abrangente em Seus julgamentos, Ele não deseja que Seu povo fique apreensivo. Ele não se manifesta para ferir, mas para defender o justo.

Ele deseja que manifestem coragem. Nós que usufruímos a presença de Deus devemos demonstrar presença de espírito. Uma vez que o próprio Senhor pode vir repentinamente, não devemos nos surpreender com nada que seja repentino. A serenidade sob o avanço e o bramido de males inesperados é uma dádiva preciosa do amor divino.

O Senhor deseja que Seus escolhidos demonstrem discernimento de modo que possam ver que a desolação do perverso não é uma verdadeira calamidade ao Universo. Somente o pecado é maligno; a punição que o segue é como sal que conserva a fim de impedir que a sociedade putrefaça. Deveríamos ficar altamente mais chocados com o pecado que merece o inferno do que com o inferno proveniente do pecado.

Então, também, o povo do Senhor deveria exibir grande quietude de espírito. Satanás e sua semente da serpente são cheios de toda a sutileza, mas aqueles que caminham com Deus não serão pegos em suas enganosas armadilhas. Vá adiante, você que crê em Jesus, e deixe o Senhor ser sua confiança.

1.º DE ABRIL

A estrada do Rei

*Um caminho largo atravessara a terra antes desabitada e
será chamado Caminho da Santidade;
os impuros jamais passarão por ele. Será somente para os
que andam nos caminhos de Deus;
os tolos jamais andarão por ele.* ISAÍAS 35:8 (NVT)

O "Caminho da Santidade" é reto e aplainado, de tal maneira que nem mesmo as mentes mais simples conseguem se desviar dele, se o seguirem constantemente. Os sábios do mundo passam por muitas reviravoltas; contudo, cometem gafes terríveis e, geralmente, não encontram o fim deles. A orientação mundana é algo pobre e míope e, quando os homens a escolhem como sua estrada, ela os leva a montanhas escuras. As mentes bondosas nada mais sabem, exceto agir conforme o Senhor lhes ordena; entretanto, isso lhes mantêm no caminho do Rei e sob a proteção da realeza.

Que o leitor, nem mesmo por um momento, tente se ajudar para sair de uma dificuldade por falsidade ou ato questionável, mas que se mantenha no meio da estrada principal da verdade e da integridade e assim seguirá o melhor percurso possível. Jamais, em nossa vida, devemos praticar a navegação circular nem mesmo sonhar em mover-nos desordenadamente. Seja justo e não tema! Siga Jesus e não volte a atenção aos desdobramentos malignos. Caso o pior dos males pudesse ser evitado por meio do delito, teríamos, nessa mesma tentativa, caído em mal pior do que qualquer outro. O caminho de Deus deve ser o melhor caminho. Siga-o, embora os homens o considerem um tolo, pois você será verdadeiramente sábio.

*Senhor, guia os Teus servos por caminhos aplainados por
causa dos inimigos que se opõem a eles.*

2 DE ABRIL

A verdadeira energia do coração

*Medita estas coisas e nelas sê diligente,
para que o teu progresso a todos seja manifesto.*
1 TIMÓTEO 4:15

Isso é praticamente uma promessa garantindo que, pela meditação diligente e entrega de toda a nossa mente em nosso trabalho para o Senhor, teremos um progresso que todos verão. Não pela leitura apressada, mas pela profunda meditação, somos beneficiados pela Palavra de Deus. Não por executar de modo solene um elevado número de trabalho, mas por dar o nosso melhor naquilo que tentamos, teremos benefício verdadeiro. "Em todo trabalho há proveito..." (PROVÉRBIOS 14:23), mas não em algazarra e correria, sem a verdadeira energia do coração.

Se nos dividirmos entre Deus e mamom, ou Cristo e o próprio eu, não teremos progresso algum. Devemos entregar-nos inteiramente às coisas santas; caso contrário, seremos pobres negociantes nas atividades celestiais e nosso inventário não indicará lucro algum.

Sou um ministro? Que o seja inteiramente e não desperdice minhas energias com preocupações secundárias. O que tenho eu com política de partidos ou entretenimentos vãos? Sou cristão? Que meu serviço a Jesus seja a minha ocupação, o meu propósito de vida, a minha única busca. Devemos estar plenamente com Jesus em nosso íntimo e então exteriorizar a presença dele em nós totalmente; caso contrário, não teremos nem progresso ou benefício. Assim nem a Igreja ou o mundo sentirão a contundente influência que o Senhor deseja que exercitemos.

3 DE ABRIL

Sensível ao alerta

*Porquanto o teu coração se enterneceu, e te humilhaste perante o S*ENHOR*, quando ouviste o que falei contra este lugar e contra os seus moradores, que seriam para assolação e para maldição, e rasgaste as tuas vestes, e choraste perante mim, também eu te ouvi, diz o S*ENHOR. 2 REIS 22:19

Muitos desprezam o alerta e perecem. Feliz é aquele que treme diante da Palavra de Deus. Josias assim o fez e foi poupado da punição calamitosa que o Senhor estava determinado a aplicar sobre Judá devido aos seus grandes pecados. Você tem essa ternura? Você pratica essa auto-humilhação? Então você também será poupado no dia mau. Deus estabelece uma marca sobre os homens que suspiram e choram pelos pecados de seu tempo. O anjo destruidor recebe a ordem de manter sua espada embainhada até que os eleitos de Deus estejam abrigados. Eles são mais bem conhecidos por seu temor piedoso e seu tremor diante da Palavra do Senhor. Os tempos são ameaçadores? A infidelidade avança a passos largos, e você teme o castigo nacional sobre esta nação poluída? Você faz bem! Contudo, descanse nesta promessa: "Pelo que, eis que eu te reunirei a teus pais, e tu serás recolhido em paz à tua sepultura, e os teus olhos não verão todo o mal que hei de trazer sobre este lugar..." (2 REIS 22:20). Melhor ainda, o próprio Senhor poderá vir, e então os dias de nosso lamento terão fim.

4 DE ABRIL

As vespas de Deus

*Também enviarei vespas diante de ti, que lancem
os heveus, os cananeus e os heteus de diante de ti.*
ÊXODO 23:28

Podemos imaginar o que as vespas representam. Elas eram o próprio exército de Deus que o Senhor enviou adiante de Seu povo para ferroar seus inimigos e proporcionar facilmente a vitória de Israel. Nosso Deus, por Seus próprios meios estabelecidos, lutará por Seu povo e atormentará seus inimigos antes que iniciem a batalha em si. Frequentemente, Ele confunde os adversários da verdade por métodos que nem mesmo os reformadores conseguem dominar. O ar está repleto de influências misteriosas que assediam os inimigos de Israel. Lemos em Apocalipse que "A terra, porém, socorreu a mulher..." (APOCALIPSE 12:16).

Não temamos jamais. Em seus percursos, as estrelas lutam contra os inimigos de nossa alma. Frequentemente, quando marchamos em direção ao conflito, não encontramos exército com o qual contender. "O Senhor pelejará por vós, e vós vos calareis" (ÊXODO 14:14). As vespas de Deus podem fazer mais do que as nossas armas. Nós jamais poderíamos sonhar com a vitória por tais meios como os que Jeová utilizará. Devemos obedecer às ordens de marcha e avançar a fim de conquistar as nações para Jesus, e logo descobriremos que o Senhor já terá ido adiante de nós e preparado o caminho, de modo que, no fim, confessaremos jubilosamente: "...a sua destra e o seu braço santo lhe alcançaram a vitória" (SALMO 98:1).

5 DE ABRIL

Não me esquecerei

Lembra-te destas coisas, ó Jacó, ó Israel,
porquanto és meu servo! Eu te formei,
tu és meu servo, ó Israel; não me esquecerei de ti.
ISAÍAS 44:21

Nosso Jeová não pode se esquecer de Seus servos a ponto de deixar de amá-los. Ele não os escolheu por um período, mas para sempre. Ele sabia o que seriam quando os chamou para integrar a família divina. O Senhor apaga seus pecados como uma nuvem que os encobre, e podemos estar certos de que Deus não fechará as portas para eles por conta de iniquidades que Ele apagou. Seria blasfêmia imaginar tal coisa.

O Senhor não esquecerá dos Seus servos a ponto de deixar de pensar neles. Um momento de esquecimento da parte de Deus seria nossa ruína. Portanto, Ele diz: "...não me esquecerei de ti". Homens se esquecem de nós, aqueles a quem beneficiamos se voltam contra nós. Não temos um lugar para morar no coração inconstante dos homens, mas Deus jamais se esquecerá de um de Seus verdadeiros servos. Ele se enlaça a nós não pelo que fazemos por Ele, mas pelo que Ele fez por nós. Nós temos sido amados há tempo demais e fomos comprados a preço altíssimo para que agora fôssemos esquecidos. Jesus nos vê no trabalho de Sua alma, e isso Ele jamais pode esquecer. O Pai nos vê na noiva de Seu Filho, e o Espírito nos vê em Sua própria obra eficaz. O Senhor pensa em nós. Neste dia, seremos assistidos e sustentados. Ó, que o Senhor nunca seja esquecido por nós!

6 DE ABRIL

Um Rei, um Senhor

O Senhor será Rei sobre toda a terra; naquele dia, um só será o Senhor, e um só será o seu nome.

ZACARIAS 14:9

Bendita perspectiva! Isso não é sonho de um entusiasta, mas a declaração da Palavra infalível. Jeová será conhecido entre todos os povos e Seu gracioso poder exercido será reconhecido por todas as tribos dos homens. Hoje, estamos longe de tal perspectiva. Onde alguém se curva diante do grande Rei? Como há tanta rebelião! Como há muitos senhores e muitos deuses na Terra! Mesmo entre cristãos professos, que diversidade de ideias há sobre Deus e Seu evangelho! Um dia haverá o único Rei, o único Jeová e um único nome para o Deus vivo. Ó Senhor, apressa a chegada deste dia! Nós clamamos diariamente: "...venha o teu reino...".

Não discutiremos a questão do quando isso ocorrerá, para não perdermos o consolo de que assim o será. Tão certo quanto o Espírito Santo falou por Seus profetas, assim também toda a Terra se encherá com a glória do Senhor. Jesus não morreu em vão. O Espírito de Deus não age em vão. Os propósitos eternos do Pai não serão frustrados. Aqui, onde Satanás triunfou, Jesus será coroado, e o Senhor Deus Onipotente reinará. Sigamos o nosso caminho, dia a dia, em nosso trabalho e batalha diários, fortalecidos na fé.

7 DE ABRIL

Sem temer o homem

E todos os povos da terra verão que és chamado pelo nome do Senhor e terão medo de ti.
DEUTERONÔMIO 28:10

Sendo assim, não podemos ter motivo algum para temê-*los*. Isso demonstraria um espírito mesquinho e seria um símbolo de incredulidade em lugar de fé. Deus pode nos tornar tão semelhantes a Ele que os homens sejam forçados a enxergar que carregamos, adequadamente, Seu nome e pertencemos verdadeiramente ao santo Jeová. Ó, que possamos obter esta graça que o Senhor espera outorgar!

Tenha certeza de que os homens impiedosos têm pavor dos verdadeiros santos. Eles os odeiam; no entanto, também os temem. Hamã estremeceu por causa de Mordecai, mesmo quando buscou a destruição deste bom homem. Na verdade, esse ódio dos impiedosos surge frequentemente vindo de um terror que, por serem sobremaneira orgulhosos, não confessam sentir. Sigamos o caminho da verdade e da retidão sem o menor tremor. O medo não é para nós, mas para aqueles que procedem mal e lutam contra o Senhor dos exércitos. Se, de fato, o nome do Deus eterno está representado em nós, estamos seguros. Tal como na antiguidade, um romano precisava apenas dizer *Romanus sum* — isto é, eu sou romano — e poderia requerer proteção de todas as legiões do vasto império, assim todos que são servos de Deus têm o onipotente como seu Guardião e Deus deixará o Céu vazio de anjos antes que deixe um santo desprovido de defesa. Seja mais valente que os leões quando agir em prol do justo, pois Deus está com você.

8 DE ABRIL

Preservado até o fim da obra

Na noite seguinte, o Senhor, pondo-se ao lado dele, disse: Coragem! Pois do modo por que deste testemunho a meu respeito em Jerusalém, assim importa que também o faças em Roma. ATOS 23:11

Você é uma testemunha do Senhor e está, neste momento, em perigo? Então lembre-se de que você é imortal até que o seu trabalho esteja feito. Tendo o Senhor mais testemunhos para que você os dê, você viverá para dá-los. Quem é que pode quebrar o vaso que o Senhor pretende usar novamente?

Não havendo mais trabalho para você executar para o seu Mestre, não pode ser motivo de angústia para você o fato de que Ele esteja prestes a levá-lo para casa e colocá-lo onde estará fora do alcance de adversários. Seu testemunho por Jesus é sua preocupação primária, e você não pode ser parado neste trabalho até que ele esteja terminado; portanto, fique em paz. A calúnia cruel, a distorção perversa, o abandono por parte de amigos, a traição vinda daquele em quem mais se confiava e o que mais que venha acontecer não podem impedir o propósito do Senhor relacionado a você. O Senhor está ao seu lado na noite de seu pesar e diz: "Você deve, contudo, dar testemunho de mim". Acalme-se; seja cheio de alegria no Senhor.

Caso você não precise dessa promessa neste momento, poderá precisar muito em breve. Guarde-a como tesouro. Lembre-se também de orar por missionários e todos os que são perseguidos, para que o Senhor os preserve até a completude do trabalho deles nesta vida.

9 DE ABRIL

O lugar supremo da Bíblia

Grande paz têm os que amam a tua lei;
para eles não há tropeço.
SALMO 119:165

Sim, um verdadeiro amor pelo grande Livro nos trará a grande paz, do grandioso Deus e será grande proteção para nós. Vivamos constantemente na companhia da lei do Senhor, e ela produzirá em nosso coração a tal quietude que nada mais é capaz de a produzir. O Espírito Santo age como Consolador por meio da Palavra e derrama influências benignas que acalmam as tempestades da alma.

Nada é pedra de tropeço para o homem que tem a Palavra de Deus habitando ricamente em si. Ele toma sua cruz diária, e ela se torna um deleite. Está preparado para a prova causticante e não a considera insólita, de modo que por ela seja abatido. Ele não é nem derrubado pela prosperidade — como tantos são — nem esmagado pela adversidade — como outros já o foram —, pois vive além das circunstâncias variáveis da vida exterior. Quando o seu Senhor coloca diante dele algum grande mistério da fé que faz outros clamarem: "...Duro é este discurso; quem o pode ouvir?" (JOÃO 6:60), aquele que crê o aceita sem questionamentos, visto que suas dificuldades intelectuais são superadas por seu reverente fascínio pela lei do Senhor, que é para ele a suprema autoridade à qual ele, jubilosamente, se curva.

Senhor, efetua em nós, neste dia,
esse amor, essa paz, esse descanso.

10 DE ABRIL

Olhe e viva

*Disse o S*ENHOR *a Moisés: Faze uma serpente
abrasadora, põe-na sobre uma haste,
e será que todo mordido que a mirar viverá.*

NÚMEROS 21:8

Essa é uma gloriosa tipologia do evangelho. Jesus, listado entre os transgressores, está pendurado diante de nós na cruz. Um olhar para Ele nos curará da mordida serpentina do pecado, curar-nos-á imediatamente — "...e será que todo mordido que a mirar viverá". Que o leitor que lamenta sua pecaminosidade observe as palavras: "...todo que a mirar viverá". Todos os que a olharem encontrarão essa verdade. Assim eu descobri ser. Eu olhei para Jesus e imediatamente vivi, eu sei que foi assim. Leitor, você também, se olhar para Jesus, viverá. Verdade é que agora você está inchado pelo veneno e não vê esperança alguma; é verdade também que *não há esperança senão esta: Jesus*. Mas esta é, sem dúvida, a cura: "...e será que todo mordido que a mirar viverá".

A serpente de bronze não foi erguida como uma curiosidade para ser contemplada pelos saudáveis, mas seu propósito específico era para aqueles que foram "mordidos". Jesus morreu como o verdadeiro Salvador para legítimos pecadores. Independentemente de que tal mordida tenha feito de você um bêbado, ou um ladrão, ou uma pessoa impura ou profana, um olhar para o grande Salvador o curará dessas doenças e fará você viver em santidade e comunhão com Deus. Olhe e viva!

11 DE ABRIL

Comunhão próxima

*Não ensinará jamais cada um ao seu próximo,
nem cada um ao seu irmão, dizendo:
Conhece ao S*ENHOR*, porque todos me conhecerão,
desde o menor até ao maior deles,
diz o S*ENHOR*. Pois perdoarei as suas iniquidades
e dos seus pecados jamais me lembrarei.*

JEREMIAS 31:34

Verdadeiramente, ainda que não conheçamos mais nada, conhecemos o Senhor. Neste dia, essa promessa é verdadeira em nossa experiência e não é pequena. O cristão mais recentemente convertido entre nós conhece Deus em Cristo Jesus. Não tão plenamente como desejamos conhecê-lo; contudo, verdadeira e realmente conhecemos o Senhor. Nós não apenas conhecemos as doutrinas sobre Ele, mas o conhecemos. Ele é nosso Pai e nosso Amigo. Nós o conhecemos pessoalmente. Podemos dizer: "Meu Senhor e meu Deus". Temos comunhão próxima com Deus e muitos momentos jubilosos em Sua santa companhia. Já não somos mais estranhos para o nosso Deus, mas o segredo do Senhor está conosco.

Isso é mais do que a natureza poderia ter nos ensinado. Carne e sangue não nos revelaram Deus; Cristo Jesus tornou o Pai conhecido em nosso coração. Sendo, então, que o Senhor nos fez conhecê-lo, não é essa a fonte de todo conhecimento salvador? Conhecer a Deus é vida eterna. Assim que passamos a conhecer a Deus, temos a evidência de termos sidos avivados em novidade de vida. Ó minha alma, alegre-se em tal conhecimento e bendiga o seu Deus durante todo este dia!

12 DE ABRIL

Ele jamais se lembrará

*Não ensinará jamais cada um ao seu próximo,
nem cada um ao seu irmão, dizendo:
Conhece ao SENHOR, porque todos me conhecerão,
desde o menor até ao maior deles,
diz o SENHOR. Pois perdoarei as suas iniquidades
e dos seus pecados jamais me lembrarei.*

JEREMIAS 31:34

Quando conhecemos o Senhor, recebemos o perdão de pecados. Nós o conhecemos como o Deus de graça, que encobre as nossas transgressões. Que descoberta afortunada é esta!

Como esta promessa é divinamente redigida: o Senhor promete não mais se lembrar de nossos pecados! Deus pode esquecer? Ele diz que se esquecerá e Ele cumpre o que diz. Ele nos considerará como se nunca tivéssemos pecado. A grande expiação removeu tão eficazmente todos os pecados de modo que, para a mente de Deus, eles já não existem mais. O cristão está agora em Cristo Jesus, tão aceito como Adão em sua inocência; sim, mais ainda que ele, pois carrega justiça divina, e a justiça de Adão era apenas humana.

O grande Senhor não se lembrará de nossos pecados para punição ou para nos amar um átomo a menos por causa deles. Como uma dívida, quando é paga, deixa de ser uma dívida, assim o Senhor faz desaparecer a iniquidade de Seu povo.

Ao mesmo tempo em que estivermos sofrendo por nossas transgressões e debilidades, e este é nosso dever enquanto estivermos vivos, regozijemo-nos, porque elas jamais serão mencionadas contra nós. Isso nos faz odiar o pecado. O perdão gratuito de Deus nos faz ansiar por nunca mais entristecê-lo por nossa desobediência.

13 DE ABRIL

O corpo transformado

...o qual transformará o nosso corpo de humilhação,
para ser igual ao corpo da sua glória,
segundo a eficácia do poder que ele tem de até subordinar
a si todas as coisas. FILIPENSES 3:21

Frequentemente, quando somos devastados pela dor e incapazes de pensar ou adorar, sentimos que este, de fato, é "...nosso corpo de humilhação..."; e quando somos tentados pelas paixões que surgem da carne, não consideramos que uma palavra como "vil" seja de forma alguma uma tradução forte demais. Nosso corpo nos humilha e isso é o melhor que faz por nós. Ó, que fôssemos devidamente humilhados visto que nosso corpo nos alia a animais e até mesmo nos conecta ao pó!

Entretanto nosso Salvador, o Senhor Jesus, transformará tudo isso. Seremos moldados conforme Seu próprio corpo de glória. Isso ocorrerá a todos os que creem em Jesus. Pela fé, nossa alma será transformada, e o corpo passará por tal renovo que será adequado ao nosso espírito regenerado. Quando ocorrerá essa grandiosa transformação não sabemos, mas considerá-la deveria nos ajudar a suportar as provações de hoje e todos os pesares da carne. Em breve, seremos como Jesus o é agora. Nada mais de expressões de dor, membros inchados, olhos caídos, corações desfalecidos. O velho homem não mais será um fardo de enfermidades, nem o homem doente um conjunto de agonia. "...igual ao corpo da sua glória...". Que expressão! Até mesmo nossa carne descansará na esperança de tal ressurreição!

14 DE ABRIL

Minha escolha é a Sua escolha

*Escolheu-nos a nossa herança,
a glória de Jacó, a quem ele ama.*

SALMO 47:4

Nossos inimigos nos concederiam uma porção muito ínfima, mas não estamos à mercê deles. O Senhor nos colocará em nossa porção e nosso lugar é designado por Sua infinita sabedoria. Uma mente mais sábia do que a nossa organiza o nosso destino. O ordenar de todas as coisas está com Deus, e nós nos alegramos por assim ser; escolhemos que Deus escolha por nós. Caso seja como nós desejamos, então desejamos deixar que todas as coisas sejam conforme o desejo de Deus.

Sendo conscientes de nossa própria insensatez, não desejaríamos controlar nossos próprios destinos. Sentimo-nos mais seguros e mais à vontade quando o Senhor conduz a nossa embarcação do que estaríamos caso nós mesmos pudéssemos pilotá-la segundo o nosso julgamento. Jubilosamente deixamos o presente doloroso e o futuro desconhecido com nosso Pai, nosso Salvador, nosso Consolador.

Ó minha alma, neste dia, coloque diante dos pés de Jesus os seus desejos! Tendo sido ultimamente, de certa forma, caprichosa e obstinada, ansiosa para ser e agir segundo seus próprios desígnios, descarte agora seu eu insensato e coloque as rédeas nas mãos do Senhor. Declare: "Ele escolherá para mim". É minha escolha mais livre deixá-lo escolher. Como alguém livre, declaro que Ele deve ter o controle absoluto.

15 DE ABRIL

Desejos do justo concedidos

*Aquilo que teme o perverso, isso lhe sobrevém,
mas o anelo dos justos Deus o cumpre.*
PROVÉRBIOS 10:24

Por ser um desejo justo, para Deus é seguro concedê-lo. Não seria nem bom para o próprio homem, nem mesmo para a sociedade em geral, que tal promessa fosse feita ao injusto. Guardemos os mandamentos do Senhor e Ele respeitará, devidamente, os nossos desejos.

Quando homens justos são entregues a desejos injustos, esses desejos não lhes serão concedidos. Mas veja que esses não são seus desejos genuínos; são seus devaneios ou disparates, e bom é que lhe sejam negados. Seus desejos graciosos irão diante do Senhor e Ele não lhes dará resposta negativa.

O Senhor, por certo tempo, tem nos negado resposta a pedidos? Deixemos que a promessa de hoje nos encoraje a pedir novamente. Ele nos respondeu negativamente por completo? Ainda o agradeceremos, pois o nosso desejo sempre foi que Ele nos dissesse não, se Ele considerasse que uma negativa seria melhor.

Com relação a certas coisas, pedimos muito ousadamente. Nossos principais desejos são por santidade, proficuidade, semelhança a Cristo, preparação para o Céu. Esses são os desejos da graça, e não da natureza — os desejos do homem justo, e não meramente do homem. Deus não nos restringirá nessas coisas, mas fará por nós infinitamente mais. "Agrada-te do Senhor, e ele satisfará os desejos do teu coração" (SALMO 37:4). Neste dia, minha alma, peça em grande medida!

16 DE ABRIL

Tudo voltado à santidade

Naquele dia, será gravado nas campainhas dos cavalos: Santo ao SENHOR; e as panelas da Casa do SENHOR serão como as bacias diante do altar.
ZACARIAS 14:20

Feliz dia quando todas as coisas serão consagradas e as campainhas dos cavalos soarão a santidade do Senhor! Esse dia chegou para mim. Não torno todas as coisas santas para Deus? Estas vestimentas, quando as coloco ou as retiro, não me lembrarão da justiça de Cristo meu Senhor? Meu trabalho não será feito como para o Senhor? Ó, que hoje minhas roupas sejam vestes; minhas refeições, sacramentos; minha casa, um templo; minha mesa, um altar; meu discurso, um incenso e eu mesmo, um sacerdote! Senhor, cumpra a Sua promessa e não permita que nada para mim seja comum ou impuro.

Que eu, em fé, tenha tal expectativa. Crendo que assim o é, serei auxiliado em realizá-lo. Sendo eu mesmo propriedade de Jesus, meu Senhor, Ele pode fazer inventário de tudo o que tenho, pois tudo é inteiramente dele e eu determino provar que assim é, pelo uso que faço disso neste dia. Da manhã até a noite, desejo ordenar todas as coisas pela regra jubilosa e santa. Minhas campainhas soarão — por que não o fariam? Até mesmo meus cavalos terão campainhas — quem tem tanto direito à música quanto os santos? Mas todas as minhas campainhas, minha música, meu júbilo, estarão voltados à santidade e soarão o nome do "Deus de alegria".

17 DE ABRIL

Inimigos em paz

*Sendo o caminho dos homens agradável ao Senhor,
este reconcilia com eles os seus inimigos.*
PROVÉRBIOS 16:7

Eu devo garantir que meus caminhos agradem ao Senhor. Ainda assim terei inimigos; e, talvez, muito mais certamente os terei pois me esforço para fazer o que é correto. Mas que promessa é esta! O Senhor fará a ira do homem louvá-lo e a abaterá de modo que esta não me afligirá.

Deus pode forçar um inimigo a desistir de ferir-me, embora ele tenha o plano de assim agir. O Senhor fez isso com Labão, que perseguiu Jacó, mas não ousou tocá-lo. Ou Ele pode subjugar a ira do inimigo e torná-lo amigável, como fez com Esaú, que encontrou Jacó de modo fraterno, embora Jacó tenha temido que o irmão os golpeasse com sua espada — a ele e à sua família. O Senhor também pode converter um adversário furioso num irmão em Cristo e companheiro na obra, como fez com Saulo de Tarso. Ó, que Ele faça isso em todos os casos em que um espírito perseguidor surgir!

Feliz é o homem cujos inimigos passam a ser para ele como os leões foram pacatos e amigáveis para Daniel na cova! Quando encontrar a morte, que é chamada de último inimigo, oro para que esteja em paz. Que minha grande preocupação seja agradar ao Senhor em todas as coisas. Ó, por fé e santidade; pois são um prazer para o Altíssimo!

18 DE ABRIL

Ele nunca falha

Ninguém te poderá resistir todos os dias da tua vida;
como fui com Moisés, assim serei contigo;
não te deixarei, nem te desampararei.

JOSUÉ 1:5

Essa palavra a Josué é frequentemente citada; ela é a base desta palavra do Novo Testamento: "...porque ele tem dito: De maneira alguma te deixarei, nunca jamais te abandonarei" (HEBREUS 13:5).

Amado, uma vida de batalha está diante de nós, mas o Senhor dos exércitos está conosco. Somos chamados para liderar um povo grande, porém débil? Essa promessa nos garante a todos a sabedoria e a prudência de que precisaremos. Temos que contender com inimigos astutos e poderosos? Aqui está força e coragem, bravura e vitória. Temos uma vasta herança a conquistar? Por este sinal alcançaremos nosso propósito: o próprio Senhor está conosco.

Seria de fato pesaroso para nós se Jeová falhasse conosco; porém, dado que isso jamais pode ocorrer, os ventos de inquietação são postos em sonolência nas cavernas da fidelidade divina. Em ocasião alguma, o Senhor nos abandonará. Aconteça o que acontecer, Ele estará ao nosso lado. Amigos podem desamparar-nos, sua ajuda não passa de leve chuva de primavera; mas Deus é fiel, Jesus é o mesmo para sempre e o Espírito Santo habita em nós.

Venha, meu coração, acalme-se e tenha esperança hoje. Nuvens podem ajuntar-se, mas o Senhor pode sopra-las para longe. Uma vez que Deus não falhará comigo, minha fé não falhará e, como Ele não me abandonará, eu também não o abandonarei. Ó, que tenhamos uma fé repousante!

19 DE ABRIL

Aquele que é especialista em buscar

Porque assim diz o SENHOR Deus: Eis que eu mesmo procurarei as minhas ovelhas e as buscarei.
EZEQUIEL 34:11

Isso Ele faz de imediato, quando Seus eleitos estão como ovelhas errantes que não conhecem o Pastor do rebanho. Quão maravilhosamente o Senhor encontra Seus escolhidos! Jesus é grandioso como o Pastor que busca assim como o Pastor que salva. Embora muitos dos que Seu Pai lhe deu tenham se aproximado tanto quanto puderam dos portões do inferno, contudo o Senhor, ao procurar e buscar, encontra-os e aproxima-se deles em graça. Ele nos buscou! Tenhamos boa esperança para aqueles que estão em nosso coração em oração, pois Ele também os encontrará.

O Senhor repete esse processo quando qualquer ovelha de Seu rebanho se desgarra dos pastos da verdade e da santidade. Eles podem cair em erro crasso, triste pecado e severa dificuldade, mas o Senhor, que se tornou para eles uma garantia de acesso a Seu Pai, não permitirá que nenhum deles afaste-se tanto a ponto de perecer. Ele, pela providência e graça, os perseguirá em terras estrangeiras, até as moradas da pobreza, até os covis da obscuridade, até as profundezas do desespero. Ele não perderá sequer um de todos os que o Pai lhe deu. Para Jesus, é uma questão de honra buscar e salvar todo o rebanho, sem exceção alguma. Que promessa para reivindicar, se nesta hora sou compelido a clamar: "Ando errante como ovelha desgarrada..." (SALMO 119:176)!

20 DE ABRIL

Pela fé, não por sentimentos

...visto que a justiça de Deus se revela no evangelho, de fé em fé, como está escrito: O justo viverá por fé.
ROMANOS 1:17

Eu não morrerei. Eu posso crer no Senhor, eu creio, de fato, no Senhor meu Deus e essa fé me manterá vivo. Eu gostaria de ser contado entre aqueles que, por conta da vida deles, são justos, mas, mesmo que fosse perfeito, não tentaria viver por minha justiça. Eu me apegaria à obra do Senhor Jesus e ainda viveria pela fé nele e por nada mais. Fosse eu capaz de entregar meu corpo para ser queimado por meu Senhor Jesus, ainda assim não confiaria em minha própria coragem e perseverança, mas continuaria a viver pela fé.

Fosse eu um mártir em perigo,
Recorreria ao nome de meu Salvador;
Rogaria perdão a meu grande Amigo,
Sendo este meu único clamor.

Viver pela fé é altamente mais seguro e feliz do que viver por sentimentos ou por obras. O ramo, ao viver na videira, tem uma vida melhor do que teria se vivesse por conta própria, ainda que fosse possível viver inteiramente separado do tronco. Viver agarrado a Jesus, de modo que tudo seja dele proveniente, é algo doce e sagrado. Sendo que até mesmo o homem mais justo deve viver dessa forma, quanto mais devo eu que sou um pobre pecador! Senhor, eu creio. Devo confiar inteiramente em ti. O que mais posso fazer? Confiar no Senhor é minha vida. Sinto que assim é. Assim viverei até o fim.

21 DE ABRIL

Deus restitui

Quem se compadece do pobre ao Senhor empresta,
e este lhe paga o seu benefício.
PROVÉRBIOS 19:17

Devemos dar ao pobre como resultado de piedade, não para sermos vistos e aplaudidos, muito menos para os influenciarmos, mas, por pura condolência e compaixão, devemos ajudá-los.

Não devemos esperar receber dos pobres nada em troca, nem mesmo gratidão, mas deveríamos considerar o que fizemos como um empréstimo ao Senhor. Ele assume a obrigação e, se recorrermos a Ele nesta questão, não devemos recorrer a uma segunda parte. Que honra o Senhor nos concede quando aceita emprestar de nós! Grandemente favorecido é o comerciante que tem o Senhor em seus registros. Seria uma pena utilizar tal nome em uma ninharia insignificante; que seja uma quantia elevada! O próximo homem necessitado que vier em nossa direção, que seja por nós auxiliado.

Com relação à restituição, mal conseguimos pensar nisso e, contudo, aqui está a nota promissória do Senhor. Bendito seja o Seu nome, Sua promessa de pagamento é melhor do que ouro e prata. Estamos com recursos escassos ao longo da depressão dos tempos? Podemos aventurar-nos a humildemente apresentar tal conta ao Banco da fé. Algum de nossos leitores [oprimiu] os pobres? Pobre alma. Que o Senhor perdoe você!

22 DE ABRIL

Poder para levantar-se

O Senhor abre os olhos aos cegos,
o Senhor levanta os abatidos,
o Senhor ama os justos.

SALMO 146:8

Estou abatido? Então deixe-me apelar ao Senhor com esta palavra de graça. É o modo dele, é hábito dele, é promessa dele, é deleite dele levantar os que estão abatidos. São a noção do pecado e uma consequente depressão de espírito o que agora me angustiam? Então a obra de Jesus, nesse caso, agiu e proveu para que eu fosse erguido ao descanso. Ó Senhor, levante-me pela Sua misericórdia!

Trata-se de uma triste perda ou uma grande queda em circunstâncias? Aqui novamente o Consolador assume o consolo. Que misericórdia por nós é o fato de que uma Pessoa da sagrada Trindade tenha se tornado o Consolador! Tal obra será benfeita uma vez que Alguém tão glorioso fez dela Seu cuidado particular.

Alguns estão tão abatidos a ponto de que somente Jesus pode libertá-los de sua enfermidade; e Ele pode e o fará. Ele pode nos elevar à saúde, à esperança, à felicidade. Em lutas passadas, Ele frequentemente assim o fez, e Ele é o mesmo Salvador, e repetirá Seus feitos de benignidade. Nós que estamos hoje abatidos e pesarosos seremos elevados, e aqueles que agora zombam de nós serão grandemente envergonhados. Que honra ser levantado pelo Senhor! É digno estar abatido para que experimentemos Seu poder de erguer-nos.

23 DE ABRIL

Sem medo da morte

Quem tem ouvidos, ouça o que o Espírito diz às igrejas: O vencedor de nenhum modo sofrerá dano da segunda morte. APOCALIPSE 2:11

Devemos suportar a primeira morte a menos que o Senhor repentinamente venha a Seu templo. Para isso, permaneçamos em prontidão, aguardando sem medo, uma vez que Jesus transformou a morte, que era uma caverna sombria, em uma passagem que leva à glória.

Aquilo que se deve temer não é a primeira, mas a segunda morte. Não quando a alma parte do corpo, mas a separação final entre o homem como um todo e Deus. Isso, de fato, é morte. Essa morte mata toda a paz, alegria, felicidade, esperança. Quando Deus se vai, tudo se vai. Tal morte é extremamente pior que deixar de existir, pois é existência sem a vida que faz da existência algo digno de se ter.

Agora, se pela graça de Deus lutamos até o fim e vencemos na gloriosa guerra, nenhuma segunda morte pode encostar seu dedo frio em nós. Não teremos medo da morte e do inferno, pois receberemos uma coroa de vida que não desvanece. Como isso nos dá audácia para a luta! A vida eterna é digna de uma batalha de vida. Escapar da ferida da segunda morte é algo pelo qual vale a pena lutar ao longo de toda a vida.

Senhor, concede-nos fé para que vençamos e então nos cobre de graça para permanecermos ilesos, embora o pecado e Satanás estejam em nosso encalço!

24 DE ABRIL

Condição da bênção

*Trazei todos os dízimos à casa do Tesouro,
para que haja mantimento na minha casa;
e provai-me nisto, diz o SENHOR dos Exércitos,
se eu não vos abrir as janelas do céu
e não derramar sobre vós bênção sem medida.*
MALAQUIAS 3:10

Muitos leem e pleiteiam esta promessa sem perceber a condição pela qual a bênção é prometida. Não podemos esperar que o Céu se abra ou que a bênção seja derramada a menos que paguemos o que é devido ao Senhor nosso Deus e à Sua causa. Não haveria falta de fundos para propósitos santos se todos os cristãos professos pagassem sua parte devida.

Muitos são pobres porque roubam de Deus. Muitas igrejas também perdem a visitação do Espírito porque deixam seus ministérios entrarem em inanição. Não havendo carne temporal para os servos de Deus, não precisamos nos perguntar se seu ministério tem apenas pouco alimento para nossa alma. Quando missões aspiram por recursos, e a obra do Senhor é impedida por uma tesouraria vazia, como podemos esperar grande quantidade de prosperidade da alma?

Venha, venha! O que dei nos últimos tempos? Tenho sido mesquinho com meu Deus? Tenho sido restrito com meu Salvador? Jamais isso deve ocorrer. Que eu dê a meu Senhor Jesus Seus dízimos ajudando os pobres e apoiando Sua obra e, então, provarei de Seu poder me abençoando em grande escala.

25 DE ABRIL

O que deixar aos filhos

O justo anda na sua integridade;
felizes lhe são os filhos depois dele.
PROVÉRBIOS 20:7

A ansiedade com relação à nossa família é natural, mas seremos sábios se a transformarmos em preocupação com nosso próprio caráter. Caso caminhemos diante do Senhor em integridade, abençoaremos muito mais nossos descendentes do que se deixássemos a eles o legado de grandes propriedades. A vida santa de um pai é um rico legado para seus filhos.

O homem reto deixa a seus herdeiros seu exemplo, e isso em si mesmo será uma mina de verdadeira riqueza. Quantos homens podem rastrear seu sucesso em vida até o exemplo de seus pais!

Ele também deixa sua idoneidade. As pessoas têm melhor opinião a nosso respeito se somos filhos de um homem que era confiável, os sucessores de um comerciante de excelente reputação. Ó, que todos os jovens anseiem por manter o nome da família!

Acima de tudo, ele deixa a seus filhos suas orações e a bênção do Deus que ouve orações, e estas fazem nossa descendência ser favorecida entre os filhos dos homens. Deus os salvará, mesmo depois de morrermos. Ó, que sejam salvos imediatamente!

Nossa integridade pode ser o meio de Deus para salvação de nossos filhos e filhas. Se virem a verdade de nossa religião manifesta em nossa vida, pode ocorrer que creiam em Jesus por si mesmos.

Senhor, cumpra tal palavra em minha casa!

26 DE ABRIL

Gracioso tratar

Não pareça aos teus olhos duro o despedi-lo forro;
pois seis anos te serviu por metade
*do salário do jornaleiro; assim, o S*ENHOR*, teu Deus,*
te abençoará em tudo o que fizeres.

DEUTERONÔMIO 15:18

Um senhor de escravos israelita deveria dar liberdade, em tempo devido, a seu escravo; e, quando este deixava seu serviço, o mestre devia fornecer-lhe uma porção generosa para o início da vida. Isso deveria ser feito cordial e alegremente; e o Senhor prometeu abençoar esse ato generoso. O espírito desse preceito e, de fato, toda a lei de Cristo, conclama-nos a tratar bem as pessoas. Deveríamos nos lembrar de como o Senhor lidou conosco, e isso torna inteiramente necessário que lidemos graciosamente com outros. Convém ser generoso àqueles que são os filhos do gracioso Deus. Como podemos esperar que o nosso grande Mestre nos abençoe em nossos negócios se oprimimos aqueles que nos servem?

Que bênção está aqui disposta diante da mente generosa! Sermos abençoados em tudo o que fazemos é sermos, de fato, abençoados. O Senhor nos enviará, em parte, com prosperidade; em parte, com contentamento de espírito e, em parte, com consciência de Seu favor, que é a melhor de todas as bênçãos. Ele pode nos fazer sentir que estamos sob Seu cuidado especial e estamos cercados por Seu amor peculiar. Isso faz da vida terrena um jubiloso prelúdio à vida vindoura. A bênção de Deus é mais do que uma fortuna. Ela enriquece, e não acrescenta dores.

27 DE ABRIL

Deus consumou a Sua obra

*O que a mim me concerne o Senhor levará
a bom termo; a tua misericórdia,
ó Senhor, dura para sempre; não desampares
as obras das tuas mãos.* SALMO 138:8

Ele que começou continuará a obra que está sendo forjada em minha alma. O Senhor se preocupa com o que gera preocupação em mim. Tudo o que agora é bom, mas não perfeito, o Senhor protegerá, preservará e levará à completude. Esse é grande consolo. Eu não poderia aperfeiçoar a obra da graça por mim mesmo. Disso estou muito certo, pois falho diariamente e apenas permaneci até então porque o Senhor me auxiliou. Se ocorresse de o Senhor me deixar, toda minha experiência passada teria sido vã, e eu pereceria no caminho. Mas o Senhor continuará a me abençoar, Ele aperfeiçoará minha fé, meu amor, meu caráter, meu propósito de vida. Isso Ele fará porque começou uma obra em mim. Ele me deu a preocupação que sinto e, em certa medida, atendeu às minhas aspirações. Ele nunca deixa uma obra inacabada; isso não para a Sua glória, nem mesmo seria de Sua índole. Ele sabe como cumprir Seu gracioso plano e, embora minha própria natureza má, o mundo e o diabo, todos conspirem para impedi-lo, eu não duvido de Sua promessa. Ele aperfeiçoará aquilo que a mim concerne, e eu o louvarei para sempre.

*Senhor, que Tua graciosa obra
tenha algum avanço neste dia!*

28 DE ABRIL

Torna-se mútuo

Que ligação há entre o santuário de Deus e os ídolos?
Porque nós somos santuário do Deus vivente,
como ele próprio disse: Habitarei e andarei entre eles;
serei o seu Deus, e eles serão o meu povo.

2 CORÍNTIOS 6:16

Aqui está um interesse mútuo. Um pertence ao outro. Deus é a porção de Seu povo, e o povo escolhido é a porção de seu Deus. Os santos encontram em Deus sua principal posse, e Ele os considera Seu tesouro particular. Que mina de consolo há nesse fato para cada cristão!

Essa feliz condição de interesse mútuo leva à *consideração mútua*. Deus sempre pensará em Seu povo, e eles sempre pensarão nele. Neste dia, meu Deus fará todas as coisas por mim; o que posso fazer por Ele? Meus pensamentos devem correr em direção a Ele, pois Ele pensa em mim. Que eu garanta que assim seja, e não me contente com meramente admitir que assim deveria ser.

Isso, novamente, leva à *comunhão mútua*. Deus habita em nós, e nós habitamos nele; Ele caminha conosco, e nós caminhamos com Deus. Feliz é essa comunhão!

Ó, que haja graça para tratar o Senhor como meu Deus, para confiar nele e a Ele servir como Sua divindade merece! Ó, que eu possa amar, adorar e obedecer a Jeová em espírito e em verdade! Esse é o desejo de meu coração. Quando eu alcançar isso, terei encontrado o Céu.

Senhor, ajuda-me! Seja meu Deus auxiliando-me
a conhecer-te como meu Deus, por amor a Jesus.

29 DE ABRIL

Esqueça e perdoe

*Não digas: Vingar-me-ei do mal;
espera pelo SENHOR, e ele te livrará.*
PROVÉRBIOS 20:22

Não se apresse. Deixe a ira arrefecer. Nada diga e nada faça para se vingar. Certamente você agirá com imprudência, se tomar a clava e lutar suas próprias batalhas; e, certamente, não demonstrará o espírito do Senhor Jesus. É mais nobre perdoar e deixar que a ofensa passe. Deixar uma ferida inflamar em seu peito e meditar na vingança é manter velhas feridas abertas e fazer outras novas. Melhor é esquecer e perdoar.

Porventura você diz que deve fazer algo, ou será um grande perdedor? Então faça o que a promessa desta manhã aconselha: "...espera pelo Senhor, e ele te livrará". Esse conselho não custará a você dinheiro, mas vale muito mais. Fique calmo e em silêncio. Espere no Senhor, fale a Ele sobre sua queixa, coloque a carta de Rabsaqué diante do Senhor e isso por si só será alívio à sua mente sobrecarregada. Ademais, há a promessa: "...e ele te livrará". Deus encontrará um modo de libertá-lo. Como Ele fará, nem eu ou você podemos adivinhar, mas Ele o fará. Ocorrendo que o Senhor salve você, isso será melhor do que entrar em desavenças fúteis e se cobrir de imundície por lutar com o impuro. Não se ire mais. Deixe a sua demanda com o Juiz de todos.

30 DE ABRIL

A recompensa do vencedor

*Quem tem ouvidos, ouça o que o Espírito
diz às igrejas: Ao vencedor, dar-lhe-ei do
maná escondido, bem como lhe darei uma pedrinha
branca, e sobre essa pedrinha escrito
um nome novo, o qual ninguém conhece, exceto
aquele que o recebe.* APOCALIPSE 2:17

Meu coração, seja agora incitado a perseverar na santa guerra, pois a recompensa da vitória é grandiosa. Hoje comemos alimento celestial que cai em nossos campos; o alimento do deserto, o alimento que vem do Céu, o alimento que nunca deixa de cair para os peregrinos que viajam até Canaã. Contudo, há reservado para nós, em Cristo Jesus, um grau ainda mais elevado de vida espiritual e um alimento para ela que ainda está oculto de nossa experiência. No vaso que foi colocado na Arca da Aliança, havia uma porção de maná escondido, que, embora guardado por séculos, jamais envelheceu. Ninguém nunca o viu; estava escondido na Arca, no Santo dos Santos. Da mesma forma, a vida mais elevada do cristão está escondida com Cristo, em Deus. Em breve, chegaremos a ela. Tendo sido vitoriosos, por meio da graça do Senhor Jesus, comeremos da carne oferecida ao Rei e nos alimentaremos de iguarias reais. Nós nos alimentaremos de Jesus. Ele é nosso "maná escondido" assim como o maná do deserto. Ele é tudo em todos para nós, em nosso estado mais elevado, assim como no mais ínfimo. Ele nos ajuda a lutar; dá-nos a vitória e, então, Ele mesmo é nossa recompensa.

Senhor, ajuda-me a vencer!

1.º DE MAIO

Repleto de canção

Saireis com alegria e em paz sereis guiados;
os montes e os outeiros romperão
em cânticos diante de vós, e todas as árvores do campo
baterão palmas. ISAÍAS 55:12

Quando o pecado é perdoado, nosso maior pesar termina e nossa verdadeira satisfação se inicia. A alegria que o Senhor concede aos Seus reconciliados é tamanha que transborda e preenche toda natureza com encanto. O mundo material tem em si música latente, e um coração renovado sabe como realçá-la e vocalizá-la. A criação é o órgão; um homem gracioso encontra suas teclas, coloca suas mãos sobre elas e acorda todo o sistema do Universo para a harmonia do louvor. Montanhas e colinas e outros grandes elementos são, de certa forma, o baixo do coro, enquanto as árvores da floresta e todas as coisas que têm vida absorvem o ar da canção melódica.

Quando a Palavra de Deus floresce entre nós, e as almas são salvas, então tudo parece ser repleto de canção. Quando ouvimos as confissões de jovens cristãos e os testemunhos de santos bem instruídos, alegramo-nos a ponto de necessitarmos louvar o Senhor. E então é como se as rochas e colinas, florestas e campos passassem a ecoar nossas notas jubilosas e a transformar o mundo numa orquestra.

Senhor, neste feliz dia de maio, guia-me até Teu mundo
repleto de tons, tão rico
em louvor quanto uma cotovia em plena canção.

2 DE MAIO

Semeadura espiritual

*Porque o que semeia para a sua própria carne
da carne colherá corrupção; mas o que semeia para
o Espírito do Espírito colherá vida eterna.*
GÁLATAS 6:8

Semear assemelha-se a perder negócios, pois colocamos bom cereal no solo para nunca mais vê-lo novamente. Semear para o Espírito parece ser um ato muito extravagante e sonhador, pois negamos a nós mesmos e, aparentemente, nada recebemos por isso. Contudo, se semeamos para o Espírito, aplicando-nos a viver para Deus, procurando obedecer à vontade de Deus e colocando-nos à disposição para promover Sua honra, não semearemos em vão. A vida será nossa recompensa, inclusive a vida eterna o será. Desfrutamos disso ainda aqui, à medida que obtemos o conhecimento que vem de Deus, que temos comunhão com Ele e nos agradamos dele. Tal vida continua a fluir como um rio que constantemente se aprofunda e se amplia até nos levar ao oceano da felicidade infinita, onde a vida de Deus é nossa para todo o sempre.

Neste dia, não semeemos para nossa carne, pois a colheita será corrupção, uma vez que a carne sempre tende a esse lado; mas, em santa vitória, vivamos para fins mais elevados, puros e espirituais, procurando honrar o nosso santíssimo Senhor, por meio da obediência ao Seu gracioso Espírito. Que colheita será esta, quando colhermos a vida eterna! Que feixes de bem-aventurança serão colhidos! Que festa será esta colheita!

Senhor, faz de nós tais ceifeiros, por amor a Teu Filho.

3 DE MAIO

Ouça o sinal

*E há de ser que, ouvindo tu um estrondo de marcha
pelas copas das amoreiras, então,
te apressarás: é o S*ENHOR *que saiu diante de ti,
a ferir o arraial dos filisteus.*
2 SAMUEL 5:24

Há sinais da movimentação do Senhor que deveriam nos mover. O Espírito de Deus sopra onde lhe agrada, e nós ouvimos Seu som. Então este é o momento para estarmos mais despertos do que nunca. Devemos aproveitar a oportunidade de ouro e tirar dela o máximo que pudermos. Nossa obrigação é lutar contra os filisteus, em todos os momentos; mas, quando o próprio Senhor vai adiante de nós, deveríamos ser especialmente valentes na guerra.

A brisa agitou as copas das árvores, e Davi e seus guerreiros tomaram isso como sinal para um ataque; ao avançarem, o próprio Senhor atacou os filisteus. Ó, que neste dia, o Senhor possa nos dar uma abertura para falar em Seu nome com muitos de nossos amigos! Estejamos alertas para nos beneficiarmos da esperançosa abertura quando ela surgir. Quem nos garante que este não será um dia de boas-novas, um tempo de ganhar almas? Mantenhamos os nossos ouvidos atentos para ouvir o sussurrar do vento e a nossa mente pronta para obedecer ao sinal. Não é esta promessa: "...é o Senhor que saiu diante de ti..." encorajamento suficiente para o homem se pôr em movimento? Uma vez que o Senhor vai diante de nós, não ousamos nos conter.

4 DE MAIO

Vitória em adversidades

Ó inimiga minha, não te alegres a meu respeito;
ainda que eu tenha caído, levantar-me-ei;
*se morar nas trevas, o S*ENHOR *será a minha luz.*
MIQUEIAS 7:8

Tais palavras podem expressar os sentimentos de um homem ou mulher espezinhado e oprimido. Nosso inimigo pode extinguir a nossa luz por certo período. Contudo, há esperança certa para nós no Senhor; se confiarmos nele e mantivermos nossa integridade, nosso período de abatimento e escuridão em breve se acabará. Os insultos do inimigo são apenas momentâneos. O Senhor, em breve, transformará sua risada em lamento e nosso lamento em cântico.

E se o grande inimigo das almas, por certo tempo, triunfar contra nós — como triunfou contra homens melhores do que nós o somos —, tenhamos bom ânimo, pois o venceremos muito em breve. Levantar-nos-emos de nossa queda, pois nosso Deus não caiu e Ele nos levantará. Não permaneceremos em trevas, embora, por certo tempo, estejamos sentados sobre elas, pois nosso Senhor é a fonte de luz e em breve nos trará um dia jubiloso. Não nos desesperemos, nem mesmo duvidemos. Um movimento da roda e o que estava abaixo estará acima. Ai daqueles que agora gargalham, pois lamentarão e prantearão quando sua vanglória for transformada em desprezo perpétuo. Porém bem-aventurados são todos os santos que lamentam, pois serão divinamente consolados.

5 DE MAIO

Por que permanecer cativo?

*...então, o SENHOR, teu Deus, mudará a tua sorte,
e se compadecerá de ti, e te ajuntará, de novo,
de todos os povos entre os quais te havia espalhado o
SENHOR, teu Deus.* DEUTERONÔMIO 30:3

O próprio povo de Deus, pelo pecado, pode se vender à escravidão. Muito amargo é esse fruto, de uma raiz excessivamente amarga. Que escravidão é quando o filho de Deus está vendido ao pecado, mantido acorrentado por Satanás, privado de sua liberdade e é roubado de seu poder em oração e deleite no Senhor! Vigiemos para que não caiamos em tal escravidão. Todavia, caso isso esteja acontecendo conosco, de modo algum nos desesperemos.

No entanto, não podemos ser mantidos em escravidão para sempre. O preço que o Senhor Jesus pagou por nossa redenção foi altíssimo para que nos deixe nas mãos do inimigo. O caminho para a liberdade é: "...tornares ao Senhor, teu Deus..." (DEUTERONÔMIO 30:2). No lugar em que primeiro encontramos a salvação, ali a encontraremos novamente. Ao pé da cruz de Cristo, confessando nossos pecados, encontraremos perdão e libertação. Ademais, o Senhor nos tornará obedientes à Sua voz segundo tudo o que Ele nos ordenou. Devemos fazê-lo de todo o nosso coração e de toda a nossa alma; e, então, nosso cativeiro terá fim.

Frequentemente, a depressão de espírito e a grande miséria da alma são removidas tão logo abandonamos os nossos ídolos e nos curvamos em obediência diante do Deus vivo. Não precisamos ser cativos. Podemos retornar à cidadania de Sião e fazer isso prontamente.

Senhor, liberta-nos de nosso cativeiro!

6 DE MAIO

Cura para a inveja

Não tenha o teu coração inveja dos pecadores; antes, no temor do SENHOR perseverarás todo dia. Porque deveras haverá bom futuro; não será frustrada a tua esperança. PROVÉRBIOS 23:17-18

Quando vemos os perversos prosperarem, somos suscetíveis a invejá-los. Quando ouvimos o som de seu regozijo e nosso espírito fica pesado, tendemos a pensar que eles receberam o melhor. Isso é tolice e é pecaminoso. Caso os conhecêssemos melhor e especialmente se nos lembrássemos de seu fim, teríamos compaixão deles.

A cura para a inveja está em viver sob um constante senso da presença divina, adorando a Deus e tendo comunhão com Ele, ao longo de todo o dia, independentemente de quão longo o dia possa parecer. A verdadeira religião eleva a alma a um lugar mais alto, onde o julgamento se torna mais nítido e os desejos mais elevados. Quanto mais do Céu há em nossa vida, menos da Terra cobiçaremos. O temor a Deus expulsa a inveja dos homens.

Considerar calmamente o futuro é um golpe mortal na inveja. A riqueza e a glória do impiedoso são uma exibição vã. Essa aparência pomposa reluz por uma hora e, em seguida, se apaga. De que maneira o pecador próspero é o melhor quando o julgamento o alcança? Já o justo encontra seu propósito na paz e na bem-aventurança; ninguém pode roubar sua alegria. Portanto, abandonemos a inveja e nos enchamos de doce contentamento.

7 DE MAIO

Não permita que o mal permaneça

Também nada do que for condenado deverá ficar em tua mão, para que o SENHOR se aparte do ardor da sua ira, e te faça misericórdia, e tenha piedade de ti, e te multiplique, como jurou a teus pais.

DEUTERONÔMIO 13:17

Israel deve conquistar cidades idólatras e destruir todo o espólio, considerando tudo o que foi contaminado pela idolatria como algo amaldiçoado a ser queimado no fogo. Agora, os cristãos devem tratar toda espécie de pecado da mesma maneira. Não devemos permitir que um único hábito maligno permaneça. Trata-se de uma batalha mortal contra pecados de todos os tipos e tamanhos; sejam do corpo, da mente ou do espírito. Não olhamos para essa renúncia ao mal como uma misericórdia merecedora, mas consideramos tal renúncia como um fruto da graça de Deus que, de modo algum, desejamos perder.

Quando Deus nos leva a não ter misericórdia alguma de nossos pecados, Ele tem grande misericórdia de nós. Quando ficamos irados com o mal, Deus já não mais se ira conosco. Quando multiplicamos nossos esforços contra a iniquidade, o Senhor multiplica nossas bênçãos. O caminho da paz, do crescimento, da segurança, da alegria em Cristo Jesus será encontrado ao seguirmos estas palavras: "...nada do que for condenado deverá ficar em tua mão...". Senhor, purifica-me neste dia. Compaixão, prosperidade, acréscimo e alegria certamente serão concedidos àqueles que repudiam o pecado com profunda determinação.

8 DE MAIO

Ajuda necessária

Responderam-lhe: Porque ninguém nos contratou.
Então, lhes disse ele: Ide também vós para a vinha.
MATEUS 20:7

Sim, há trabalho na vinha de Cristo para corpos envelhecidos. Estamos na hora final e, contudo, Ele nos permitirá trabalhar. Que graça é essa! Certamente todo idoso deve saltar ao ouvir tal convite! Depois que os homens avançam em idade, ninguém os aceita como servos; eles vão de loja em loja, e os empregadores olham para seus cabelos grisalhos e meneiam a cabeça. Mas Jesus não apenas empregará os mais idosos como também lhes dará bons salários! Isso, de fato, é misericórdia. Senhor, ajuda os idosos a alistarem-se em Teu serviço sem demora.

O Senhor realmente paga salários a homens desgastados? Não duvide disso. Ele diz que dará a você o que é justo, caso você trabalhe em Seu campo. Ele certamente concederá a você graça aqui e glória na vida futura. Ele propiciará consolo presente e descanso futuro; força equivalente a seu dia e a visão de glória, quando a noite da morte chegar. Todas essas coisas o Senhor Jesus dará tão livremente ao convertido idoso, como também ao que entra sem Seu serviço na juventude.

Permita-me dizer isso a algum idoso não salvo e orar ao Senhor que abençoe o que digo, por amor a Jesus. Onde posso encontrar tais pessoas? Estarei à espreita, procurando-os; e cordialmente darei a eles tal notícia.

9 DE MAIO

Confiança significa alegria

Nele, o nosso coração se alegra,
pois confiamos no seu santo nome.
SALMO 33:21

A raiz da fé produz a flor da alegria do coração. Podemos não nos alegrar inicialmente; mas, no devido tempo, a alegria vem. Confiamos no Senhor quando estamos tristes; no Seu propósito, Ele responde à nossa confiança de tal forma que nossa fé se transforma em fruição, e nos alegramos no Senhor. A dúvida gera angústia, mas a confiança significa alegria a longo prazo.

A certeza expressa pelo salmista, no versículo acima, é realmente uma promessa que é segurada nas mãos da confiança santa. Ó, que tenhamos graça para nos apropriarmos dela. Caso não nos alegremos neste momento, ainda assim o será tão certo como o Deus de Davi é nosso Deus.

Meditemos no santo nome do Senhor para que possamos confiar nele ainda mais e nos alegrarmos mais prontamente. Ele é, em caráter, santo, justo, verdadeiro, gracioso, fiel e imutável. Tal Deus não deve ter a nossa confiança? Ele é inteiramente sábio, Todo-poderoso e está presente em todo lugar; não podemos, jubilosamente, confiar nele? Sim, faremos isso imediatamente e sem reservas. Jeová-Jireh proverá; Jeová-Shalom enviará paz; Jeová-Tsidkenu justificará; Jeová-Shammah estará para sempre próximo e Jeová-Nissi vencerá todos os inimigos.

Ó, Senhor, aqueles que conhecem o Teu nome confiam
em ti, e aqueles que confiam em ti se alegram em ti.

10 DE MAIO

Tema somente a Deus

Assim, afirmemos confiantemente:
O Senhor é o meu auxílio, não temerei;
que me poderá fazer o homem?

HEBREUS 13:6

Visto que Deus jamais nos deixará ou abandonará, podemos muito bem nos contentar com aquilo que temos. Considerando que o Senhor é nosso, não podemos ser deixados sem um amigo, um tesouro e um lugar de habitação. Essa certeza pode nos fazer sentir muito independentes dos homens. Sob tão elevado patronato, não nos sentimos tentados a nos retrair diante de nossos semelhantes e pedir-lhes permissão para chamar de nossa a nossa própria vida; mas o que dizemos, dizemos com ousadia e desafiamos tal oposição.

Aqueles que temem a Deus nada mais têm a temer. Deveríamos nos posicionar em reverência ao Senhor vivo de tal maneira que todas as ameaças que possam ser utilizadas pelo perseguidor mais orgulhoso não deveriam nos afetar mais do que o assobio do vento. O homem atualmente não pode fazer contra nós tanto quanto podia quando o apóstolo escreveu o versículo acima. Cavaletes e estacas não são mais utilizados. Agora, os peregrinos não podem ser queimados por autoridades eclesiásticas. Se seguidores de falsos mestres praticam zombaria cruel e escárnio, não nos surpreendemos com isso, pois os homens deste mundo não podem amar a semente celestial. O que fazer então? Devemos suportar o escárnio do mundo, pois não quebra osso algum. Deus nos auxilia; então sejamos ousados. E, quando o mundo se enfurecer, deixemos que se enfureça, mas não o temamos.

11 DE MAIO

Espere pelo fim

*Quanto a Gade, uma tropa o acometerá;
mas ele a acometerá por fim.*
GÊNESIS 49:19 (ARC)

Alguns de nós fomos como a tribo de Gade. Nossos adversários, por certo tempo, eram muitos para nós; vieram contra nós como uma tropa. Sim, e por um momento nos dominaram e exultaram grandemente por sua vitória temporária. Dessa maneira, vivenciaram apenas a primeira parte da herança familiar que será verdadeiramente nossa, pois o povo de Cristo, como Dã, terá uma tropa dominando-os. Ultrapassar isso é muito doloroso e deveríamos desesperar-nos, caso não tivéssemos crido, pela fé, na segunda linha da bênção de nosso pai: "...mas ele a acometerá por fim". Como certo poeta britânico disse: "Tudo está bem quando termina bem", e ele tem razão. Uma guerra deve ser julgada, não por sucessos ou derrotas primários, mas pelo que ocorre "por fim". E "por fim", o Senhor dará vitória à justiça e à verdade e, de acordo com o Sr. Bunyan, isso significa para sempre, pois nada pode vir depois do fim.

O que precisamos é de paciente perseverança em praticar o bem, confiança serena em nosso glorioso Capitão. Cristo, nosso Senhor Jesus, deseja nos ensinar Sua santa arte de colocar o rosto como um seixo[1] para levar a cabo o trabalho ou o sofrimento até que possamos dizer: "Está consumado". Aleluia. Vitória! Vitória! Cremos na promessa. "...ele a acometerá por fim".

---

[1] Conforme Isaías 50:7; Lucas 9:51

12 DE MAIO

Servos honrados

O que trata da figueira comerá do seu fruto;
e o que cuida do seu senhor será honrado.
PROVÉRBIOS 27:18

Aquele que trata da figueira tem figos para suas dores, e aquele que espera em um bom mestre tem honra como sua recompensa. Verdadeiramente, o Senhor Jesus é o melhor de todos os mestres e é uma honra ter permissão para executar o menor ato que seja por amor a Ele. Servir a alguns senhores é vigiar uma macieira e comer as maçãs como salário; porém, servir a meu Senhor Jesus é manter uma figueira que produz os figos mais doces. Seu serviço é em si um deleite; a permanência nele é promoção; sucesso nele é bênção, aqui embaixo, e a recompensa por isso é a glória celestial.

Nossas maiores honras serão reunidas na temporada em que os figos estarão maduros, no mundo vindouro. Anjos que são agora nossos servos nos levarão para casa quando nosso dia de trabalho aqui cessar. O Céu, onde Jesus está, será nossa honrável mansão, bem-aventurança eterna, nossa honrável porção; e o próprio Senhor, nosso honrável companheiro. Quem pode conceber o significado pleno desta promessa: "...o que cuida do seu Senhor será honrado"?

Senhor, ajuda-me a esperar em meu Mestre.
Ajuda-me a deixar qualquer concepção de honra para
o momento em que o Senhor mesmo me honrará.
Que o Espírito Santo faça de mim um obreiro e mordomo
humilde e paciente!

13 DE MAIO

O dia é iminente

...dar-lhe-ei ainda a estrela da manhã.
APOCALIPSE 2:28

Até que o dia nasça e as sombras fujam, que bênção é ver em Jesus "a estrela da manhã"! Lembro-me de termos lido nos jornais sobre o conto inútil de que a estrela de Belém havia aparecido novamente. Ao investigarmos, descobrimos que era apenas "a estrela da manhã"; mas no fim das contas não se cometeu grande erro.

É melhor ver Jesus como o Sol; mas, quando não podemos fazer isso, a segunda melhor opção é vê-lo como essa estrela que profetiza o dia e demonstra que a luz eterna está iminente. Caso hoje eu não seja tudo o que espero ser, vejo, contudo, Jesus, e isso me garante que um dia serei como Ele. A visão de Jesus, pela fé, é o penhor de contemplá-lo em Sua glória e ser transformado à Sua imagem. Caso a esta hora eu não tenha toda a luz e a alegria que poderia desejar, eu as terei, entretanto, pois, tão certo como vejo a estrela da manhã, também verei o dia. A estrela da manhã jamais está distante do Sol.

Venha, ó minha alma, o Senhor concedeu a você a estrela da manhã? Você se agarrou à verdade, graça, esperança e ao amor que o Senhor deu a você? Então nisso você tem a aurora da glória vindoura. Aquele que o faz vencer o mal e perseverar em justiça lhe deu, nesse lugar, a estrela da manhã.

14 DE MAIO

Cirurgia para cura

Vinde, e tornemos para o SENHOR, porque ele nos despedaçou e nos sarará; fez a ferida e a ligará.

OSEIAS 6:1

É a maneira do Senhor despedaçar antes de curar. Esse é o amor honesto de Seu coração e a cirurgia minuciosa de Suas mãos. Ele também fere antes de curar, caso contrário seria trabalho impreciso. A Lei vem antes do evangelho; o senso da necessidade antes que ela seja suprida. O leitor está agora sob a convincente e esmagadora mão do Espírito? Recebeu novamente o espírito de escravidão ao medo? Esse é um prelúdio salutar à verdadeira cura e cicatrização advinda do evangelho.

Não se desespere, caro coração, mas vá ao Senhor com todas as suas feridas abertas, hematomas roxos e chagas purulentas. Somente Ele pode curar e Ele se deleita em fazê-lo. É ofício de nosso Senhor curar os quebrantados de coração e Ele é gloriosamente familiarizado com isso. Não nos prolonguemos, mas imediatamente retornemos ao Senhor, de quem nos afastamos. Mostremos a Ele nossas feridas abertas e supliquemos a Ele que reconheça Sua própria obra e que a complete. Um cirurgião faria uma incisão e então deixaria seu paciente sangrar até a morte? O Senhor derrubaria nossa antiga casa e então se recusaria a construir uma melhor para nós? Alguma vez, Ele gratuitamente ampliou a miséria de pobres almas inquietas?

Ó, Senhor, isso está longe de ti.

15 DE MAIO

Os lugares altos de Deus

Porque a mim se apegou com amor, eu o livrarei;
pô-lo-ei a salvo, porque conhece o meu nome.
SALMO 91:14

O Senhor diz isso a mim? Sim, se conheço Seu nome. Bendito seja o Senhor, pois não sou estranho para Ele. Eu o testei e o provei; eu o conheci, portanto, confio nele. Conheço Seu nome como o Deus que odeia o pecado, porque, pelo poder convincente de Seu Espírito, fui ensinado que Ele jamais flertará com o mal. Mas eu também o conheço como o Deus que em Cristo Jesus perdoa pecados, pois Ele perdoou todas as minhas transgressões. Seu nome é fidelidade, e disso eu sei, porquanto Ele nunca me abandonou, embora minhas dificuldades tenham se multiplicado sobre mim.

Tal conhecimento é uma dádiva da graça, e o Senhor o faz ser a razão pela qual Ele concede outro dom da graça, a saber: Ele nos assenta em lugares altos. Isso é graça sobre graça. Observe que, se vamos a lugares altos, a posição pode ser perigosa; mas, se o Senhor ali nos coloca, é seguro. Ele pode nos elevar à grande proficuidade, à vivência eminente, ao sucesso no serviço, à liderança entre trabalhadores, a um lugar de pai entre os pequeninos. Caso Ele assim não o faça, Ele poderá nos estabelecer em lugares altos pela comunhão íntima, visão límpida, santo triunfo e graciosa antecipação da glória eterna. Quando Deus nos coloca em lugares altos, Satanás não pode nos derrubar. Ó, que isso seja a nossa circunstância ao longo deste dia!

16 DE MAIO

Recebemos conforme damos

*Bem-aventurados os misericordiosos,
porque alcançarão misericórdia.*

MATEUS 5:7

Não é aceitável que o homem que não perdoa seja perdoado; nem deverá aquele que não doa ao pobre ter suas próprias necessidades aliviadas. Deus nos medirá com nossos próprios alqueires, e aqueles que foram mestres rígidos e credores severos descobrirão que o Senhor lidará severamente com eles. "Porque o juízo é sem misericórdia para com aquele que não usou de misericórdia..." (TIAGO 2:13)

Neste dia, tentemos dar e perdoar. Consideremos os dois verbos: suportar e abster. Sejamos amáveis, gentis e sensíveis. Não coloquemos duras interpretações sobre a conduta do homem, nem conduzamos negócios árduos ou escolhamos disputas insensatas e não sejamos pessoas difíceis de agradar. Certamente, desejamos ser abençoados e obter misericórdia; sejamos misericordiosos para que possamos receber misericórdia. Cumpramos a condição para que recebamos a beatitude. Não é dever agradável ser amável? Não há muito mais doçura nisso do que em estar irado e ser mesquinho? Ora, há uma bênção na questão em si! Ademais, a obtenção de misericórdia é uma rica recompensa. O que, além da graça soberana, poderia sugerir uma promessa como essa? Somos misericordiosos com nossos semelhantes mortais quanto a centavos, mas o Senhor nos perdoa "toda a dívida".

17 DE MAIO

Sem necessidade de restrição

O que desvia os retos para o mau caminho, ele mesmo cairá na cova que fez, mas os íntegros herdarão o bem.
PROVÉRBIOS 28:10

O livro de Provérbios é também um livro de promessas. Promessas devem ser provérbios entre o povo de Deus. Isso é muito notável. Estamos acostumados a pensar no bem que nos alcança como um retorno, mas aqui nos é dito que o teremos como herança. Nem toda a malícia e astúcia de nossos inimigos podem causar nossa destruição; eles cairão no poço que cavaram. Nossa herança está tão vinculada a nós que não podemos ser privados dela e nem mesmo desviados do caminho a fim de perdê-la. Mas o que temos agora? Temos a consciência tranquila por meio do precioso sangue de Jesus. Temos o amor de Deus sobre nós, e tal condição é imutável. Temos poder com Deus em oração em todo o momento de necessidade. Temos a providência de Deus para nos proteger, os anjos de Deus para nos ministrar e, acima de tudo, o Espírito de Deus para habitar em nós. Na verdade, todas as coisas são nossas: "...sejam as coisas presentes, sejam as futuras, tudo é vosso" (1 CORÍNTIOS 3:22), Jesus é nosso. Sim, a divina Trindade em unidade é nossa. Aleluia! Não nos abateremos ou lamentaremos; não deixaremos nos arrastar e escravizar, pois temos tantas bênçãos. Vivamos em comunhão com o nosso Deus e nos regozijemos com Ele o dia todo.

Ajuda-nos, ó Espírito Santo!

18 DE MAIO

Perdas superadas

Restituir-vos-ei os anos que foram consumidos pelo gafanhoto migrador, pelo destruidor e pelo cortador, o meu grande exército que enviei contra vós outros.

JOEL 2:25

Sim, os anos desperdiçados com nossos suspiros serão restaurados. Deus pode nos dar graça tão abundante que ocuparemos o restante de nossos dias com tanto serviço a ponto de ser como alguma recompensa para aqueles anos de vida não regenerada pelo quais lamentamos em humilde penitência. Os gafanhotos da apostasia, mundanidade, mornidão são agora vistos por nós como uma terrível praga. Ó, que nunca se aproximem de nós! O Senhor, em misericórdia, agora os removeu, e estamos repletos de zelo para servi-lo. Bendito seja o Seu nome! Podemos cultivar tais colheitas de graças espirituais que farão desaparecer nossa antiga esterilidade. Por meio da rica graça, podemos passar a relatar nossa amarga experiência e utilizá-la para alertar outros. Podemos nos tornar ainda mais enraizados em humildade, dependência pueril e espiritualidade, por razão de nossas antigas falhas. Caso sejamos ainda mais vigilantes, zelosos e brandos, obteremos ganho em nossas lamentáveis perdas. Os anos desperdiçados, por um milagre do amor, podem ser restaurados. Parece uma dádiva grandiosa demais? Creiamos que a teremos, vivamos para obtê-la e poderemos alcançá-la, assim como Pedro que, após sua presunção ter sido curada por sua fraqueza exposta, tornou-se um homem mais útil.

Senhor, ajuda-nos por Tua graça.

19 DE MAIO

Podemos falar em nome de Deus

Portanto, assim diz o Senhor: Se tu te arrependeres,
eu te farei voltar e estarás diante de mim;
se apartares o precioso do vil, serás a minha boca;
e eles se tornarão a ti, mas tu
não passarás para o lado deles. JEREMIAS 15:19

Pobre Jeremias! Mas por que afirmamos isso? O profeta chorão era um dos servos mais distintos de Deus e honrado por Ele acima de muitos. Ele era odiado por falar a verdade. A palavra que era tão doce para ele era amarga para seus ouvintes; contudo ele era aceito por seu Senhor. A ele foi ordenado que permanecesse em sua fidelidade, e então o Senhor continuaria a falar por meio dele. Jeremias deveria lidar, ousada e verdadeiramente, com os homens e executar a obra do Senhor pela qual os mestres de sua época seriam peneirados; então o Senhor lhe deu esta palavra: "...serás a minha boca...".

Que honra! Isso não deveria ser invejado por todo pregador? Sim, por todo cristão! Deus falando por meio de nós, que prodígio! Falaremos a verdade correta e pura e a pronunciaremos com poder. Nossa palavra não retornará vazia, será uma bênção àqueles que a recebem, e aqueles que a recusam serão por ela recusados quando em perigo. Nossos lábios alimentarão a muitos. Levantaremos os que dormem e chamaremos os mortos à vida.

Ó, caro leitor, ore para que assim seja com todos os servos enviados de nosso Senhor.

20 DE MAIO

Não ousamos duvidar

Eu irei adiante de ti, endireitarei os caminhos tortuosos,
quebrarei as portas de bronze
e despedaçarei as trancas de ferro.

ISAÍAS 45:2

Essa palavra era para Ciro; mas é eternamente a herança de todos os servos espirituais do Senhor. Avancemos apenas pela fé, e nosso caminho será aberto para nós. Trapaças e curvas de ofício humano, bem como sutileza satânica, serão endireitadas para nós; não precisaremos trilhar seus insidiosos emaranhados. As portas de bronze serão despedaçadas e as barras de ferro que as fixavam serão rompidas. Não precisaremos do aríete nem da alavanca. O próprio Senhor fará o impossível por nós e acontecerá o inesperado.

Não nos sentemos em medo covarde. Mantenhamo-nos adiante no caminho do dever, pois o Senhor declarou: "Eu irei adiante de ti…". Não nos compete questionar por quê; nosso dever é apenas ousar e correr adiante. É trabalho do Senhor e Ele nos capacitará a fazê-lo. Todos os impedimentos devem render-se diante dele. Ele não disse: "…quebrarei as portas de bronze…"? O que pode impedir Seu propósito ou refugar Seus decretos? Aqueles que servem a Deus têm recursos infinitos. O caminho é nítido para a fé, embora restrito à força humana. Quando Jeová diz: "Irei…", como Ele o faz em tal promessa, não ousemos duvidar.

21 DE MAIO

Chuva sem nuvens? Jamais!

Estando as nuvens cheias, derramam aguaceiro
sobre a terra; caindo a árvore para o sul
ou para o norte, no lugar em que cair, aí ficará.
ECLESIASTES 11:3

Por que, então, tememos as nuvens que agora escurecem o nosso céu? Fato é que, por certo tempo, elas escondem o Sol, mas o Sol não é extinguido; em breve ele brilhará novamente. Enquanto isso, essas nuvens negras são preenchidas de chuva e quanto mais negras estiverem mais provavelmente produzirão chuvas abundantes. Como podemos ter chuvas sem nuvens?

Nossas dificuldades sempre nos trouxeram bênçãos e sempre trarão. Elas são a carruagem escura da graça radiante. Essas nuvens se esvaziarão em breve e toda erva tenra se alegrará grandemente com a chuva. Nosso Deus pode nos encharcar com pesar, mas não nos afogará com ira; não, Ele nos revigorará com misericórdia. As cartas de amor de nosso Deus frequentemente vêm a nós em envelopes escurecidos. Seus vagões estrondeiam, mas estão carregados de benefícios. Sua vara floresce com flores doces e frutos nutritivos. Não nos preocupemos com as nuvens, mas cantemos porque as flores de maio são trazidas a nós pelas nuvens e chuvas de abril.

Ó, Senhor, as nuvens são a poeira dos Teus pés!
Quão perto Tu estás no dia nublado e sombrio!
O amor te contempla e se alegra. A fé enxerga as nuvens
se esvaziando e, por todos os lados,
fazendo as pequenas colinas se alegrarem.

22 DE MAIO

Cântico de confiança

*Se ando em meio à tribulação,
tu me refazes a vida; estendes a mão contra a ira
dos meus inimigos; a tua destra me salva.*

SALMO 138:7

Desventurado caminhar em meio à dificuldade. Não, bendito caminhar, uma vez que há uma promessa especial para esse momento. Dê-me uma promessa e qual será a dificuldade? O que meu Senhor me ensina a dizer? Por causa desta promessa: "...tu me refazes a vida...", eu terei mais vida, mais energia, mais fé. Não é assim que, com frequência, a dificuldade nos revigora como um sopro de ar frio quando já se está prestes a desmaiar?

Quão irados estão meus inimigos e especialmente o arqui-inimigo! Estenderei a mão para lutar com meus opositores? Não, minha mão é mais bem utilizada no exercício do serviço a meu Senhor. Ademais, não há necessidade, pois meu Deus usará o Seu braço de alcance ilimitado e lidará com meus inimigos muito melhor do que eu poderia, caso tentasse. "A mim me pertence a vingança; eu é que retribuirei, diz o Senhor" (ROMANOS 12:19). Ele, com Sua própria destra de poder e sabedoria me salvará; e o que mais posso desejar?

Venha ó meu coração, declare sobre si essa promessa até que a possa utilizar como seu cântico de confiança, o consolo de sua santidade. Ore para ser reavivado e deixe o restante com o Senhor, que realiza todas as coisas para você.

23 DE MAIO

Confiança plena em Deus

Porque ele acode ao necessitado que clama
e também ao aflito e ao desvalido.
SALMO 72:12

O necessitado clama; o que mais ele pode fazer? Seu clamor é ouvido por Deus; o que mais ele precisa fazer? Que o leitor necessitado se submeta ao clamor imediatamente, pois isso será sua sabedoria. Não clame nos ouvidos de amigos, pois, ainda que possam auxiliá-lo, é somente porque o Senhor os capacita. O caminho mais próximo é ir diretamente a Deus e deixar seu clamor subir diante dele. Melhor é aquele que corre adiante; corra para o Senhor, e não para a causas secundárias.

"Lastimável!" você brada, "Não tenho amigos ou auxiliador". Tanto melhor, pois você pode confiar em Deus em ambas as situações: falta de suprimentos e falta de auxiliadores. Faça de sua dupla necessidade o seu duplo apelo. Mesmo por misericórdias temporais, você pode esperar em Deus, pois Ele assiste Seus filhos nessas preocupações temporárias. Com relação a necessidades espirituais, que são as mais pesadas de todas, o Senhor ouvirá o seu clamor. Ele o libertará e o suprirá.

Ó pobre amigo, prove seu Deus que é rico. Ó desamparado, confie no amparo de Deus. Ele nunca falhou comigo e tenho certeza de que jamais falhará com você. Venha como mendigo, e Deus não recusará ajudar você. Venha sem nenhum apelo a não ser Sua graça. Jesus é Rei; permitirá Ele que você pereça por falta de algo? Você se esqueceu disso?

24 DE MAIO

A maioria

Um só homem dentre vós perseguirá mil, pois o SENHOR, vosso Deus, é quem peleja por vós, como já vos prometeu.
JOSUÉ 23:10

Por que contar cabeças? Um homem com Deus é a maioria, embora haja mil do outro lado. Algumas vezes, nossos ajudantes podem ser numerosos demais para que Deus trabalhe com eles, como sucedeu com Gideão, que nada pôde fazer até que aumentasse suas forças diminuindo o número deles. Mas os exércitos do Senhor nunca são poucos demais. Quando Deus quis estabelecer certa nação, Ele chamou apenas Abrão e o abençoou. Quando Ele desejou derrotar o orgulhoso Faraó, Ele não utilizou exércitos, mas somente Moisés e Arão. O "ministério de um só homem", como certos sábios denominam, tem sido muito mais utilizado pelo Senhor do que grupos treinados com seus oficiais. Por acaso, todos os israelitas juntos mataram tantos quanto Sansão sozinho? Saul e seus exércitos mataram milhares; mas Davi, dezenas de milhares.

O Senhor pode dar ao inimigo grandes chances e, contudo, vencê-lo, pois, se temos fé, temos Deus conosco e o que são as multidões de homens? Um único cão pode guiar um rebanho de ovelhas à sua frente. Tendo o Senhor o enviado, ó, meu irmão, Sua força cumprirá Seu propósito divino. Portanto, confie na promessa e seja muito corajoso.

25 DE MAIO

O tesouro de Deus

*O Senhor te abrirá o seu bom tesouro, o céu,
para dar chuva à tua terra no seu tempo e para abençoar
toda obra das tuas mãos; emprestarás
a muitas gentes, porém tu não tomarás emprestado.*
DEUTERONÔMIO 28:12

Tais palavras se referem primeiro à chuva. O Senhor a concederá no tempo devido. A chuva é o emblema de todo o revigoramento celestial que o Senhor está pronto a conceder a Seu povo. Ó, que haja chuva copiosa para revigorar a herança do Senhor!

Parecemos pensar que o tesouro de Deus pode apenas ser aberto por um grande profeta como Elias; mas não é assim, pois essa promessa é para todos os fiéis em Israel e, de fato, a cada um deles. Ó, amigo que crê: "O Senhor te abrirá o seu bom tesouro". Você, também, pode ver o Céu aberto, esticar sua mão e apropriar-se de sua porção; sim, e uma porção para todos os seus irmãos ao seu redor. Peça o que deseja e não lhe será negado se você permanecer em Cristo, e Suas palavras permanecerem em você.

Você ainda não conheceu todos os tesouros de seu Senhor, mas Ele os abrirá para o seu entendimento. Certamente você ainda não desfrutou da plenitude das riquezas de Sua aliança, mas Ele direcionará seu coração para o Seu amor e revelará Jesus em você. Somente o próprio Senhor pode fazer isso por você, mas aqui está a Sua promessa: se você ouvir diligentemente a Sua voz e obedecer à Sua vontade, as riquezas de Deus em glória, por Cristo Jesus, serão suas.

26 DE MAIO

O que é mais comum é abençoado

*Servireis ao SENHOR, vosso Deus, e
ele abençoará o vosso pão e a vossa água;
e tirará do vosso meio as enfermidades.*
ÊXODO 23:25

Que promessa maravilhosa! Servir a Deus é, em si mesmo, um elevado deleite. Mas que privilégio adicional ter a bênção do Senhor repousando sobre nós em todas as coisas! Nossas coisas mais comuns se tornam abençoadas quando nós mesmos somos consagrados ao Senhor. Nosso Senhor Jesus tomou o pão e o abençoou; veja, nós também comemos do pão abençoado. Jesus abençoou a água e a transformou em vinho; a água que bebemos é muito melhor para nós do que qualquer vinho com o qual os homens se alegram, todas as gotas têm a bênção nelas. A bênção divina está sobre o servo de Deus em todas as coisas e deve permanecer com ele em todo momento.

E se tivermos apenas pão e água? Serão pão e água abençoados. Pão e água teremos. Isso fica inferido, pois deve haver pão e água para serem abençoados. "...o seu pão lhe será dado, as suas águas serão certas" (ISAÍAS 33:16). Com Deus à nossa mesa, não apenas pedimos uma bênção, mas temos uma. Não é apenas no altar, mas também à mesa que Ele nos abençoa. O Senhor bem serve àqueles que o servem bem. Essa bênção à mesa não é por dívida, mas por graça. De fato, há uma graça triplicada: Ele nos concede graça para servi-lo; por Sua graça, alimenta-nos com pão; e então, em Sua graça, abençoa esse pão.

27 DE MAIO

Tal como é a vida é o fruto

*Porque estas coisas, existindo em vós e
em vós aumentando, fazem com que
não sejais nem inativos, nem infrutuosos no pleno
conhecimento de nosso Senhor Jesus Cristo.*

2 PEDRO 1:8

Caso desejemos glorificar nosso Senhor pela frutificação, devemos ter certas coisas em nosso interior, pois nada pode sair de nós sem que, antes de tudo, esteja em nosso interior. Devemos começar com fé, que é o fundamento de todas as virtudes, e então diligentemente acrescentar a ela virtude, conhecimento, temperança e paciência. Com essas coisas, devemos manifestar piedade e amor fraternal. Tudo isso conciliado, certamente nos fará produzir, como fruto de nossa vida, os cachos de proficuidade, e não seremos meros conhecedores ociosos, mas verdadeiros praticantes da Palavra. Essas coisas santas devem não apenas estar em nós, mas abundar, ou seremos estéreis. O fruto é o transbordar da vida, e devemos estar cheios antes que possamos transbordar.

Temos notado homens de posições e oportunidades notáveis que jamais conseguiram verdadeiramente fazer o bem quanto à conversão de almas. Após observação minuciosa, concluímos que faltavam a eles certas graças que são absolutamente essenciais para se gerar frutos. Para real proficuidade, graças são melhores que dons. Assim como é o homem, é seu trabalho. Caso desejemos *executar* melhor, devemos *ser* melhores. Que este texto seja uma sugestão gentil aos professores infrutíferos *e a mim também*.

28 DE MAIO

Relembrando Deus de Sua promessa

E disseste: Certamente eu te farei bem e dar-te-ei a descendência como a areia do mar, que, pela multidão, não se pode contar.
GÊNESIS 32:12

Esse é o caminho seguro para persistir com o Senhor em oração. Podemos humildemente relembrá-lo do que Ele disse. Nosso Deus fiel jamais voltará atrás em Sua palavra, nem a deixará sem ser cumprida; contudo, Ele ama ser questionado por Seu povo e ser recordado de Sua promessa. Isso é revigorante à memória de Seus servos, vivificador para a fé e renovador para esperança deles. A Palavra de Deus é concedida, não para o Seu benefício, mas para o nosso. Seus propósitos são estabelecidos, e Ele de nada precisa que o vincule a Seu propósito de fazer bem a Seu povo. Ele concede a promessa para nosso fortalecimento e consolo. Logo, Ele deseja que supliquemos por ela e lhe digamos: "Tu disseste".

"...Certamente eu te farei bem..." é apenas a essência de todas as graciosas declarações do Senhor. Dê ênfase especial à palavra "certamente". Ele nos fará bem, bem verdadeiro, bem palpável, somente bem, todo o bem. Ele nos fará ser bons e isso é nos fazer ser bons em grau mais elevado. O Senhor nos tratará como trata Seus santos enquanto aqui estamos, e isso é bom. Ele, em breve, nos levará para estarmos com Jesus e todos os Seus escolhidos, e isso é extremamente bom. Com tal promessa em nosso coração, não precisamos temer o irado Esaú ou ninguém mais. Se o Senhor nos fará bem, quem pode nos ferir?

29 DE MAIO

Pescadores o seguem

*Disse-lhes Jesus: Vinde após mim,
e eu vos farei pescadores de homens.*
MARCOS 1:17

Somente seguindo Jesus podemos obter o desejo de nosso coração e ser realmente úteis aos nossos companheiros. Ó, como ansiamos ser pescadores bem-sucedidos para Jesus! Sacrificaríamos nossa vida para ganhar almas. Mas somos tentados a experimentar métodos que Jesus jamais teria tentado. Cederemos a tal sugestão do inimigo? Caso sim, respingaremos água, mas jamais pescaremos o peixe. Devemos seguir Jesus se desejamos ter sucesso. Métodos sensacionalistas, entretenimento e assim por diante — isso é seguir Jesus? Podemos imaginar o Senhor Jesus atraindo uma congregação por tais meios que agora são tão comumente utilizados? Qual é o resultado de tais recursos? O resultado não é nada que Jesus consideraria no último grande dia.

Devemos manter nossa pregação como nosso Mestre o fez, pois, por tais meios, almas são salvas. Devemos pregar a doutrina de nosso Senhor e proclamar o evangelho pleno e livre, pois essa é a rede com que as almas são pescadas. Devemos pregar com Sua gentileza, ousadia e Seu amor, pois esse é o segredo do sucesso com o coração humano. Devemos trabalhar sob a unção divina, dependendo do Espírito sagrado. Dessa forma, vindo seguindo Jesus, e não correndo à Sua frente, nem à parte dele, seremos pescadores de homens.

30 DE MAIO

Santa previsão

*Respondeu-lhe Jesus: Tu o disseste;
entretanto, eu vos declaro que, desde agora,
vereis o Filho do Homem assentado à direita
do Todo-Poderoso e vindo sobre as nuvens do céu.*
MATEUS 26:64

Ah, Senhor, Tu estavas em Teu estado mais reduzido quando diante de Teus perseguidores foste colocado como criminoso! Contudo, os olhos de Tua fé viam além de Tua presente humilhação, enxergando a glória futura. Que palavras são estas: "entretanto — desde agora"! Desejo imitar Tua santa previsão e, em meio à pobreza, doença ou calúnia, eu também desejo dizer: "Entretanto […] desde agora". Em lugar de fraqueza, tens todo o poder; em lugar de vergonha, toda a glória; em lugar de desdém, toda a adoração. Tua cruz não ofuscou o esplendor da Tua coroa, nem a cusparada maculou a beleza de Teu rosto. Digo, antes, Tu és ainda mais exaltado e honrado devido aos Teus sofrimentos.

Então, Senhor, eu também desejo me encorajar com o "desde agora". Desejo esquecer a presente tribulação no triunfo futuro. Ajuda-me, direcionando-me ao amor de Teu Pai e à Tua própria paciência, para que, quando eu for ridicularizado por causa do Teu nome, não fique desconcertado, mas pense mais e mais no que está à frente daqui por diante e, portanto, muito menos no hoje. Eu, em breve, estarei contigo e contemplarei a Tua glória. Por conseguinte, não estou envergonhado, mas digo no profundo de minha alma: "Entretanto […] desde agora".

31 DE MAIO

Tende bom ânimo

*Estas coisas vos tenho dito para que
tenhais paz em mim. No mundo, passais por aflições;
mas tende bom ânimo; eu venci o mundo.*

JOÃO 16:33

Quanto à tribulação, as palavras de meu Senhor são verdadeiras. Tenho minha participação nela sem dúvida alguma. O flagelo não fica fora do caminho, nem posso esperar que seja posto de lado enquanto me deito sobre o pátio de debulha. De que maneira espero estar à vontade no país do inimigo, jubiloso enquanto em exílio ou confortável em um deserto? Isso não é meu descanso. Esse é o lugar da fornalha, da forja e do martelo. Minha experiência corresponde às palavras de meu Senhor.

Noto como Ele me pede "...tende bom ânimo...". Infelizmente, sou mais do que apto a abater-me. Meu espírito rapidamente se afunda quando sou penosamente tentado. Mas não devo dar espaço a tal sentimento. Quando meu Senhor me pede que me alegre, não devo ousar abater-me.

Qual é o argumento que Ele utiliza para me encorajar? Ora, é a Sua própria vitória. Ele diz: "...eu venci o mundo". Sua batalha foi muito mais severa do que a minha. Eu ainda não cheguei a resistir até o sangue. Por que me aflijo pela derrota? Veja, minha alma, o inimigo já foi vencido. Eu luto com um adversário derrotado. Ó mundo, Jesus já subjugou você, e Ele o subjugará novamente em mim. Portanto tenho bom ânimo e canto ao meu Senhor vencedor.

1.º DE JUNHO

A promessa de Deus se mantém

*Lança o teu pão sobre as águas,
porque depois de muitos dias o acharás.*
ECLESIASTES 11:1

Não devemos esperar ver recompensa imediata para todo o bem que fazemos; nem devemos sempre restringir nossos esforços a locais e pessoas que parecem propensas a nos ceder uma recompensa por nossos trabalhos. O egípcio lança sua semente sobre as águas do Nilo onde pode parecer um completo desperdício de grão. Mas no devido tempo as águas baixam; assim o arroz, ou outro grão, afunda na lama fértil e rapidamente uma colheita é produzida. Hoje, façamos o bem ao ingrato e ao mau. Ensinemos o imprudente e o obstinado. Águas inesperadas podem cobrir o solo promissor. Em nenhum lugar nosso trabalho no Senhor será em vão.

Nossa responsabilidade é lançar nosso pão sobre as águas, pois permanece com Deus o cumprimento da promessa — "...o acharás". Ele não deixará Sua promessa falhar. Sua boa Palavra que anunciamos viverá, será encontrada, será encontrada por nós. Talvez não neste momento, mas chegará o dia em que colheremos o que semeamos. Devemos exercitar nossa paciência, ou eventualmente o Senhor a exercitará. "...depois de muitos dias...", dizem as Escrituras e, em muitos casos, esses dias transformam-se em meses e anos, contudo, a Palavra permanece verdadeira. A promessa de Deus permanecerá; preocupemo-nos em guardar o preceito e guardá-lo hoje.

2 DE JUNHO

Liberdade imediata

*Mas, agora, quebrarei o seu jugo
de cima de ti e romperei os teus laços.*
NAUM 1:13 (ARC)

Aos assírios foi permitido que, por um tempo, oprimissem o povo do Senhor, mas chegou o momento de o poder deles ser quebrado. Desse mesmo modo, muitos corações são mantidos em escravidão por Satanás e inquietam-se dolorosamente sob tal jugo. Ó, que a tais prisioneiros da esperança a palavra do Senhor venha imediatamente, conforme o texto: "Mas, agora, quebrarei o seu jugo de cima de ti e romperei os teus laços".

Veja! O Senhor promete libertação no presente. "...agora, quebrarei o seu jugo de cima de ti...". Creia na libertação imediata e, segundo sua fé, ela acontecerá com você neste momento. Quando Deus diz "agora", nenhum homem dirá "amanhã".

Veja quão completo será o resgate, pois o jugo não será removido, e sim quebrado, e os laços não serão desamarrados, mas rompidos. Aqui está uma demonstração da força divina que garante que o opressor não retornará. Seu jugo é quebrado, e não podemos ser novamente subjugados por seu peso. Seus laços são rompidos e já não podem mais nos prender. Ó, crer em Jesus para receber emancipação completa e eterna! "Se, pois, o Filho vos libertar, verdadeiramente sereis livres" (JOÃO 8:36).

*Vem, Senhor, e liberta Teus cativos,
segundo a Tua Palavra!*

3 DE JUNHO

Pés seguros

*O Senhor Deus é a minha fortaleza,
e faz os meus pés como os da corça, e me faz
andar altaneiramente.* HABACUQUE 3:19

Tal confiança do servo de Deus é equivalente a uma promessa, pois o propósito de Deus é o convencimento pela fé. O profeta precisou percorrer lugares de profunda pobreza e fome, mas desceu a colina sem escorregar, pois o Senhor lhe deu *firmeza*. Aos poucos era chamado aos lugares altos das colinas do conflito e já não tinha mais medo de subir nem tampouco de descer.

Veja! O Senhor emprestou-lhe força. Não, o próprio Jeová era a força dele. Pense nisto: o próprio Deus Todo-poderoso se torna nossa força!

Observe que o Senhor também lhe concedeu passos seguros. A corça salta sobre rochas e despenhadeiros, nunca perdendo o seu apoio para os pés. Nosso Senhor nos dará graça para seguirmos os mais difíceis trajetos do servir a Ele, sem tropeçarmos. Ele pode adequar os nossos pés aos despenhadeiros de modo que estaremos à vontade onde, se separados de Deus, pereceríamos.

Em um dos dias vindouros ainda seremos chamados a lugares altos. Escalaremos para o além, até o monte de Deus, os lugares altos onde os resplandecentes são reunidos. Ó, que pés são os pés da fé, pelos quais, seguindo a corça da manhã, ascenderemos à colina do Senhor!

4 DE JUNHO

Extremamente precioso

*Eles serão para mim particular tesouro,
naquele dia que prepararei, diz o Senhor dos Exércitos;
poupá-los-ei como um homem
poupa a seu filho que o serve.* MALAQUIAS 3:17

Está chegando o dia em que as joias da coroa de nosso grande Rei serão contadas, para que seja visto se atendem ou não ao inventário que Seu Pai lhe entregou. Minha alma, estará você entre as preciosidades de Jesus? Você é preciosa para Ele se Ele é precioso para você, então você será dele "naquele dia" se Ele for seu hoje.

Nos dias de Malaquias, os escolhidos do Senhor estavam tão acostumados a conversar uns com os outros que o se próprio Deus lhes ouvia. Ele gostou tanto que tomou nota; sim, e fez um livro de tais conversas que Ele guardou em seu gabinete de registros. Contente com a conversa, Ele também estava contente com eles. Pare, minha alma, e pergunte-se: se Jesus ouvisse seu falar, Ele ficaria contente? É para glória dele e para a edificação da irmandade? Diga, minha alma, e esteja certa de que diz a verdade.

Mas que honra será para nós, pobres criaturas, sermos reconhecidos pelo Senhor como joias de Sua coroa! Todos os santos têm essa honra. Jesus não apenas diz: "Eles são meus", mas "Eles serão para mim particular tesouro...". Ele nos comprou, buscou, incluiu-nos e até então tem nos forjado à Sua imagem para que Ele guerreie por nós com toda a Sua força.

5 DE JUNHO

Há diferença?

...porém contra nenhum dos filhos de Israel,
desde os homens até aos animais,
nem ainda um cão rosnará, para que saibais
que o Senhor fez distinção entre
os egípcios e os israelitas. ÊXODO 11:7

O quê? Deus tem poder sobre a língua de cães? Ele pode impedir que os nossos latam? Sim, é assim mesmo. Ele pode impedir um cão egípcio de afligir um dos cordeiros do rebanho de Israel. Deus silencia cães, aqueles entre os homens que são como cães e o grande cão diante do portão do inferno? Então sigamos adiante sem medo.

Caso Ele permita que cães movam suas línguas, Ele pode, contudo, travar seus dentes. Eles fazem barulho pavoroso e ainda assim não nos causam mal de fato. Todavia, quão doce é a quietude! Quão agradável é mover-se entre inimigos e perceber que Deus os faz estar em paz conosco! Como Daniel na cova dos leões, ficamos ilesos entre aniquiladores.

Ó, que hoje essa palavra do Senhor a Israel seja verdade para mim! O cão me preocupa? Falarei a meu Senhor sobre ele. Senhor, ele não se importa com minhas súplicas; profere, Senhor, a palavra de poder, e ele deverá submeter-se. Dá-me paz, ó meu Deus, e permite-me ver Tua mão nisso tão distintamente de modo que eu perceba, mais claramente, a diferença que a Tua graça estabelece entre mim e o impiedoso!

6 DE JUNHO

Ele sempre ouve

O Senhor ouviu a minha súplica;
o Senhor acolhe a minha oração.
SALMO 6:9

A experiência registrada aqui é minha. Posso endossar que Deus é verdadeiro. De modos extremamente maravilhosos, Ele respondeu às orações de Seu servo muitas e muitas vezes. Sim! E Ele está ouvindo minha súplica agora, e não está desviando Seu ouvido de mim. Bendito seja Seu santo nome!

O que faremos então? Ora, certamente a promessa que está latente na confiança piedosa do salmista é também minha. Permita-me apreendê-la pela mão da fé: "...o Senhor acolhe a minha oração". Ele a aceitará, nela pensará e concederá a resposta do modo e no tempo que Sua amorosa sabedoria julga ser melhor. Eu trago ao grande Rei minha pobre oração em minha mão, e Ele me dá atenção e graciosamente recebe minha petição. Meus inimigos não me ouvirão, mas meu Senhor ouvirá. Eles zombam de minhas orações chorosas, mas meu Senhor não. Ele recebe minha oração em Seu ouvido e em Seu coração.

Que recepção é essa para um pobre pecador! Recebemos Jesus e então o Senhor nos recebe com nossas orações por amor a Seu Filho. Bendito seja esse nome, que concede passagem direta às nossas orações para que tenham livre acesso aos portões de ouro.

Senhor, ensina-me a orar, uma vez que
Tu ouves as minhas orações.

7 DE JUNHO

O lugar mais seguro

Eu lhes dou a vida eterna; jamais perecerão,
e ninguém as arrebatará da minha mão.
JOÃO 10:28

Nós cremos na segurança eterna dos santos. Primeiro, porque pertencem a Cristo, e Ele jamais perderá as ovelhas que comprou com Seu sangue e recebeu de Seu Pai.

Segundo, porque Ele lhes dá vida eterna, e, sendo eterna, é de fato eterna e não pode haver fim para o inferno, para o Céu e para Deus. Se a vida espiritual pode extinguir-se, manifestamente não se trata de vida eterna, e isso exclui efetivamente a possibilidade de um fim.

Observe adiante que o Senhor diz expressamente: "...jamais perecerão...". Enquanto as palavras tiverem significado, isso garante aos cristãos que eles estão livres de perecer. A incredulidade mais obstinada não pode arrancar tal significado dessa sentença.

Então, para completar o assunto, Ele declara que Seu povo está em Sua mão e desafia todos os seus inimigos a arrancá-los dali. Certamente é coisa impossível até mesmo para o demônio do inferno. Devemos necessariamente estar seguros quando acolhidos pelo Salvador Todo-poderoso. Que descartemos o medo carnal, assim como a confiança carnal, e descansemos pacificamente na concha da mão do Redentor.

8 DE JUNHO

Sabedoria àquele que pede

Se, porém, algum de vós necessita de sabedoria, peça-a a Deus, que a todos dá liberalmente e nada lhes impropera; e ser-lhe-á concedida.

TIAGO 1:5

"Se, porém, algum de vós necessita de sabedoria...", aqui não existe um "se" na questão, pois estou certo de que necessito. O que é que sei? De que maneira posso orientar meu próprio caminho? Como posso guiar outros? Senhor, sou uma massa de insensatez e não disponho de sabedoria alguma.

O Senhor diz: "...peça-a a Deus...". Senhor, eu peço-a agora. Aqui diante de Teu escabelo, peço para ser equipado com sabedoria celestial para as perplexidades deste dia, sim, e para as simplicidades dele; pois sei que posso fazer coisas tremendamente estúpidas, mesmo em questões modestas, a menos que o Senhor me mantenha afastado da perversidade.

Agradeço-te, Senhor, pois tudo o que preciso fazer é pedir. Que graça é essa de Tua parte? Eu preciso apenas orar em fé, e o Senhor me dará sabedoria. Aqui, tu, Senhor, prometes-me ensino generoso e isso, ainda, sem um tutor raivoso ou um condutor que repreende. Isso tu concederás, também, sem honorários, a um tolo que carece de sabedoria.

Ó Senhor, agradeço-te por esta palavra positiva e expressiva: "...ser-lhe-á concedida". Nela creio. Neste dia, farás Teu pequenino conhecer a sabedoria oculta que os prudentes na carne jamais aprendem. Tu me guiarás com Teu conselho e posteriormente me receberás na glória.

9 DE JUNHO

Um nome confiável

*Mas deixarei, no meio de ti,
um povo modesto e humilde, que
confia em o nome do Senhor.*
SOFONIAS 3:12

Quando a verdadeira religião está pronta para morrer entre os prósperos, encontra abrigo entre os pobres deste mundo, ricos em fé. O Senhor, ainda agora, tem Seu fiel remanescente. Sou eu um deles?

Talvez pelo fato de os homens serem afligidos e pobres eles aprendem a confiar no nome do Senhor. Aquele que não tem dinheiro deve tentar o que pode com o recurso da confiança. Aquele cujo próprio nome de nada serve em sua própria avaliação age sabiamente descansando em outro nome, no melhor dos nomes, o nome de Jeová. Deus sempre deseja ter um povo que confia, e estes serão os pobres e aflitos. O mundo pouco lhes considera, eles são abandonados no seio de uma nação, e isso é o canal de bênçãos inauditas a ela. Aqui temos o sal que conserva, que refreia a corrupção que está no mundo por meio da luxúria.

Novamente a questão se torna pessoal para cada um de nós. Sou eu um deles? Sou afligido pelo pecado em meu interior e ao meu redor? Sou pobre de espírito, pobre espiritualmente em meu próprio julgamento? Confio no Senhor? Este é o ponto central. Jesus revela o nome, o caráter, a pessoa de Deus. Minha confiança está nele? Caso sim, permaneço neste mundo por um propósito.

Senhor, ajuda-me a cumpri-lo!

10 DE JUNHO

O Pastor os protege

*Os restantes de Israel não cometerão iniquidade,
nem proferirão mentira, e na sua boca não
se achará língua enganosa, porque serão apascentados,
deitar-se-ão, e não haverá quem os espante.*

SOFONIAS 3:13

Ontem pensamos nos afligidos e pobres a quem o Senhor deixou como remanescente para serem semente viva em um mundo morto. O profeta fala de tais que não cometerão iniquidade nem proferirão mentira. De modo que, enquanto não tinham posição nem riquezas para guardá-los, eram também relativamente incapazes de utilizar essas armas nas quais os perversos colocam tanta confiança; não podiam defender-se por pecado ou por sutileza.

O que fazer então? Seriam destruídos? De modo algum! Deveriam tanto alimentar-se quanto descansar, e não estar meramente livres do perigo, mas até mesmo aquietar-se do medo do mal. Ovelhas são criaturas muito débeis e lobos são inimigos terríveis; contudo, nessa hora, ovelhas são mais numerosas que lobos e a causa das ovelhas é sempre vencedora, enquanto a dos lobos está sempre em declínio. Chegará o dia em que rebanhos de ovelhas cobrirão as planícies e não restará um lobo sequer. O fato é que ovelhas têm um Pastor e isso lhes fornece pasto, proteção e paz. "...não haverá quem...", o que significa nem mesmo um, seja em forma humana ou diabólica "...quem os espante". Quem aterrorizará a Rocha do Senhor quando Ele está próximo? Nós nos deitamos em pastos verdejantes, pois o próprio Jesus é alimento e descanso à nossa alma.

11 DE JUNHO

Sem motivo para se envergonhar

*Não temas, porque não serás envergonhada;
não te envergonhes, porque não sofrerás humilhação;
pois te esquecerás da vergonha da tua mocidade
e não mais te lembrarás do opróbrio da tua viuvez.*

ISAÍAS 54:4

Nós não nos envergonharemos de nossa *fé*. Críticas ardilosas podem atacar as Escrituras sobre as quais fundamentamos nossa fé, mas todos os anos o Senhor deixará mais e mais claro que em Seu Livro não há erro, excesso ou omissão. Não é demérito ser um cristão simples; a fé que olha somente para Jesus é uma coroa de honra sobre a cabeça de qualquer pessoa e melhor do que uma estrela em seu peito.

Não nos envergonharemos de nossa esperança. Será como o Senhor disse. Seremos alimentados, guiados, abençoados e teremos descanso. Nosso Senhor virá e então os dias de nosso lamento terão fim. Como nos gloriaremos no Senhor, que primeiro nos deu esperança viva e então nos deu aquilo pelo qual esperávamos!

Não nos envergonharemos de nosso *amor*. Jesus é para nós totalmente amável e nunca, jamais, teremos que nos envergonhar por termos entregado o nosso coração a Ele. A visão de nosso glorioso Bem-amado justificará o vínculo mais apaixonado com Jesus. Ninguém culpará os mártires por morrerem por Ele. Quando os inimigos de Cristo estão vestidos de eterno vilipêndio, os que amam a Jesus se verão honrados por todos os seres santos, pois escolheram o opróbrio de Cristo em vez dos tesouros do Egito.

12 DE JUNHO

Habitar a sós e seguro

*Israel, pois, habitará seguro,
a fonte de Jacó habitará a sós numa terra de cereal
e de vinho; e os seus céus destilarão orvalho.*

DEUTERONÔMIO 33:28

Quanto mais habitarmos a sós, mais seguros estaremos. Deus deseja ter Seu povo separado de pecadores. Seu chamado para eles é: "...retirai-vos do meio deles..." (2 CORÍNTIOS 6:17). Um cristão mundano é espiritualmente doente. Aqueles que se comprometem com os inimigos de Cristo podem ser contados com eles.

Nossa segurança não está em fazer acordo com o inimigo, mas em habitar a sós com nosso Melhor Amigo. Se fizermos isso, habitaremos em segurança a despeito de sarcasmos, calúnias e das zombarias do mundo. Estaremos seguros da nefasta influência de sua incredulidade, de seu orgulho, de sua vaidade, de sua imundície.

Deus também nos fará habitar em segurança a sós no dia em que o pecado nas nações será visitado por guerras e fomes. O Senhor trouxe Abraão de Ur dos Caldeus, mas Abraão parou na metade do caminho. Ele não recebeu bênção até que, tendo se colocado a caminho da terra de Canaã, à terra de Canaã chegou. Ele estava seguro a sós mesmo em meio aos adversários. Ló não estava seguro em Sodoma embora estivesses entre um círculo de amigos. Nossa segurança está em habitarmos a sós, porém com Deus.

13 DE JUNHO

Cultivo divino

Eu, o SENHOR, a guardo e, a cada momento,
a regarei; para que ninguém lhe faça dano,
de noite e de dia a guardarei. ISAÍAS 27:3 (ARC)

Quando o próprio Senhor fala de si mesmo em vez de falar por meio de um profeta, a palavra tem peso peculiar para as mentes que creem. O próprio Jeová é o guardião de Sua própria vinha, Ele não a confia a ninguém mais, mas toma para si o Seu cuidado pessoal. Não estão bem guardados aqueles a quem o próprio Deus guarda?

Nós recebemos graciosa irrigação, não apenas todos os dias e a toda hora, mas "a cada momento". Como devemos crescer! Quão revigorada e frutífera cada planta deve ser! São ricos os cachos que as vinhas deverão sustentar!

Entretanto os perturbadores aparecem; as raposinhas e o javali. Portanto, o próprio Senhor é nosso Guardião e isso em todas as horas, "...de noite e de dia...". O que então pode nos ferir? Por que tememos? Ele trata, Ele rega, Ele guarda; de que mais precisamos?

Duas vezes no versículo o Senhor declara como agirá, "a regarei [...] a guardarei. Que verdade, que poder, que amor, que imutabilidade encontramos na grandiosa declaração de Jeová! Quem pode resistir Sua vontade? Se Ele diz que fará algo, que espaço há para dúvida? Com uma declaração do agir de Deus, podemos enfrentar todos os exércitos de pecado, morte e inferno.

Ó, Senhor, visto que afirmas: Eu te "guardarei", a isso respondo: "Eu te louvarei"!

14 DE JUNHO

Ele constantemente permanece

Pois o SENHOR, por causa do seu grande nome,
não desamparará o seu povo,
porque aprouve ao SENHOR fazer-vos o seu povo.
1 SAMUEL 12:22

O motivo por Deus ter escolhido o Seu povo é habitar entre eles e não os desamparar. Ele os escolheu por Seu amor e Ele os ama por Sua escolha. Seu próprio bel-prazer é a fonte da eleição de Seu povo e Sua eleição é a razão para permanecer deleitando-se neles. Seria desonra a Seu grandioso nome caso os abandonasse, dado que demonstraria ter cometido erro ao escolhê-los, ou que é volúvel em Seu amor. O amor de Deus tem esta glória: o fato de que jamais muda, e tal glória Ele jamais aviltará.

Por todas as memórias da Sua prévia benignidade, descansemos seguros de que Ele não nos abandonará. Ele, que foi tão longe para nos tornar Seu povo, não desfará a criação de Sua graça. Ele não forjou tais maravilhas para nós com a intenção de que no final nos abandonasse. Seu Filho Jesus morreu por nós, e podemos estar certos de que Ele não morreu em vão. Poderia Ele abandonar aqueles por quem derramou Seu sangue? Ele, até este momento, teve prazer em nos escolher e salvar-nos, será Seu prazer, ainda, abençoar-nos. O amor do nosso Senhor Jesus não é inconsistente. Tendo amado os Seus, Ele os ama até o fim.

15 DE JUNHO

Bênçãos domésticas compartilhadas

O Senhor te abençoe desde Sião, para que vejas a prosperidade de Jerusalém durante os dias de tua vida, vejas os filhos de teus filhos. Paz sobre Israel!
SALMO 128:5

Esta é uma promessa ao homem temente a Deus que anda nos caminhos da santidade com cautela solene. Ele terá bênçãos familiares, sua esposa e seus filhos serão fonte de grande alegria no lar. Mas então, como membro da igreja, ele deseja ver a causa prosperar, pois se importa pela casa do Senhor da mesma forma como pela sua própria. Quando o Senhor edifica nosso lar, nada mais apropriado do que desejarmos ver a casa do Senhor edificada. Nossos bens não são verdadeiramente bons a menos que promovamos, por meio deles, o bem da igreja que Deus escolheu.

Sim, você receberá uma bênção quando subir às assembleias de Sião; será instruído, vivificado e consolado no local para onde oração e louvor ascendem e é dado testemunho ao grande Sacrifício. "O Senhor te abençoe desde Sião…".

Não apenas você será beneficiado. A igreja em si prosperará, cristãos serão multiplicados, e sua santa obra será coroada com sucesso. Certos homens graciosos têm essa promessa cumprida para eles enquanto vivem. Infelizmente, quando morrem, a causa frequentemente desfalece. Estejamos entre aqueles que levam boas coisas a Jerusalém ao longo de todos os seus dias.

Senhor, por Tua misericórdia
faz-nos como tais! Amém.

16 DE JUNHO

Possua, não apenas alegue possuir

Pois ao que tem se lhe dará, e terá em abundância; mas, ao que não tem, até o que tem lhe será tirado.
MATEUS 13:12

Quando o Senhor tiver concedido muita graça a um homem, Ele a dará ainda mais. Um pouco de fé é boa porção; porém a ela mais fé se acrescentará. Contudo não deve ser fé fictícia, antes real e verdadeira. Que exigência nos é imposta para que realizemos com firmeza a obra em relação à religião, não alegarmos muito e nada possuir! Pois qualquer dia desses o que alegamos ter será retirado de nós, se isso for tudo o que tivermos. A ameaça é tão verdadeira quanto a promessa.

Bendito seja o Senhor, pois Seu modo de ação é este: Ele inicia a concessão de graças de Seu Espírito, até que aquele que pouco tinha, embora de todo o coração o tivesse, passa a ter em abundância. Ó, esta abundância! Abundância de graça é algo a ser cobiçado. Bom seria saber muito, mas melhor é o amar muito. Seria fantástico ter habilidades em abundância para servir a Deus, mas melhor ainda é ter fé em abundância para confiar que o Senhor concederá habilidade e tudo mais.

Senhor, uma vez que me concedeste a noção de pecado,
aprofunda o meu ódio pelo mal.
Senhor, já que me levaste a confiar em Jesus,
eleva minha fé até a plena segurança.
Uma vez que me levaste a amar-te, motiva-me
a expressar veemente afeição por ti!

17 DE JUNHO

Nosso campo de batalha

*...pois o Senhor, vosso Deus,
é quem vai convosco a pelejar por vós
contra os vossos inimigos, para vos salvar.*
DEUTERONÔMIO 20:4

Não temos inimigos senão os inimigos de Deus. Nossas lutas não são contra homens, mas contra a perversidade espiritual. Guerreamos com o diabo e a blasfêmia, o erro e o desespero que ele traz ao campo de batalha. Lutamos contra todos os exércitos do pecado: impureza, embriaguez, opressão, infidelidade e impiedade. Com estes contendemos seriamente, mas não com espada ou lança, pois as armas de nossa guerra não são carnais.

Jeová, nosso Deus, abomina tudo o que é mau e, portanto, Ele vai conosco para lutar por nós nesta cruzada. Podemos nos apoiar nisto: Ele nos salvará e nos dará graça para combater um bom combate e obter a vitória. Podemos confiar que se estamos do lado de Deus, Ele está do nosso lado. Com um aliado tão ilustre, o conflito nunca é, no mínimo grau possível, duvidoso. Não se trata de a verdade ser poderosa e dever prevalecer, mas do fato de esse poder estar com o Pai, que é Todo-poderoso, com Jesus, que tem todo poder no Céu e na Terra, e com o Espírito Santo, que efetua a Sua vontade entre os homens.

Soldados de Cristo, cinjam-se com suas armaduras. Atinjam o alvo no nome do Deus de santidade e pela fé apreendam a salvação que Ele provê. Não permitam que este dia passe sem desferirem sequer um golpe por Jesus e pela santidade.

18 DE JUNHO

O próprio Deus agirá

Agora, me levantarei, diz o SENHOR;
levantar-me-ei a mim mesmo; agora, serei exaltado.
ISAÍAS 33:10

Quando os saqueadores haviam transformado a terra em detritos, como se devorada por gafanhotos, e os guerreiros que defenderam o país sentaram-se e choraram como mulheres, o Senhor, então, veio em resgate. Quando viajantes abandonaram a estrada para Sião, Basã e o Carmelo eram como vinhedos nos quais não havia fruto, então o Senhor se levantou. Deus é exaltado em meio a um povo aflito, pois buscam Sua face e nele confiam. Ele é ainda mais exaltado quando, em resposta aos clamores deles, Deus se levanta para libertá-los e destituir seus inimigos,

Hoje é um dia de pesar para nós? Esperemos ver o Senhor glorificado em nossa libertação. Somos atraídos para a oração fervorosa? Clamamos dia e noite a Ele? Então o tempo estabelecido para Sua graça está próximo. Deus se levantará no momento certo. Ele surgirá quando melhor for para a demonstração de Sua glória. Desejamos Sua glória mais do que ansiamos por nossa própria libertação. Deixemos que o Senhor seja exaltado e assim nosso principal desejo é obtido.

Senhor, ajuda-nos de tal maneira que possamos
ver Tua própria obra em ação.
Que possamos magnificar o Senhor no mais íntimo
de nossa alma. Faz nosso entorno enxergar
quão bom e quão grandioso Deus, o Senhor, é.

19 DE JUNHO

Um coração sadio

*Seja o meu coração irrepreensível nos teus decretos,
para que eu não seja envergonhado.*

SALMO 119:80

Podemos considerar essa inspirada oração como contendo em si a garantia de que aqueles que se mantêm próximos à Palavra de Deus jamais terão motivo para envergonhar-se de assim agir.

Veja, a oração é para a saúde do coração. Um credo sensato é bom, um julgamento sensato a respeito dele, é melhor, mas um coração sensato voltado para a verdade é o melhor de todos. Devemos amar a verdade, senti-la e obedecê-la, caso contrário não somos verdadeiramente sensatos quanto aos decretos de Deus. Nestes dias maus, será que há muitos que estão sensatos? Ó, que o escritor e o leitor sejam dois deste gênero!

Muitos serão envergonhados no último grande dia, quando todos os litígios serão decididos. Então verão a insensatez de suas invenções e ficarão cheios de remorso por causa de sua orgulhosa infidelidade e desacato obstinado ao Senhor. Mas aquele que creu no que o Senhor ensinou e fez o que o Senhor ordenou se apresentará justificado no que realizou. Assim o justo brilhará como o Sol. Homens sobremaneira caluniados e abusados encontrarão, naquele dia, sua vergonha transformada em glória.

Façamos a oração contida no versículo de hoje e poderemos estar certos de que tal promessa será cumprida para nós. Se o Senhor nos torna sensatos, também nos manterá seguros.

20 DE JUNHO

O Senhor, nosso Companheiro

*Ainda que eu ande pelo vale da sombra da morte,
não temerei mal nenhum, porque tu estás comigo;
o teu bordão e o teu cajado me consolam.*

SALMO 23:4

Doces são estas palavras no descrever a certeza do leito de morte. Quantos as repetiram em suas últimas horas com intenso deleite!

Mas o versículo é igualmente aplicável a agonias de espírito ao longo da vida. Alguns de nós, como Paulo, morrem diariamente por meio de uma tendência à escuridão da alma. Bunyan coloca o Vale da Sombra da Morte muito mais cedo na peregrinação do que o rio que corre no pé das colinas celestiais. Alguns de nós atravessaram várias vezes o obscuro e aterrorizante desfiladeiro da "sombra da morte", e podemos dar testemunho de que somente o Senhor nos capacitou a resistir em meio à sua terrível concepção, seus misteriosos horrores, suas terríveis depressões. O Senhor nos susteve e nos manteve acima de todo medo efetivo do mal, até mesmo quando nosso espírito foi subjugado. Fomos pressionados e oprimidos, contudo sobrevivemos, pois sentimos a presença do Grande Pastor e confiamos que Seu cajado impediria o adversário de nos ferir mortalmente.

Estando o período atual obscurecido pelas asas negras de um grande pesar, glorifiquemos a Deus pela pacífica confiança nele.

21 DE JUNHO

A guerra de uma mulher

*Ela respondeu: Certamente, irei contigo,
porém não será tua a honra da investida que empreendes;
pois às mãos de uma mulher o S*ENHOR *entregará
a Sísera. E saiu Débora e se foi com Baraque para Quedes.*

JUÍZES 4:9

Um texto bastante incomum, mas pode ter almas no mundo que talvez tenham fé suficiente para compreendê-lo. Baraque, o homem, embora chamado à guerra, tinha pouca coragem para a luta e desejava que Débora fosse com ele. O Senhor, então, decidiu que esta seria a guerra de uma mulher. Por meio disso, repreendeu a negligência do homem, ganhou para si mais renome e lançou ainda mais vergonha sobre os inimigos de Seu povo.

O Senhor ainda pode utilizar instrumentos frágeis. Por que não eu? Ele pode usar pessoas que não são comumente chamadas a grandes combates. Por que não você? A mulher que matou o inimigo de Israel não era uma amazona, mas uma esposa que permanecia em sua tenda. Ela não era oradora, mas uma mulher que ordenhava vacas e fazia manteiga. Não pode o Senhor usar qualquer um de nós para cumprir Seu propósito? Alguém pode vir à sua casa hoje, como Sísera à tenda de Jael. Seja nossa responsabilidade não matar o que vem até nós, mas salvá-lo. Recebamo-lo com grande gentileza e então geremos a bendita verdade da salvação através do Senhor Jesus, nosso grande Substituto, e reiteremos o comando "Creia e viva". Não se sabe se hoje algum pecador intrépido pode ser "morto" pelo evangelho!

22 DE JUNHO

Ele conosco; nós com Ele

*O temor do SENHOR prolonga os dias da vida,
mas os anos dos perversos serão abreviados.*
PROVÉRBIOS 10:27

Não há dúvida sobre isso. O temor do Senhor leva a hábitos virtuosos, e estes previnem o desperdício de vida que segue o pecado e o vício. O santo descanso que irrompe da fé no Senhor Jesus também auxilia grandemente um homem quando ele está enfermo. Todo médico se alegra em ter um paciente cuja mente está plenamente em descanso. A preocupação mata, mas a confiança em Deus é como um medicamento que cura.

Temos, portanto, todos os arranjos para uma vida longa e, sendo realmente para nosso bem, veremos uma boa velhice e iremos à nossa sepultura como feixes de trigo em sua época devida. Não sejamos dominados pela repentina expectativa de morte no mesmo momento em que temos uma dor nos dedos, mas, antes, esperemos ter que trabalhar durante considerável período de dias.

E se em breve formos chamados à esfera mais elevada? Certamente não deve haver nada a lamentar em tal convocação, mas todos os motivos para nela se regozijar. Vivendo ou morrendo, pertencemos ao Senhor. E se vivemos, Jesus estará conosco; se morrermos, estaremos com Jesus.

O mais verdadeiro prolongamento da vida é viver enquanto estamos vivos, sem desperdiçar tempo, utilizando todas as horas para os fins mais elevados. Assim seja este dia.

23 DE JUNHO

O inimigo frustrado

Pelo que assim diz o SENHOR acerca do rei da Assíria:
Não entrará nesta cidade, nem lançará
nela flecha alguma, não virá perante ela com escudo,
nem há de levantar tranqueiras contra ela.

2 REIS 19:32

Senaqueribe também não atacou a cidade. Ele havia se vangloriado em alta voz, mas não pôde executar suas ameaças. O Senhor é capaz de parar os inimigos de Seu povo no momento em que agem. Quando o leão está com o cordeiro preso em sua mandíbula, o grande Pastor das ovelhas pode roubar-lhe a presa. O nosso limite final apenas proporciona uma oportunidade para uma demonstração mais grandiosa do poder e da sabedoria divinos.

No caso diante de nós, o terrível inimigo não se apresentou pessoalmente diante da cidade que tinha sede em destruir. Ele não pôde lançar alguma flecha impertinente sobre os muros, nem sitiar a cidade para derrubar os castelos com qualquer mecanismo e não pôde cavar aterros para enclausurar os habitantes. Talvez em nosso caso também o Senhor impedirá que nossos adversários nos causem o mais ínfimo mal. Certamente Ele pode alterar as intenções ou transformar os projetos deles em ideias tão abortivas de modo que de bom grado a renunciarão. Confiemos no Senhor e guardemos o Seu caminho, e Ele cuidará de nós. Sim, Ele nos encherá de louvores maravilhosos ao vermos a perfeição do Seu livramento.

Não temamos o inimigo até que ele, de fato, venha e, então, confiemos no Senhor.

24 DE JUNHO

O "muito mais" do Senhor

*Disse Amazias ao homem de Deus: Que se fará,
pois, dos cem talentos de prata que dei
às tropas de Israel? Respondeu-lhe o homem de Deus:
Muito mais do que isso pode dar-te o Senhor.*

2 CRÔNICAS 25:9

Caso você tenha cometido um erro, lide com a perda que ele trouxe, mas não aja de modo contrário à vontade do Senhor. O Senhor pode lhe dar muito mais do que você pode vir a perder; e se Ele não lhe der, passará você a barganhar e fazer acordos com Deus? O rei de Judá havia contratado um exército da idólatra Israel e a ele foi ordenado que enviasse os combatentes para casa, pois o Senhor não estava com eles. Amazias estava disposto a dispensar o exército, mas ressentiu-se de ter pagado os cem talentos para nada. Ó, que vergonha! Se o Senhor conceder a vitória sem os mercenários, certamente foi boa barganha remunerá-los e livrar-se deles.

Esteja disposto a perder dinheiro por causa da consciência, pela paz, e por amor a Cristo. Tenha certeza de que as perdas pelo Senhor não são perdas. Ainda nesta vida elas são mais do que recompensadas; em alguns casos o Senhor impede que uma perda aconteça. A respeito de nossa vida imortal, o que perdemos por Jesus é investido no Céu. Não se inquiete com o desastre aparente, mas ouça o sussurro: "Muito mais do que isso pode dar-te o Senhor".

25 DE JUNHO

Uma escada para o Céu

*E acrescentou: Em verdade, em verdade vos digo
que vereis o céu aberto e os anjos de Deus
subindo e descendo sobre o Filho do Homem.*
JOÃO 1:51

Sim, para nossa fé esta visão é clara mesmo no dia de hoje. Nós vemos o Céu aberto. O próprio Jesus abriu esse reino a todos os cristãos. Olhamos fixamente o lugar de mistério e glória, pois o Salvador o revelou a nós. Em breve, ali entraremos, pois Ele é o caminho.

Agora vemos a explicação da escada de Jacó. Entre a Terra e o Céu há um comércio santo; a oração sobe e as respostas descem pelo caminho de Jesus, o Mediador. Enxergamos essa escada quando vemos nosso Senhor. Nele uma escada de luz agora estabelece uma passagem direta ao trono do Altíssimo. Utilizemo-la e enviemos por ela os mensageiros de nossas orações. Nós mesmos viveremos a vida angelical se subirmos até o Céu em intercessão, apropriarmo-nos das bênçãos da aliança e então descermos novamente para difundir essas dádivas entre os filhos dos homens.

A seleta visão que Jacó apenas viu em sonho se tornará brilhante realidade. Neste exato dia subiremos e desceremos a escada a cada hora: subindo em comunhão e descendo em serviço para salvar nossos semelhantes.

*Essa é a Tua promessa, ó Senhor Jesus; que,
jubilosamente, a vejamos ser cumprida.*

26 DE JUNHO

Não demorará

Sede vós também pacientes e fortalecei o vosso coração, pois a vinda do Senhor está próxima.

TIAGO 5:8

As últimas palavras no cântico de amor são: "Vem depressa, amado meu..." (CÂNTICO DOS CÂNTICOS 8:14) e entre as últimas palavras de Apocalipse lemos: "O Espírito e a noiva dizem: Vem!..." (22:17) às quais o Noivo celestial responde: "Certamente, venho sem demora..." (v.20). O amor anseia pela gloriosa aparição do Senhor e desfruta desta doce promessa: "...a vinda do Senhor está próxima". Isso acalma a nossa mente com relação ao futuro. Olhamos através desta janela com esperança.

Essa sagrada "janela cristalina" permite a entrada de uma enchente de luz sobre o presente e nos coloca em boa condição para trabalho imediato ou sofrimento. Estamos cansados? Então a proximidade de nossa alegria sussurra paciência. Estamos nos fadigando porque não vemos a colheita da nossa semeadura? Novamente esta gloriosa verdade clama a nós: "Seja paciente". Nossas tentações multiplicadas nos fazem titubear minimamente? Então a certeza de que em breve o Senhor estará aqui nos exorta com propriedade neste texto: "Firmem seus corações". Sejam firmes, sejam estáveis, sejam constantes; "...sede firmes, inabaláveis e sempre abundantes na obra do Senhor..." (1 CORÍNTIOS 15:58). Em breve você ouvirá a trombeta de prata que anunciará a vinda de nosso Rei. Não esteja de modo algum temeroso. Assuma sua posição, pois Ele está vindo; sim, Ele pode surgir neste exato dia.

27 DE JUNHO

Agradeça-o; habite de forma aceitável

*Assim, os justos renderão graças ao teu nome;
os retos habitarão na tua presença.*
SALMO 140:13

Ó, que meu coração possa ser reto, que eu sempre seja capaz de bendizer o nome do Senhor! Ele é tão bom àqueles que são bons, de modo que eu fico desejoso de estar entre eles e sentir-me repleto de gratidão todos os dias. Talvez, por um momento, os justos fiquem atônitos quando sua integridade resulta em provação severa, mas certamente virá o dia em que bendirão a seu Deus por não terem cedido às más sugestões e adotado políticas desprezíveis. Em longo prazo, os homens íntegros agradecerão ao Deus dos justos por guiá-los por um caminho reto. Ó, que eu esteja entre eles!

Que promessa está implícita nesta segunda sentença: "...os retos habitarão na tua presença"! Eles serão aceitos onde outros comparecem apenas para ser condenados. Eles serão os cortesãos do grande Rei, gratificados com audiências a qualquer momento que desejarem. Serão favorecidos aqueles para quem Jeová sorri e com quem Ele graciosamente comunga.

*Senhor, cobiço essa elevada honra, esse precioso privilégio.
Usufruir disso será, para mim, o Céu na Terra.
Faz de mim íntegro em todas as coisas, para que eu possa
hoje, amanhã e todos os dias colocar-me em
Tua presença celestial. Então darei graças ao
Teu nome eternamente. Amém*

28 DE JUNHO

Um olhar do Senhor

*Então, se virou o SENHOR para ele e disse:
Vai nessa tua força e livra Israel da mão
dos midianitas; porventura, não te enviei eu?*
JUÍZES 6:14

Que olhar foi esse do Senhor para Gideão! Ele o olhou retirando-o de seu desânimo e reposicionando-o em santa bravura. Considerando que o nosso olhar para o Senhor nos salva, o que não fará o Seu olhar por nós? Senhor, olha para mim neste dia e prepara-me com bravura para os seus deveres e conflitos.

Que palavra foi essa que Jeová declarou a Gideão! "Vai". Ele não podia hesitar. Ele poderia ter respondido: "O quê? Ir com toda esta fraqueza?". Mas o Senhor acaba com a possibilidade de réplica dizendo: "Vai nessa tua força…". O Senhor havia visto força em Gideão, e ele agora nada tinha a fazer senão usá-la e salvar Israel atacando os midianitas. Pode ser que o Senhor tenha mais a fazer por mim do que eu jamais sonhei. Tendo Ele olhado para mim, tornou-me forte. Que eu, pela fé, exercite o poder que Deus a mim confiou. Ele nunca me pede que eu "gaste meu tempo ocioso nesta minha força". Longe disso. Eu devo "ir" porque Ele me fortalece. Que pergunta é esta que o Senhor me faz como a fez a Gideão! "…porventura, não te enviei eu?"

*Sim, Senhor, Tu me enviaste, e eu irei em Tua força. Ao
Teu comando eu vou e, indo,
estou certo de que Tu vencerás por meio de mim.*

29 DE JUNHO

Convite à oração

*Invoca-me, e te responderei; anunciar-te-ei
coisas grandes e ocultas, que não sabes.*

JEREMIAS 33:3

Deus nos encoraja a orar. Dizem-nos que a oração é um exercício piedoso que não tem influência exceto na mente com ela comprometida. Nós sabemos que não se trata disso. Nossa experiência constata por mil vezes a mentira nessa infiel declaração. Aqui Jeová, o Deus vivo, promete distintamente responder à oração de Seu servo. Clamemos a Ele novamente e não admitamos dúvida alguma com relação a Ele nos ouvir e responder-nos. Ele, que fez o ouvido, não ouvirá? Ele, que deu aos pais amor por seus filhos, não ouvirá aos clamores de Seus próprios filhos e filhas?

Deus responderá o Seu povo que clama em sua angústia. Ele tem maravilhas armazenadas para eles. Aquilo que nunca viram, ouviram ou com que nunca sonharam, o Ele fará por eles. Ele inventará novas bênçãos se necessário. Ele revirará mar e terra para alimentá-los, enviará todos os anjos do Céu para socorrê-los se a agonia deles assim exigir. Ele nos surpreenderá com Sua graça e nos fará sentir que jamais tivera agido assim. Tudo o que Ele nos pede é que clamemos ao Senhor. Deus não pode pedir de nós menos que isso. Apresentemos a Ele, com júbilo, nossas orações sem demora.

30 DE JUNHO

Recuar e então ir adiante

*Mas eu me lembrarei da aliança
que fiz contigo nos dias da tua mocidade e
estabelecerei contigo uma aliança eterna.*
EZEQUIEL 16:60

Não obstante nossos pecados, o Senhor é fiel em Seu amor por nós.

Ele olha para o passado. Veja como Ele se lembra daqueles nossos dias passados quando Ele nos levou em aliança consigo, e nós nos entregamos a Ele. Felizes dias! O Senhor não nos critica nem nos acusa de insinceridade. Não, antes Ele olha para Sua aliança conosco e não para nossa aliança com Ele. Não houve hipocrisia nesse sagrado pacto, da parte dele, em nível algum. Quão gracioso é o Senhor ao olhar para o passado em amor!

Ele olha adiante também. O Senhor está decidido de que a aliança não falhará. Caso nós não a mantenhamos, Ele a mantém. Ele declara solenemente: "...estabelecerei contigo uma aliança eterna". Ele não cogita recuar em Suas promessas. Bendito seja o Seu nome, Ele vê o selo sagrado "...pelo sangue da eterna aliança" (HEBREUS 13:20) e lembra-se de nosso Fiador, Seu próprio Filho amado, em quem Ele ratificou tal aliança; e, portanto, Ele permanece nos compromissos de Sua aliança. "...ele permanece fiel, pois de maneira nenhuma pode negar-se a si mesmo" (2 TIMÓTEO 2:13).

*Ó, Senhor, estabelece essa preciosa palavra
em meu coração e ajuda-me a
alimentar-me dela ao longo de todo este dia!*

1.º DE JULHO

Deus conosco

*Depois, disse Israel a José: Eis que eu morro,
mas Deus será convosco e vos fará
voltar à terra de vossos pais.* GÊNESIS 48:21

O bom e já idoso Jacó não podia mais permanecer com José, porque sua hora de partir deste mundo havia chegado; mas ele deixou seu filho sem ansiedade, pois disse com confiança: "...Deus será convosco...". Quando nossos relacionamentos mais preciosos ou nossos amigos mais solícitos são chamados de volta para casa devido à morte, devemos nos consolar com a reflexão de que o Senhor não se afastou de nós, mas vive por nós e permanece conosco para sempre.

Estando Deus conosco, estaremos em companhia enobrecedora, ainda que sejamos pobres e vilipendiados. Estando Deus conosco, temos força suficiente em si mesma, pois nada pode ser difícil demais para o Senhor. Estando Deus conosco, estaremos sempre seguros, pois ninguém pode prejudicar aqueles que andam sob Sua sombra. Ó, que alegria temos aqui! Não apenas Deus está conosco, mas Ele estará conosco. Conosco como indivíduos, conosco como famílias, conosco como igrejas. Emanuel — Deus conosco, não é esse exatamente o nome de Jesus? Não é isto o melhor de tudo: o fato de que Deus está conosco? Sejamos bravamente diligentes e jubilosamente esperançosos. Nossa causa deve prosperar; a verdade deve vencer, pois o Senhor está com aqueles que estão com Ele.

Durante todo este dia, que tal palavra possa ser desfrutada por todo cristão que se volta para *As promessas da fé*. Não há alegria maior do que essa.

2 DE JULHO

Sono revigorante

Inútil vos será levantar de madrugada, repousar tarde,
comer o pão que penosamente granjeastes;
aos seus amados ele o dá enquanto dormem. SALMO 127:2

Nossa vida não é de preocupação angustiante, mas de fé bem-aventurada. Nosso Pai celestial suprirá as necessidades dos Seus filhos; Ele sabe do que precisamos antes mesmo que peçamos a Ele. Podemos, então, ir para a cama na hora adequada e não temos que nos desgastar sentados até tarde para engendrar, planejar e idealizar. Caso tenhamos aprendido a depender do nosso Deus, não devemos permanecer acordados com o medo consumindo nosso coração, mas deixemos nossa preocupação com o Senhor; nossa meditação a respeito dele deverá ser doce, e Ele nos concederá sono revigorante.

Ser o amado do Senhor é a honra mais elevada possível e aquele que a tem pode sentir que a própria ambição não poderia desejar algo mais. Portanto, todo desejo egoísta pode adormecer. O que mais há no Céu senão o amor de Deus? Descanse, então, ó alma, pois você tem todas as coisas.

Contudo viramo-nos de um lado para outro, a menos que o próprio Senhor nos dê não apenas as razões para descanso, mas o descanso em si. Sim, isso Ele faz. O próprio Jesus é a nossa paz, o nosso descanso, o nosso tudo. No colo de Deus, dormimos em perfeita segurança, tanto na vida quanto na morte.

Espargido novamente com sangue de perdão,
Deito-me no colo do meu Deus
Seja para descansar
Ou no peito do meu Salvador para me acalmar.

3 DE JULHO

Um Guia em todo o caminho

*...este é Deus, o nosso Deus para todo o sempre;
ele será nosso guia até à morte.*
SALMO 48:14

Nós precisamos de um guia. Em certos momentos, daríamos tudo o que temos para que nos fosse dito exatamente o que fazer e para onde virar. Estamos dispostos a fazer o certo, mas não sabemos qual das duas estradas seguir. Ó, como gostaríamos de um guia!

O Senhor nosso Deus é misericordioso para nos servir como guia. Ele conhece o caminho e nos conduzirá por ele até que alcancemos o fim de nossa jornada em paz. Certamente, não desejamos direção que seja mais infalível. Coloquemo-nos completamente sob Sua orientação e jamais perderemos o caminho. Façamos dele nosso Deus e encontraremos nele o nosso guia. Se seguirmos Sua Lei, não perderemos a estrada correta da vida, desde que primeiro aprendamos a nos apoiar nele em todos os passos que dermos.

Nosso consolo é que, sendo Ele o nosso Deus para sempre e sempre, Ele jamais deixará de estar conosco como nosso guia. "...até à morte", Ele nos guiará, e então habitaremos com Ele eternamente e dali nunca mais sairemos. Essa promessa de orientação divina envolve segurança vitalícia, salvação imediata, direção até a nossa última hora e depois bênçãos infinitas. Não deveria cada pessoa buscar por isso na juventude, regozijar-se com a orientação divina na meia-idade e nela repousar durante a velhice? Que, neste dia, procuremos por tal orientação, antes de confiarmos em nós mesmos, quando estivermos lá fora.

4 DE JULHO

A Palavra, alimento necessário

Jesus, porém, respondeu: Está escrito:
Não só de pão viverá o homem,
mas de toda palavra que procede da boca de Deus.
MATEUS 4:4

Se Deus assim o quisesse, poderíamos viver sem pão, como fez Jesus por 40 dias, mas não poderíamos viver sem Sua Palavra. Por essa Palavra, fomos criados e somente por ela seguimos existindo, pois Deus sustenta todas as coisas pela Palavra de Seu poder. O pão é uma causa secundária; o próprio Senhor é a primeira fonte do nosso sustento. Ele pode agir sem a causa secundária ou com ela, e nós não devemos confiná-lo a um único modo de ação. Não sejamos tão desejosos do visível, mas olhemos para o Deus invisível. Já ouvimos cristãos dizerem que, em profunda pobreza, quando o pão era escasso, seus apetites também diminuíram; e de outros, quando os suprimentos básicos faltavam, o Senhor lhes enviava auxílio inesperado.

Contudo devemos ter a Palavra do Senhor. Somente com ela podemos resistir ao diabo. Tire-a de nós, e nosso inimigo nos terá em seu poder, pois logo desfaleceríamos. Nossa alma precisa de alimento, e nada há para ela fora da Palavra do Senhor. Todos os livros e todos os pregadores do mundo não podem nos fornecer uma única refeição. É somente a Palavra da boca de Deus que pode encher a boca de um cristão.

Senhor, dá-nos sempre esse pão.
Nós o valorizamos acima de iguarias da realeza.

5 DE JULHO

Libertação completa

*A ti, porém, eu livrarei naquele dia, diz o SENHOR,
e não serás entregue nas mãos dos homens a quem temes.*
JEREMIAS 39:17

Quando os fiéis do Senhor estão sofrendo por Ele, terão doces mensagens de amor vindas dele e, em alguns momentos, terão boas notícias para aqueles que se compadecem deles e os auxiliam. Ebede-Meleque era apenas um etíope desprezado, mas foi bondoso com Jeremias, e assim o Senhor enviou a ele essa promessa especial pela boca de Seu profeta. Estejamos sempre atentos aos servos de Deus perseguidos, e Ele nos recompensará.

Deus prometeu que livraria Ebede-Meleque dos homens cuja vingança ele temia. Ele era um pobre homem, mas Jeová cuidaria dele. Milhares foram mortos pelos caldeus, porém ele não pôde ser ferido. Nós também podemos estar temerosos quanto a alguns poderosos que estão amargurados contra nós; contudo, se nos mantivermos fiéis à causa do Senhor na hora da perseguição, Ele será fiel a nós. Afinal de contas, o que um homem pode fazer sem a permissão do Senhor? Ele refreia a boca da ira e põe rédeas sobre a cabeça do poder. Temamos ao Senhor e não recearemos mais ninguém. Nenhum copo de água fria dado a um desprezado profeta de Deus ficará sem a devida recompensa; e se nos posicionarmos por Jesus, Ele se posicionará por nós.

6 DE JULHO

Seu amor; Seu dom; Seu Filho

*Porque Deus amou ao mundo de tal maneira
que deu o seu Filho unigênito, para que todo o que
nele crê não pereça, mas tenha a vida eterna.*

JOÃO 3:16

De todas as estrelas no céu, a Estrela Polar é a mais útil ao marinheiro. Esse versículo é uma estrela polar, pois já guiou mais almas à salvação do que qualquer outra Escritura. Ele está para as promessas assim como a Ursa Maior está para as constelações.

Muitas palavras reluzem nele com brilho peculiar. Aqui temos o *amor de Deus*, com um "de tal maneira" acrescentado a ele, que marca sua imensurável grandiosidade. Temos então a *dádiva de Deus* em toda a sua gratuidade e preeminência. Essa também é o *Filho de Deus*, a dádiva singular e inestimável do amor que nunca poderia revelar-se plenamente até que o Unigênito do Céu fosse enviado para viver e morrer pelos homens. Esses três pontos são repletos de luz.

Há então a simples exigência de crer, o que indica graciosamente o caminho de salvação adequado a homens culpados. Isso é amparado por uma ampla descrição: "...todo o que nele crê...". Muitos que encontraram espaço no "...todo o que..." são os que teriam se sentido excluídos por uma palavra mais restrita. Então vem a grande promessa: os que creem em Jesus não perecerão, mas terão vida eterna. Isso é encorajador para todo aquele que sabe estar pronto a perecer e que não pode salvar-se. Nós cremos no Senhor Jesus e temos vida eterna.

7 DE JULHO

Um coral nos montes

Cantai, ó céus, alegra-te, ó terra, e vós, montes,
*rompei em cânticos, porque o S*ENHOR
consolou o seu povo e dos seus aflitos se compadece.

ISAÍAS 49:13

Tão doces são os consolos do Senhor, de modo que não apenas os próprios santos cantam sobre eles, mas até mesmo os Céus e a Terra se juntam à canção. Algo notório é necessário para que um monte cante; contudo, o profeta convoca tal coral dos montes. Líbano, Siriom e as altas colinas de Basã e Moabe, Ele os colocaria cantando devido à graça de Jeová para com Seu próprio Sião. Não faremos nós também montanhas de dificuldade, lutas, mistério e labor se tornarem ocasiões para louvar o nosso Deus? "…e vós, montes, rompei em cânticos…".

Essa palavra de promessa, de que nosso Deus terá misericórdia dos Seus afligidos, tem todo um badalar de sinos conectado a ela. Ouça a sua música: "Cantai!", "Jubilai!", "Rompei em cânticos". O Senhor deseja ver Seu povo feliz por causa do Seu infalível amor. Ele não deseja ver-nos tristes e duvidosos; Ele reivindica de nós a adoração advinda do coração que crê. Ele não pode falhar conosco; por que suspiraríamos ou nos irritaríamos como se Ele pudesse falhar? Ó, uma harpa bem afinada! Ó, vozes como as dos querubins diante do trono!

8 DE JULHO

Um Anjo acampado

*O anjo do Senhor acampa-se
ao redor dos que o temem e os livra.*

SALMO 34:7

Nós não podemos ver os anjos, mas já é o bastante que eles nos vejam. Há um grande Anjo da Aliança — a quem, não tendo visto, amamos. Seus olhos estão sempre sobre nós, dia e noite. Ele tem um exército de seres celestiais sob Seu comando e desses faz sentinelas para Seus santos a fim de guardá-los de todo o mal. Caso demônios nos causem danos, esses seres reluzentes nos prestarão serviço.

Note que o Senhor dos anjos não vem e vai, visitando-nos transitoriamente, mas Ele e Seus exércitos acampam-se ao nosso redor. O quartel general do exército do livramento está onde vivem aqueles cuja confiança está nos Deus vivo. Tal acampamento cerca os fiéis de modo que não podem ser atacados de canto algum, a menos que o adversário possa passar pelas trincheiras do Senhor dos anjos. Nós temos uma proteção fixa, uma vigília permanente. Vigiados pelos mensageiros de Deus, não seremos surpreendidos por ataques repentinos nem engolidos por forças esmagadoras. O versículo de hoje promete a libertação concedida pelo grande Capitão da nossa salvação. Obteremos essa libertação repetidamente até que nosso combate seja concluído e troquemos o campo de batalha pelo lar de descanso.

9 DE JULHO

Fiel e útil

*Os meus olhos procurarão os fiéis da terra,
para que habitem comigo; o que anda
em reto caminho, esse me servirá.*

SALMO 101:6

Se Davi falou isso, podemos estar certos de que o Filho de Davi terá a mesma postura. Jesus procura homens fiéis e fixa Seu olhar neles a fim de observá-los, para levá-los adiante, encorajá-los e recompensá-los. Que nenhum homem de bom coração pense ser negligenciado; o próprio Rei tem Seus olhos sobre ele.

Há dois resultados nessa observação régia. Primeiro lemos: "...para que habitem comigo...". Jesus traz os fiéis à Sua casa, Ele os coloca em Seu palácio, faz deles Seus companheiros, deleita-se na companhia deles. Devemos ser fiéis a nosso Senhor, e Ele então se manifestará a nós. Quando a nossa fidelidade nos custa mais caro, ainda melhor será sua recompensa. Quanto mais ferozmente os homens nos rejeitam, com maior júbilo o nosso Senhor nos receberá.

Ele prossegue falando do homem sincero: "...esse me servirá". Jesus usará para Sua glória aqueles que zombam das artimanhas políticas e são fiéis a Ele, à Sua Palavra e à Sua cruz. Estes estarão em Sua comitiva real, os servos honrados de Sua Majestade. As recompensas da fidelidade são a comunhão e serventia.

*Senhor torna-me fiel para que
eu possa habitar contigo e servir-te.*

10 DE JULHO

Ame a igreja

*Levantar-te-ás e terás piedade de Sião;
é tempo de te compadeceres dela, e já é vinda
a sua hora; porque os teus servos amam
até as pedras de Sião e se condoem do seu pó.*

SALMO 102:13-14

Sim, nossas orações pela igreja serão ouvidas. O tempo estabelecido é chegado. Nós amamos as reuniões de oração e a Escola Dominical e todos os cultos na casa do Senhor. Temos uma conexão estreita com todo o povo de Deus e podemos verdadeiramente dizer:

*Não há em todo o teu rebanho
Uma ovelha que tu desprezarias.
Não há inimigo diante do qual
Eu temeria defender a Tua causa.*

Se este é o sentimento geral, em breve desfrutaremos de tempo de renovo advindo da presença do Senhor. Nossas reuniões estarão repletas, santos serão reavivados e pecadores serão convertidos. Isso virá apenas da misericórdia do Senhor, mas virá, e nós somos chamados a aguardar por ela. O tempo, o tempo estabelecido, é chegado. Movimentemo-nos. Amemos cada uma das pedras de nossa Sião, embora esteja decaída. Estimemos a mínima verdade, a menor ordenança, o menor cristão, embora alguns os desprezem como pó. Quando favorecemos Sião, Deus está prestes a favorecê-la. Quando temos prazer na obra do Senhor, o próprio Senhor terá prazer nela.

11 DE JULHO

Jamais separados de Deus

...e todo o que vive e crê em mim
não morrerá, eternamente. Crês isto?
JOÃO 11:26

Sim, Senhor, nós cremos; nunca morreremos. Nossa alma pode ficar separada de nosso corpo, e isso é um tipo de morte; mas nossa alma nunca ficará separada de Deus, o que seria a verdadeira morte — a morte prenunciada por conta do pecado — a pena de morte, que é o pior que poderia acontecer. Seguramente, nós cremos nisso sobremaneira, pois quem "poderá separar-nos do amor de Deus, que está em Cristo Jesus, nosso Senhor"? Somos membros do Corpo de Cristo; pode Cristo perder partes de Seu Corpo? Estamos casados com Jesus; poderia Ele enlutar-se pela viuvez? Isso não é possível. Há uma vida em nosso interior que não pode separar-se de Deus; sim, e o Espírito Santo habita em nós, como então poderíamos morrer? O próprio Jesus é a nossa vida e, portanto, não existe o morrer para nós, pois Ele não pode morrer novamente. Em Cristo, morremos para o pecado uma vez, e a sentença capital não pode ser executada uma segunda vez. Agora vivemos e vivemos para sempre. A recompensa da justiça é vida eterna, e não temos nada menos que a justiça de Deus. Portanto, podemos requerer a recompensa mais elevada.

Vivendo e crendo, cremos que viveremos e desfrutaremos. Pelo que avançamos com garantia plena de que a nossa vida está segura em nosso Cabeça, pois Ele vive.

12 DE JULHO

Quem, quando e como livrar

...o Senhor sabe livrar da provação os piedosos e reservar,
sob castigo, os injustos para o Dia de Juízo.
2 PEDRO 2:9

Os piedosos são tentados e testados. Não é verdadeira a fé que nunca é provada. Os piedosos são libertos de suas provas, não por acaso, não por agentes secundários, mas pelo próprio Senhor. Ele assume pessoalmente a função de livrar aqueles que nele confiam. Deus ama os devotos ou piedosos e faz questão de saber onde estão e como passam.

Em certos momentos, o caminho deles parece ser um labirinto e não conseguem imaginar como escaparão do perigo ameaçador. O que eles não sabem, seu Senhor sabe. Ele sabe a quem livrar, quando livrar e como livrar. Ele livra da maneira que é mais benéfica aos piedosos, mais arrasadora para o tentador e que mais glorifica a Ele mesmo. Podemos deixar o "como" com o Senhor e nos contentarmos em regozijarmos no fato de que Ele, de uma forma ou outra, fará Seu povo passar por todos os perigos, provações e tentações desta vida mortal até alcançarem Sua destra em glória.

Este dia não é para que eu espreite os segredos de meu Senhor, mas para que aguarde pacientemente pelo Seu tempo, consciente disto: embora eu nada saiba, meu Pai celestial sabe.

13 DE JULHO

Confiança tácita

Pois certamente te salvarei, e não cairás à espada, porque a tua vida te será como despojo, porquanto confiaste em mim.

JEREMIAS 39:18

Contemple o poder protetor da confiança em Deus. Os grandes homens de Jerusalém caíram pela espada, mas o pobre Ebede-Meleque estava seguro, pois sua confiança estava em Jeová. Onde mais deveria um homem colocar sua confiança senão em seu Criador? Somos tolos quando preferimos a criatura ao Criador. Ó, quem dera vivêssemos por fé em todas as coisas, então seríamos livres em todo momento de perigo! Ninguém jamais confiou em vão no Senhor e ninguém jamais o fará.

O Senhor diz: "...certamente te salvarei...". Observe o divino "certamente". Tudo o mais pode ser incerto, porém o cuidado de Deus com os cristãos é certo. O próprio Deus é o guardião do que é agraciado por Ele. Sob Sua sagrada asa, há segurança mesmo quando o perigo está ao redor. Podemos aceitar tal promessa como certa? Então, em nossa presente emergência, veremos que ela permanece firme. Temos esperança de livramento porque temos amigos, ou porque somos prudentes, ou porque vemos sinais encorajadores, mas nenhuma dessas coisas alcança metade do benefício da afirmação de Deus: "...porquanto confiaste em mim". Caro leitor, tente desse jeito e, tentando, você o manterá por toda sua vida. Isso é tão doce quanto é certo.

14 DE JULHO

Fardos lançados sobre Ele

Confia os teus cuidados ao SENHOR, e ele te susterá; jamais permitirá que o justo seja abalado.
SALMO 55:22

Sendo pesado o fardo, lance-o sobre a Onipotência. Agora tal fardo é seu e o esmaga, mas, quando o Senhor o tomar, Ele o transformará em nada. Caso você ainda seja chamado a suportá-lo, "...ele te susterá...". Estará sobre Ele e não sobre você. Você será de tal forma sustentado sob ele, de modo que o fardo será uma bênção. Coloque o Senhor nessa questão e você se colocará de pé sob aquilo que, por si só, faria você se curvar.

O nosso pior medo é que nossa provação nos desvie da trajetória do dever, mas isso o Senhor jamais permitirá. Se formos justos diante dele, Ele não suportará que nossa aflição nos remova de nossa posição. Em Jesus, Ele nos aceita como justos, deste modo Ele nos manterá em Jesus.

E com relação ao momento presente? Você está avançando sozinho para a aflição deste dia? Seus pobres ombros serão esfolados novamente com carga opressiva? Não seja tão tolo. Fale ao Senhor sobre o seu sofrimento e o entregue a Ele. Não lance seu fardo para depois tomá-lo novamente, antes lance-o sobre o Senhor e deixe-o ali. Então você caminhará livre, um cristão jubiloso e aliviado, cantando os louvores de seu grande Carregador de fardos.

15 DE JULHO

O enlutado consolado

Bem-aventurados os que choram,
porque serão consolados.

MATEUS 5:4

Pelo vale do choro, chegamos a Sião. Pode-se pensar que o choro e o ser abençoado são opostos, mas o Salvador infinitamente sábio os coloca juntos nesta bem-aventurança. O que Ele uniu que não separe o homem. Choro pelo pecado — nossos próprios pecados e os pecados de outros — é o selo do Senhor colocado sobre Seus fiéis. Quando o Espírito da graça for derramado sobre a casa de Davi, ou sobre qualquer outra casa, haverá choro. Pelo santo choro, recebemos a melhor de nossas bênçãos, assim como pela água nos vêm os insumos mais raros. Aquele que chora não apenas será abençoado, em algum dia futuro, mas Cristo mesmo agora o declara abençoado.

O Espírito Santo certamente consolará os corações que choram pelo pecado. Eles serão consolados por meio do sangue de Jesus e pelo poder purificador do Espírito Santo. Serão consolados, com relação ao pecado abundante, em sua cidade e em sua era, pela garantia de que Deus se glorificará, independentemente do quanto os homens possam rebelar-se contra Ele. Eles serão consolados com a expectativa de que serão, em breve, plenamente libertos do pecado e logo serão arrebatados para habitar para sempre na gloriosa presença de seu Senhor.

16 DE JULHO

Palavra ao claudicante

*Eis que, naquele tempo, procederei contra todos
os que te afligem; salvarei os que coxeiam,
e recolherei os que foram expulsos, e farei deles
um louvor e um nome em toda
a terra em que sofrerem ignomínia.* SOFONIAS 3:19

Há muitos desses coxos, homens e mulheres. Você pode vir a conhecer "os que coxeiam" 20 vezes em uma hora. Eles estão na estrada correta e extremamente ansiosos para correr com diligência, mas são coxos e caminham de modo lamentável. Na estrada celestial, há muitos mancos. Pode ocorrer que digam no coração deles: *O que será de nós? O pecado nos tomará, Satanás nos derrubará. Claudicante é nosso nome e nossa natureza, o Senhor não pode jamais fazer de nós bons soldados, nem mesmo ágeis mensageiros para executar as tarefas ordenadas por Ele.* Ora, ora! Ele nos salvará e isso não é algo pequeno. Ele diz: "...salvarei os que coxeiam...". Em salvar-nos Ele se glorificará grandiosamente. Todos perguntarão: *"Como esta mulher manca conseguiu correr a carreira e ganhar a coroa?"*. E então todo o louvor será dado à onipotente graça.

*Senhor, embora eu manqueje na fé, na oração,
no louvor, no serviço e na paciência, salva-me, eu suplico!
Somente o Senhor pode salvar um inválido como eu.
Senhor, não permitas que eu pereça, pois estou entre os
últimos, mas reúne, por Sua graça, os mais lentos
de Seus peregrinos — assim como eu. Eis que Ele declarou
que assim será e, portanto, como Jacó, prevalecendo
em oração, avanço, embora meu tendão esteja encurtado.*

17 DE JULHO

Valentes pela verdade

*Aos violadores da aliança, ele, com lisonjas,
perverterá, mas o povo que conhece
ao seu Deus se tornará forte e ativo.*

DANIEL 11:32

"O Senhor é homem de guerra, Jeová é Seu nome." Aqueles que se alistam sob Sua bandeira terão um Comandante que lhes treinará para o conflito e lhes dará vigor e valentia. Os tempos sobre os quais Daniel escreveu eram da pior espécie e então foi prometido que o povo de Deus sairia em sua melhor forma: seriam fortes e ativos para confrontar o poderoso adversário.

Ó, que conheçamos nosso Deus, Seu poder, Sua fidelidade, Seu amor imutável e assim estejamos prontos para arriscar tudo em Seu favor. Ele é Aquele cujo caráter suscita nosso entusiasmo e nos torna dispostos a viver e a morrer por Ele. Ó, que conheçamos nosso Deus por comunhão familiar com Ele, pois então nos tornaremos como Ele e estaremos preparados para nos posicionarmos pela verdade e pela justiça. Aquele que avança logo após ter contemplado a face de Deus jamais temerá a face do homem. Caso permaneçamos com Ele, apreenderemos o espírito heroico, e, para nós, um mundo de inimigos será apenas uma gota em um balde. Uma miríade de homens, ou até mesmo demônios, nos parecerão tão pequenos quanto as nações o são para Deus, e Ele as considera apenas como gafanhotos. Ó, que sejamos valentes pela verdade neste dia de falsidade.

18 DE JULHO

Comunhão no deserto

*Portanto, eis que eu a atrairei,
e a levarei para o deserto, e lhe falarei ao coração.*
OSEIAS 2:14

A bondade de Deus vê que somos seduzidos pelo pecado e decide experimentar em nós os atrativos mais poderosos do amor. Não nos lembramos de quando o Amado de nossa alma nos encantou pela primeira vez e nos afastou dos feitiços mundanos? Ele fará isso, vez após vez, sempre que nos vir ameaçados pelo mal.

Ele promete nos separar, pois assim Ele pode lidar melhor conosco, e este lugar separado não deve ser um paraíso, mas um deserto, uma vez que em tal local não haverá nada que retire a nossa atenção de nosso Deus. Nos desertos da aflição, a presença do Senhor se torna tudo para nós e valorizamos Sua companhia acima de qualquer valor que para ela estabelecemos quando nos sentamos sob nossa videira e figueira, na companhia de nossos pares. A solitude e a aflição aproximam-nos mais de nós mesmos e de nosso Pai celestial do que quaisquer outros meios.

Mesmo quando separados e isolados, o Senhor tem opções de escolha para o nosso consolo. Ele nos fala "...ao coração...", como o versículo apresenta. Ó, que nisso tenhamos tal promessa demonstrada em nossa experiência! Atraídos pelo amor, separados pelas provações e consolados pelo Espírito da verdade, que possamos conhecer o Senhor e cantar de alegria!

19 DE JULHO

Calçados para trabalho pesado

O ferro e o metal será o teu calçado;
e a tua força será como os teus dias.
DEUTERONÔMIO 33:25 (ARC)

Os calçados e a força são as duas coisas provisionadas para o peregrino.

Com relação aos calçados: são muito necessários para viajar em caminhos acidentados e para pisar sobre inimigos mortais. Não iremos descalços — isso não seria adequado a príncipes de sangue real. Nossos calçados não serão, de forma alguma, de variedade comum, pois terão solas de metal durável que não se desgastará mesmo sendo a jornada longa e difícil. Teremos proteção proporcional às necessidades da estrada e à batalha. Pelo que marchemos adiante ousadamente, sem temer mal algum embora pisemos em serpentes ou coloquemos o pé no próprio dragão.

Com relação à força: deverá ser contínua, enquanto durarem nossos dias, e será proporcional ao estresse e ao fardo desses mesmos dias. As palavras são poucas: "...e a tua força será como os teus dias", mas o significado é abrangente. Neste dia, podemos encontrar provações e tarefas que demandarão energia; mas, com a mesma certeza, podemos encontrar força equivalente. Essa palavra, dada a Aser, também é dada a nós que temos fé, pela qual podemos nos apropriar dela. Elevemo-nos à sagrada ousadia que é planejada para gerar força no coração daquele que crê.

20 DE JULHO

Procurando por Ele

*...Cristo, oferecendo-se uma vez,
para tirar os pecados de muitos, aparecerá segunda vez,
sem pecado, aos que o esperam para a salvação.*
HEBREUS 9:28

Essa é nossa esperança. Ele, a quem já vimos chegando uma vez para levar os pecados de muitos, terá outra manifestação para os filhos dos homens; essa, por si só, é uma feliz perspectiva. Contudo, essa segunda aparição tem certas marcas peculiares que a glorificam extraordinariamente.

Nosso Senhor terá encerrado a questão do pecado. Ele o tirou de Seu povo de tal forma e carregou tão eficazmente sua penalidade que não terá nada mais a fazer com ele em Sua segunda vinda. O Senhor não apresentará oferta alguma pelo pecado, pois o terá aniquilado inteiramente.

Nosso Senhor, então, completará a salvação de Seu povo. Eles serão final e perfeitamente salvos e, em todos os aspectos, desfrutarão da plenitude da salvação. Ele não vem para carregar o resultado de nossas transgressões, mas para trazer o resultado de Sua obediência; não para remover nossa condenação, mas para aperfeiçoar nossa salvação.

Portanto, o nosso Senhor aparece apenas àqueles que o procuram. Desse modo, Ele não será visto por homens cujos olhos estão cegos de si mesmos e do pecado. Para eles, Ele será um terrível Juiz e nada mais. Devemos primeiro olhar para o Senhor e então procurá-lo; e em ambos os casos encontraremos vida.

21 DE JULHO

Resplandeça como muitas estrelas

*Os que forem sábios, pois, resplandecerão
como o fulgor do firmamento;
e os que a muitos conduzirem à justiça,
como as estrelas, sempre e eternamente.*

DANIEL 12:3

Aqui há algo para despertar-me. Sim, pelo qual vale a pena viver. *Ser sábio* é algo nobre em si mesmo: refere-se a uma sabedoria divina que somente o próprio Senhor pode conceder. Ó, conhecer a mim mesmo, a meu Deus, a meu Salvador! Que eu seja tão divinamente ensinado a ponto de que possa colocar em prática a verdade celestial e viver à sua luz! Vivo sabiamente? Estou buscando aquilo que deveria buscar? Estou vivendo como desejaria ter vivido quando chegar o momento de minha morte? Somente tal sabedoria pode me garantir resplendor eterno como os longínquos céus ensolarados.

Ser um ganhador de almas é uma grande realização. Tenho a necessidade de ser sábio, se desejar convencer uma única pessoa a voltar-se à retidão, e o sê-lo ainda mais se quiser convencer a muitos. Ó, o conhecimento de Deus, dos homens, da Palavra e de Cristo que me capacitarão a converter meus companheiros e converter grandes números deles! Desejo entregar-me a isso e jamais repousar até que o alcance. Será melhor que ganhar estrelas na sociedade. Isso fará de mim uma estrela, uma estrela resplandecente, uma estrela resplandecendo para sempre e sempre; sim, até mais: isso permitirá que eu resplandeça como muitas estrelas. Levante-se, minha alma! Senhor, aviva-me!

22 DE JULHO

Um compromisso eterno

*Desposar-te-ei comigo para sempre;
desposar-te-ei comigo em justiça, e em juízo,
e em benignidade, e em misericórdias;
desposar-te-ei comigo em fidelidade, e conhecerás
ao Senhor.* OSEIAS 2:19-20

Desposados com o Senhor! Que honra e alegria! Minha alma: Jesus é verdadeiramente seu, por Seu condescendente noivado? Então registre: é para sempre! Ele nunca romperá Seu compromisso, muito menos acionará um divórcio contra uma alma unida a Ele em laços matrimoniais.

Três vezes o Senhor diz: "Desposar-te-ei". Que palavras Ele agrega para anunciar o noivado! A justiça surge para legitimar a aliança, ninguém pode desautorizar essas promulgações legais. A audiência judicial sanciona a união com o seu decreto; ninguém vê insensatez ou erro em tal união. A benignidade garante que essa é uma união de amor, pois sem amor as bodas são sujeição, e não bem-aventurança. Enquanto isso, a misericórdia sorri e até mesmo canta; sim, ela se multiplica em "misericórdias" devido à abundante graça dessa santa união.

A fidelidade é a escrivã e registra o casamento, e o Espírito Santo diz "amém" para isso, ao prometer ensinar ao coração desposado todo o conhecimento sagrado necessário para seu elevado destino. Que promessa!

23 DE JULHO

Sem lembrança alguma

*Também de nenhum modo me lembrarei
dos seus pecados e das suas iniquidades, para sempre.*
HEBREUS 10:17

Conforme essa graciosa aliança, o Senhor trata Seu povo como se nunca tivessem pecado. Ele praticamente esquece todas as suas transgressões. Ele trata os pecados de todos os tipos como se nunca tivessem ocorrido, como se tivessem sido completamente apagados de Sua memória. Ó, milagre da graça! Deus aqui faz o que, em certos aspectos, é impossível para Ele. Sua misericórdia realiza milagres que transcendem sobremaneira todos os outros milagres.

Agora que o sacrifício de Jesus homologou a aliança, o nosso Deus ignora o nosso pecado. Podemos nos regozijar nele sem medo de que Ele seja instigado a irar-se conosco por causa de nossas iniquidades. Veja! Ele nos coloca entre os filhos, Ele nos aceita como justos, Ele se deleita em nós como se fôssemos perfeitamente santos. Ele até mesmo nos coloca em posições de confiança, faz-nos guardiões de Sua honra, curadores das joias da coroa, mordomos do evangelho. Ele nos considera dignos e nos concede um ministério; essa é prova mais elevada e sobremaneira especial de que Ele não se lembra de nossos pecados. Mesmo quando perdoamos um inimigo, somos muito lentos em conceder-lhe confiança, julgamos ser imprudente assim agir. Mas o Senhor esquece os nossos pecados e nos trata como se jamais tivéssemos errado. Ó minha alma, que promessa é essa! Creia nela e seja feliz.

24 DE JULHO

Pureza perfeita

*O vencedor será assim vestido de vestiduras brancas,
e de modo nenhum apagarei o seu nome
do Livro da Vida; pelo contrário, confessarei o seu nome
diante de meu Pai e diante dos seus anjos.*

APOCALIPSE 3:5

Guerreiro da cruz, lute! Jamais repouse até que sua vitória seja completa, pois sua recompensa eterna provará ser digna de uma vida de batalha.

Veja, aqui está a perfeita pureza para você! Poucos em Sardes mantiveram suas vestes imaculadas, e a recompensa deles é ser irrepreensível. A perfeita santidade é o prêmio de nosso elevado chamado; não a percamos.

Veja, aqui temos alegria! Você vestirá mantos celestiais, tais como os que homens vestem em banquetes de casamento; você será vestido de alegria e reluzirá de júbilo. Lutas dolorosas acabarão em paz de consciência e alegria no Senhor.

Veja, aqui temos vitória! Você terá seu triunfo. Palmeira, coroa e vestes brancas serão seu galardão, você será tratado como um vencedor, de propriedade exclusiva do próprio Senhor.

Veja, aqui temos a miríade sacerdotal! Você estará diante do Senhor em tais vestes como as que os filhos de Arão vestiram. Você oferecerá os sacrifícios de ação de graças e se aproximará do Senhor com incenso de louvor.

Quem não lutaria pelo Senhor que concede honras tão grandiosas ao menor de Seus servos fiéis? Quem não se vestiria com um manto de tolo por amor a Cristo, sabendo que Ele nos vestirá de glória?

25 DE JULHO

Nada nos inquieta

*Tu, porém, segue o teu caminho até ao fim;
pois descansarás e, ao fim dos dias,
te levantarás para receber a tua herança.*

DANIEL 12:13

Nós não conseguimos compreender todas as profecias, mas as consideramos com satisfação e não com desalento. Nada pode haver no decreto do Pai que deveria, de forma justa, inquietar Seu filho. Embora a abominação da desolação esteja configurada, o verdadeiro cristão, contudo, não será corrompido; antes será purificado, alvo e provado. Embora a Terra seja incendiada, nenhum odor de fogo chegará aos escolhidos. Em meio ao choque de matéria e o arruinar de mundos, o Senhor Jeová preservará os Seus.

Caminhemos, calmamente, resolutos no dever, valentes no conflito e pacientes no sofrimento, mantendo-nos em nossa estrada e não nos desviando dela nem vagueando por ela. O fim chegará; sigamos nosso caminho até que chegue.

O descanso será nosso. Todas as outras coisas vêm e vão, mas nosso alicerce permanece firme. Deus descansa em Seu amor e, portanto, nele descansamos também. Nossa paz é, e sempre será, como um rio. Um terreno na Canaã celestial é nosso, e nele pisaremos aconteça o que acontecer. O Deus de Daniel dará uma porção digna a todos os que ousam decidir-se pela verdade e pela santidade como Daniel o fez. Nenhuma cova de leões nos privará de nossa garantida herança.

26 DE JULHO

Uma mudança de nome

Naquele dia, diz o SENHOR, *ela me chamará:*
Meu marido [Ishi] e já não me chamará:
Meu Baal. Da sua boca tirarei os nomes dos baalins,
e não mais se lembrará desses nomes.

OSEIAS 2:16-17

Esse dia chegou. Já não vemos mais o nosso Deus como um Baal, um Senhor tirano e mestre poderoso, pois não estamos sob a Lei, mas sob a graça. Nós agora pensamos em Jeová, nosso Deus, como nosso *Ishi*, nosso amado marido, nosso Senhor em amor, nosso parente próximo em vínculos de relacionamento sagrado. Não o servimos com menor obediência, mas o servimos por um motivo maior e mais amável. Não mais trememos sob Seu chicote, mas nos regozijamos em Seu amor. O escravo é transformado em filho; e a tarefa, em um prazer.

É assim com você, caro leitor? A graça expulsou o medo servil e implantou o amor fraterno? Como nos alegramos em tal experiência! Agora chamamos o dia do Senhor de deleite e a adoração nunca é enfadonha. Agora a oração é um privilégio, e o louvor é como o descanso. Obedecer é o Céu; doar à causa de Deus é um banquete. Assim todas as coisas se fizeram novas. Nossa boca é cheia de canto e nosso coração de música.

Bendito seja nosso *Ishi* celestial para sempre e sempre!

27 DE JULHO

Mais do que meras palavras

*E, que Deus o ressuscitou dentre os mortos
para que jamais voltasse à corrupção, desta maneira
o disse: E cumprirei a vosso favor
as santas e fiéis promessas feitas a Davi.* ATOS 13:34

Nada em relação ao homem é certo, mas tudo relacionado a Deus é, especialmente as misericórdias da aliança, como Davi declarou: "...uma aliança eterna, em tudo bem-definida e segura" (2 SAMUEL 23:5).

Estamos certos de que o intento do Senhor era deveras ser misericordioso. Ele não declarou meras palavras; há substância e verdade em cada uma de Suas promessas. Suas misericórdias são, de fato, misericórdias. Ainda que uma promessa pareça ter sido esquecida por motivo de morte, jamais será, pois o bom Senhor será fiel à Sua palavra.

Estamos convictos de que o Senhor concederá as misericórdias prometidas a todos os pertencentes à Sua aliança. Elas chegarão no devido momento a todos os escolhidos do Senhor. Não há dúvidas com relação a todas as sementes, da menor à maior delas.

Estamos confiantes de que o Senhor manterá as Suas misericórdias para o Seu povo. Ele não dá e retira. O que Ele nos concedeu é a garantia de muito mais. O que ainda não recebemos é tão certo quanto aquilo que já nos foi dado. Portanto, aguardemos diante do Senhor e aquietemo-nos. Não há motivo justificável para a menor dúvida. O amor de Deus, Sua palavra e fidelidade são seguros. Muitas coisas são questionáveis, mas, em relação a nosso Senhor, cantamos:

*Tuas misericórdias permanecerão
Sempre seguras, elas serão.*

28 DE JULHO

Curve-se; seja exaltado

Humilhai-vos, portanto, sob a poderosa mão de Deus, para que ele, em tempo oportuno, vos exalte.

1 PEDRO 5:6

Isto é equiparável a uma promessa: se nós nos curvarmos, o Senhor nos exaltará. A humildade leva à honra; a submissão é o caminho para exaltação. A mesma mão de Deus que nos pressiona está aguardando para amparar-nos quando estivermos preparados para carregar a bênção. Nós nos inclinamos para conquistar. Muitos recuam diante dos homens e ainda assim perdem o apoio que almejam; mas aquele que se humilha sob a mão de Deus não deixará de ser enriquecido, elevado, sustentado e consolado por Aquele que é constantemente gracioso. É um hábito de Jeová abater o orgulhoso e exaltar o humilde.

Contudo, há um tempo para o agir do Senhor. Devemos agora humilhar-nos, neste momento presente e devemos continuar a agir assim, quer o Senhor coloque Sua mão aflitiva sobre nós ou não. Quando o Senhor golpeia, é nosso dever especial aceitar tal disciplina com profunda submissão. Mas, com relação ao Senhor nos exaltar, isso pode vir apenas "em tempo oportuno", e Deus é o melhor juiz para definir o dia e a hora para isso. Clamamos impacientemente pela bênção? Desejamos a honra? Em que ponto estamos? Certamente não estamos verdadeiramente humilhados ou esperaríamos com submissão pacata. Então, humilhemo-nos!

29 DE JULHO

Ele derrota nosso inimigo

*O Senhor afastou as sentenças que eram contra ti
e lançou fora o teu inimigo. O Rei de Israel, o Senhor,
está no meio de ti; tu já não verás mal algum.*

SOFONIAS 3:15

Que expulsão foi essa! Satanás perdeu seu trono em nossa natureza assim como perdeu seu lugar no Céu. Nosso Senhor Jesus destruiu o poder dominante do inimigo sobre nós. Ele pode nos preocupar, mas não pode requerer-nos como seus. Suas amarras já não envolvem nosso espírito, pois o Filho nos libertou e somos, de fato, livres.

Nosso arqui-inimigo ainda é o acusador dos irmãos, mas até dessa posição o Senhor o removeu. Nosso Advogado silencia nosso acusador. O Senhor repreende nossos inimigos e pleiteia as causas de nossa alma, de modo que nenhum mal venha dos insultos do diabo.

Como um tentador, o espírito maligno ainda nos assalta e insinua-se à nossa mente, mas daí também ele é expulso, de sua antiga preeminência. Ele se contorce como uma serpente, mas não pode governar como soberano. Ele lança pensamentos blasfemos, quando tem oportunidade; mas que alívio é quando a ele é dito que se cale e lhe é ordenado que se esgueire como um vira-latas açoitado!

*Senhor, faz isso por qualquer um que neste momento
esteja preocupado e sobrecarregado
com os latidos desse cão. Abate o inimigo deles e
sejas glorioso aos seus olhos. Tu o subjugaste.
Senhor, expulsa-o, ó, Tu que o banisses do mundo!*

30 DE JULHO

Promessa de um encontro futuro

Assim também agora vós tendes tristeza;
mas outra vez vos verei; o vosso coração se alegrará,
e a vossa alegria ninguém poderá tirar.
JOÃO 16:22

Certamente Jesus virá uma segunda vez e, então, quando Ele nos vir e nós o virmos, haverá, de fato, regozijo. Que jubiloso retorno! Contudo, tal promessa está sendo cumprida diariamente em outro sentido. Nosso gracioso Senhor tem muitos "outra vez" em Seu agir conosco. Ele nos deu perdão, e nos vê novamente, e repete a palavra de absolvição, quando novos pecados nos entristecem. Ele nos revelou que fomos aceitos diante de Deus e, quando nossa fé nessa bênção se reduz de modo tênue, Ele vem a nós novamente e, mais uma vez, diz-nos: "Paz seja convosco", e nosso coração se alegra.

Amado, todas as misericórdias recebidas no passado são representações de misericórdias futuras. Tendo Jesus estado conosco, Ele nos verá novamente. Não olhe para o favor passado como algo morto e enterrado, pelo qual se lamenta, mas o considere como uma semente cultivada que crescerá e erguerá sua cabeça pelo solo e clamará: "...outra vez os verei...". Os tempos são obscuros por Jesus não estar conosco como Ele costumava estar? Tenhamos coragem, pois Ele não permanecerá distante por muito tempo. Seus pés são como os de uma corça ou do jovem cervo e eles em breve o trarão a nós. Em vista disso, passemos a nos alegrar, uma vez que Ele nos diz ainda agora: "...outra vez os verei...".

31 DE JULHO

Um apelo; libertação

*...invoca-me no dia da angústia;
eu te livrarei, e tu me glorificarás.*

SALMO 50:15

Verdadeiramente, isto é uma promessa!

Aqui está um acontecimento urgente: "...no dia da angústia...". Em um dia assim, o meio-dia é escuro, e todas as horas parecem mais escuras que a anterior. Então essa promessa é para tal momento; é escrita para o dia nebuloso.

Aqui está um conselho bondoso: "invoca-me...". Não deveríamos precisar de tal exortação, pois isso deveria ser o nosso hábito constante, durante todo o dia, e em todos os dias. Que misericórdia é ter liberdade para invocar a Deus! Que sabedoria é fazer bom uso dela! Quão tolo é correr para homens! O Senhor nos convida a apresentar nosso caso diante dele; certamente, não hesitaremos em fazê-lo.

Aqui está um encorajamento reconfortante: "...eu te livrarei...". Seja qual for a dificuldade, o Senhor não faz exceções, mas promete libertação plena, certa e feliz. Ele próprio efetuará nossa libertação por Sua própria mão. Nisso cremos, e o Senhor honra a fé.

Eis o resultado: "...tu me glorificarás". Ah, isso faremos mais abundantemente. Quando Ele nos libertar, nós o louvaremos em alta voz, e Ele certamente o fará. Comecemos então a glorificá-lo agora!

1.º DE AGOSTO

A aliança que alcança os filhos

*Estabelecerei a minha aliança
entre mim e ti e a tua descendência no decurso
das suas gerações, aliança perpétua,
para ser o teu Deus e da tua descendência.*
GÊNESIS 17:7

Ó, Senhor, que fizeste uma aliança comigo, Teu servo, em Cristo Jesus meu Senhor, agora rogo-te que permitas que meus filhos sejam incluídos em suas graciosas provisões. Permitas-me crer que tal promessa é feita a mim assim como a Abraão. Sei que meus filhos nasceram no pecado e foram moldados na iniquidade, assim como os filhos de outros homens; portanto, nada peço com base no nascimento deles, pois bem sei que "O que é nascido da carne é carne..." (JOÃO 3:6) e nada mais. Senhor, faze-os nascer sob Tua aliança de graça por Teu Espírito Santo!

Oro por meus descendentes ao longo de todas as gerações. Sê o Deus deles como és o meu Deus. Minha honra mais elevada é ter Tua permissão para servir-te; que minha descendência possa te servir em todos os anos vindouros. Ó, Deus de Abraão, sê o Deus do Isaque dele! Ó Deus de Ana, aceita o Samuel dela!

*Senhor, caso tenhas favorecido a mim e a minha família,
oro para que te lembres de outros lares entre
Teu povo que permanecem privados de tal bênção.
Sê o Deus de todas as famílias de Israel.
Não permitas que nenhum dos que temem o Teu nome
sejam tentados com um lar impiedoso e perverso.
[Pedimos isso] por amor ao nome do Teu Filho
Jesus Cristo. Amém!*

2 DE AGOSTO

Fale o que Ele ensina

*Vai, pois, agora, e eu serei com a tua boca
e te ensinarei o que hás de falar.*
ÊXODO 4:12

Muitos servos verdadeiros do Senhor são lentos no falar e, quando chamados para pleitear por seu Senhor, confundem-se demais, temendo arruinar a boa causa por sua má argumentação. Em tal caso, é bom lembrar que o Senhor fez a língua que é lenta e devemos ter cuidado para não culparmos o nosso Criador. Pode ocorrer que uma língua lenta não seja um mal tão grande quanto uma rápida, e a escassez de palavras pode estar mais próxima da bênção que enxurradas de verbosidade. É bastante certo também que o verdadeiro poder salvífico não está na retórica humana com seus tropos, belas frases e grandes demonstrações. A falta de fluência não é tão grande como parece ser.

Se Deus estiver com a nossa boca e a nossa mente, teremos algo melhor que o bronze ressonante da eloquência ou o címbalo retumbante da persuasão. O ensino de Deus é sabedoria, Sua presença é poder. Faraó tinha mais motivos para temer a gagueira de Moisés do que para temer o orador mais fluente no Egito, pois o que Moisés dizia continha poder; ele proferiu pragas e mortes. Se o Senhor estiver conosco, em nossa fraqueza natural, seremos cingidos com poder sobrenatural. Portanto, falemos ousadamente por Jesus, como devemos falar.

3 DE AGOSTO

O direito às coisas santas

*Mas, se o sacerdote comprar algum escravo
com o seu dinheiro, este comerá delas;
os que nascerem na sua casa, estes comerão do seu pão.*
LEVÍTICO 22:11

Estrangeiros, peregrinos e servos contratados não deveriam comer das coisas sagradas. É assim também nas questões espirituais. Mas duas classes eram livres na mesa sagrada: aqueles que eram comprados com o dinheiro do sacerdote e aqueles que nasciam em sua casa. Comprados e nascidos, essas eram as duas provas incontestáveis de um direito às coisas santas.

Comprados. Nosso grande Sumo Sacerdote comprou por um preço todos aqueles que colocam sua confiança nele. Eles são Sua absoluta propriedade, inteiramente do Senhor. Não pelo que são em si mesmos, mas, por consideração a seu dono, são admitidos aos mesmos privilégios de que Ele mesmo desfruta e "...comerão do seu pão". Ele tem pão para comer do qual os mundanos nada sabem. "Porque sois de Cristo...", portanto participarão com seu Senhor.

Nascidos. Esse é um caminho igualmente certo para tal privilégio. Tendo nascido na casa do Sacerdote, tomamos nosso lugar junto ao restante da família. A redenção e a regeneração nos transformam em coerdeiros e parte do mesmo corpo e, portanto, a paz, a alegria, a glória que o Pai deu a Cristo, Cristo nos deu. A redenção e a regeneração nos deram dupla reivindicação à licença divina dessa promessa.

4 DE AGOSTO

Ele abençoa e guarda

O Senhor te abençoe e te guarde.
NÚMEROS 6:24

Essa primeira sentença da bênção sacerdotal é, fundamentalmente, uma promessa. Essa bênção que nosso grande Sumo Sacerdote pronuncia sobre nós certamente se estabelecerá, pois Ele declara o que está na mente de Deus.

Que alegria permanecer sob a bênção divina! Isso outorga um sabor gracioso a todas as coisas. Se somos abençoados, então todos os nossos bens e alegrias são abençoados; sim, nossas perdas e cruzes e até mesmo decepções são abençoadas. A bênção de Deus é profunda, expressiva, eficaz. A bênção humana pode começar e acabar em palavras, mas a bênção do Senhor enriquece e santifica. O melhor desejo que podemos nutrir por nosso amigo mais querido não é: "que a prosperidade o assista", mas "que o Senhor o abençoe".

É igualmente aprazível ser aquele que Deus guarda; guardado por Deus, mantido próximo a Ele, guardado nele. Aqueles a quem Deus guarda são de fato guardados; eles são preservados do mal e destinados à felicidade ilimitada. O guardar de Deus envolve a Sua bênção, para a estabelecer e permitir que perdure.

O autor deste pequeno livro deseja que a rica bênção e o guardar seguro aqui pronunciados possam vir sobre todos aqueles que, neste momento, estejam lendo estas linhas. Por favor, sussurrem o texto a Deus como uma oração por Seus servos.

5 DE AGOSTO

Lei no coração

No coração, tem ele a lei do seu Deus;
os seus passos não vacilarão.

SALMO 37:31

Coloque a Lei no coração e o homem por inteiro passa a ser correto. É aqui que a Lei deveria estar, pois então repousa, como as tábuas de pedra na arca, no lugar a ela designado. Na cabeça ela confunde, nas costas é um fardo, no coração ela sustenta.

Que bem escolhida é a palavra utilizada aqui: "...a lei do seu Deus..."! Quando conhecemos o Senhor como nosso Deus, Sua lei se torna liberdade para nós. Deus conosco em aliança nos torna ávidos por obedecer à Sua vontade e caminhar em Suas ordenanças. O preceito é o preceito de meu Pai? Então nele me deleito.

Aqui temos a garantia de que o homem de coração obediente será sustentado em todos os passos que der. Ele fará o que é correto e, portanto, fará o que é sábio. A ação santa é sempre mais prudente, embora no momento possa não parecer assim. Quando guardamos o caminho de Sua lei, estamos caminhando adiante na grande rodovia da providência e graça de Deus. A Palavra de Deus nunca ludibriou uma única alma; suas claras orientações para se andar em humildade, em amor, de forma justa e no temor do Senhor são tanto palavras de sabedoria para tornar nosso caminho próspero quanto regras de santidade para manter nossas vestes limpas. Aquele que caminha em retidão caminha em segurança.

6 DE AGOSTO

Vá, tome sua propriedade!

Eis que o S<small>ENHOR</small>, teu Deus, te colocou esta terra diante de ti. Sobe, possui-a, como te falou o S<small>ENHOR</small>, Deus de teus pais: Não temas e não te assustes.
DEUTERONÔMIO 1:21

Há uma herança de graça que, para a possuirmos, devemos ser ousados o suficiente. Tudo o que um cristão adquire é gratuito para outro também. Podemos ser fortes na fé, fervorosos no amor e abundantes no labor; não há nada que possa impedir isso. Vamos e tomemos posse. A experiência mais doce e a graça mais reluzente significam muito para nós assim como para qualquer outro irmão. Jeová as colocou diante de nós; ninguém pode negar nosso direito. Vamos e tomemos posse, em Seu nome.

O mundo também está diante de nós para que seja conquistado para o Senhor Jesus. Não devemos deixar país algum ou qualquer canto que não seja submetido a Ele. Essa favela próxima à nossa casa está diante de nós, não para desafiar nossos esforços, mas para servir a eles. Precisamos apenas reunir coragem suficiente para ir adiante, assim conquistaremos casas obscuras e corações endurecidos para Jesus. Que jamais deixemos pessoas em uma trilha ou beco para morrer por não termos fé suficiente em Jesus e em Seu evangelho para irmos e possuirmos essa terra. Nenhum local é inculto demais, nenhuma pessoa é tão profana a ponto de estar além do poder da graça. Fora, covardia! A fé marcha em direção à conquista.

7 DE AGOSTO

Regras para a prosperidade

*Tão somente sê forte e mui corajoso para teres
o cuidado de fazer segundo toda a lei que meu servo
Moisés te ordenou; dela não te desvies,
nem para a direita nem para a esquerda, para que sejas
bem-sucedido por onde quer que andares.*

JOSUÉ 1:7

Sim, o Senhor estará conosco em nossa guerra santa, mas Ele exige de nós que sigamos rigorosamente Suas regras. Nossas vitórias dependerão em grande medida de nossa obediência a Ele *de todo o nosso coração*, lançando força e coragem nas ações de nossa fé. Caso sejamos oscilantes, não poderemos esperar mais do que bênçãos pela metade.

Devemos obedecer ao Senhor com cuidado e ponderação. "...para teres o cuidado de fazer..." é a frase utilizada e é repleta de significado. Isso se refere a todas as partes da vontade divina; devemos obedecer com prontidão total. Nossa regra de conduta é "...segundo toda a lei...". Não podemos ser seletivos, devemos tomar os mandamentos do Senhor como se apresentam, um e todos. Em tudo isso devemos prosseguir com precisão e constância. Nosso deve ser um caminho reto que não se inclina nem para a direita nem para a esquerda. Não devemos errar sendo mais rígidos do que a Lei, tampouco adotar um caminho mais livre e cômodo. Com essa obediência, virá a prosperidade espiritual.

*Ó, Senhor, ajuda-nos a enxergar se não for assim!
Não testaremos Tua promessa em vão.*

8 DE AGOSTO

Confiança não equivocada

Porque o SENHOR Deus me ajudou, pelo que não me senti envergonhado; por isso, fiz o meu rosto como um seixo e sei que não serei envergonhado.

ISAÍAS 50:7

Essas são, em profecia, as palavras do Messias no dia de Sua obediência até a morte, quando Ele entregou Suas costas àqueles que as feriram e Sua face àqueles que lhe arrancaram Seus cabelos. Ele estava convicto do auxílio divino e confiava em Jeová.

Ó minha alma, as suas dores são o pó sobre a balança se comparadas às do seu Senhor! Você não consegue crer que o Senhor Deus a auxiliará? Seu Senhor esteve em posição única, pois, como representante de homens pecadores — o seu substituto e sacrifício —, era necessário que o Pai o deixasse e o colocasse em abandono de alma. Sobre você não é colocada tal necessidade, pois não está fadada a clamar: "...por que me desamparaste?". O Seu Salvador, mesmo neste caso extremo, confiou em Deus, e você não pode fazer o mesmo? Ele morreu por vocês e, assim, tornou impossível que fosses deixados sozinhos, por isso, sejam de bom ânimo.

Nos labores ou provas deste dia, diga: "O Senhor Deus me ajudará". Vá adiante com ousadia. Faça seu rosto como um seixo e decida que nenhum abatimento ou frouxidão moral se aproximará de você. Se Deus o auxilia, quem pode impedir? Tendo certeza da ajuda onipotente, o que pode ser pesado demais para você? Inicie o dia jubilosamente e não permita que nenhuma sombra de dúvida se coloque entre você e o brilho do Sol eterno.

9 DE AGOSTO

Podar para dar fruto

*Todo ramo que, estando em mim,
não der fruto, ele o corta; e todo o que dá fruto limpa,
para que produza mais fruto ainda.*

JOÃO 15:2

Essa é uma promessa preciosa a quem vive para frutificar. De início, parece revestir-se de um aspecto penetrante. O ramo frutífero deve ser podado? A faca deve mesmo cortar os melhores e mais úteis? Sem dúvida alguma, pois muito da obra purificadora de nosso Senhor é feita por meios de aflições de um tipo ou outro. Não são os maus, mas os bons que têm tais promessas de tribulação nesta vida. Contudo, o fim, então, compensa plenamente a natureza dolorosa dos meios. Se pudermos produzir mais fruto para nosso Senhor, não nos importará a poda e as perdas.

Entretanto, a poda algumas vezes é executada pela Palavra à parte da provação, e isso remove o que quer que pudesse parecer rude no sabor da promessa. Nós, pela Palavra, seremos transformados em seres mais graciosos e úteis. O Senhor que nos criou, em certa medida, frutíferos, agirá em nós até que alcancemos um grau mais elevado de fertilidade. Não é isso grande alegria? Verdadeiramente há mais consolo em uma promessa de fertilidade do que se nos tivessem sido garantidas riquezas, saúde ou honra.

*Senhor Jesus, cumpre prontamente Tua graciosa palavra
em mim e faz-me abundar em frutos para o Teu louvor!*

10 DE AGOSTO

Ele rebaixa e exalta

O SENHOR empobrece e enriquece;
abaixa e também exalta.

1 SAMUEL 2:7

Todas as minhas mudanças vêm daquele que nunca muda. Caso tivesse eu crescido rico, teria visto a mão de Deus nisso e o teria louvado; que eu veja, igualmente, Sua mão caso seja pobre e que o louve calorosamente. Quando somos rebaixados no mundo, isso vem do Senhor, e então podemos submeter-nos pacientemente. Quando somos exaltados no mundo, isso vem do Senhor, e podemos aceitar com gratidão. Em qualquer caso, o Senhor é quem o faz e o faz bem.

Parece que a maneira de Jeová é rebaixar aqueles a quem pretende exaltar e despojar aqueles que Ele pretende vestir. Se esse é o Seu modo, é o modo melhor e mais sábio. Se estou agora passando pelo rebaixar, bem me alegrarei, pois nisso vejo o prefácio do exaltar. Quanto mais somos humilhados pela graça, mais seremos exaltados em glória. Esse empobrecimento será desconsiderado para que o nosso enriquecimento seja bem-aceito.

Ó, Senhor, Tu recentemente me rebaixaste a ponto de eu
sentir a minha insignificância e meu pecado.
Isso não é uma experiência agradável, mas eu oro para
que o Senhor a torne profícua para mim.
Ó, que o Senhor me prepare para suportar um peso ainda
maior de deleite e serventia, e quando eu
estiver pronto para isso, concede-o então a mim,
por amor a Cristo! Amém.

11 DE AGOSTO

Aguardando, e não correndo

*Somente em Deus, ó minha alma,
espera silenciosa; dele vem a minha salvação.*
SALMO 62:1

Bendita postura! Aguardando verdadeiramente e apenas no Senhor. Seja essa a nossa condição durante todo este dia e em todos os demais. Aguardando Seu descanso, aguardando em Seu serviço, aguardando em expectativa jubilosa, aguardando em oração e contentamento. Quando a própria alma aguarda, está na melhor e mais verdadeira condição de uma criatura diante de seu Criador, um servo diante de seu Mestre, uma criança diante de seu Pai. Não admitimos arbitrariedade com Deus, nem queixas sobre Ele, não permitiremos petulância e desconfiança. Ao mesmo tempo, não caminhamos à frente da nuvem e não buscamos o auxílio de outros; nenhuma dessas possibilidades seria aguardar no Senhor. Deus, e somente Ele, é a expectativa de nosso coração.

Bendita segurança! Dele está vindo salvação, está na estrada. Virá dele e de ninguém mais. Ele terá toda a glória disso, pois somente Ele pode executá-la e assim fará. E a efetivará muito certamente em Seu próprio tempo e de Seu próprio modo. Ele salvará da dúvida, do sofrimento, da calúnia e da angústia. Embora ainda não vejamos sinal disso, estamos satisfeitos em esperar pela vontade do Senhor, pois não suspeitamos de Seu amor e Sua fidelidade. Em breve, com certeza, Ele realizará esse trabalho, e nós o louvaremos, imediatamente, pela misericórdia que terá chegado.

12 DE AGOSTO

Luz nas trevas

Tu, Senhor, és a minha lâmpada;
o Senhor derrama luz nas minhas trevas.
2 SAMUEL 22:29

Estou eu na luz? Então o Senhor é a minha lâmpada. Retire o Senhor e minha alegria se vai, mas, enquanto o Senhor está comigo, posso continuar sem as tochas do tempo e as velas do conforto estabelecido. Que luz a presença de Deus lança sobre todas as coisas! Ouvimos sobre um farol que podia ser visto a 30 quilômetros, porém nosso Jeová não é apenas um Deus próximo, mas de muito longe é visto, mesmo no país do inimigo. Ó, Senhor fico tão feliz quanto um anjo quando Teu amor preenche o meu coração. O Senhor é todo o meu desejo.

Estou eu na escuridão? Então o Senhor iluminará minhas trevas. Em breve as coisas mudarão. Fatos podem ficar mais e mais sombrios e nuvem empilhar-se sobre nuvem, mas, se a escuridão chegar ao ponto de eu não enxergar a minha própria mão, ainda assim verei a mão do Senhor. Quando não consigo encontrar luz em meu interior, ou entre meus amigos, ou em todo o mundo, o Senhor que disse: "Haja luz", e houve luz, pode dizê-lo novamente. Ele falará e eu estarei sob a luz do sol. Não morrerei, mas viverei. O dia já está irrompendo. Este doce texto reluz como uma estrela da manhã. Eu aplaudirei de alegria antes que muitas horas se passem.

13 DE AGOSTO

Antes e durante o clamor

E será que, antes que clamem, eu responderei; estando eles ainda falando, eu os ouvirei.
ISAÍAS 65:24

Trabalho ágil esse! O Senhor nos ouve antes que clamemos e frequentemente nos responde do mesmo modo rápido. Antecipando nossas necessidades e nossas orações, Ele ordena a providência de tal maneira que, antes da necessidade de fato surgir, Ele já a supriu; e antes que a prova nos ataque, Ele já terá nos armado contra ela. Essa é a prontidão da onisciência, e nós frequentemente a vemos exercitada. Antes que sonhássemos com a agonia que estava por vir, a forte consolação que viria a nos sustentar sob ela havia chegado. Que Deus temos nós! Deus que responde oração!

A segunda sentença evoca o telefone. Embora Deus esteja no Céu e nós na Terra, Ele faz nossa palavra, como Sua própria palavra, viajar agilmente. Quando oramos adequadamente, falamos ao ouvido de Deus. Nosso gracioso Mediador apresenta imediatamente nossas petições, e o grande Pai as ouve e sorri para elas. Grandiosa oração! Quem não se colocaria constantemente em oração quando sabe que tem o ouvido do Rei dos reis a seu dispor? Neste dia orarei em fé, não apenas crendo que serei ouvido, mas que sou ouvido; não apenas que serei respondido, mas que já me foi concedida a resposta. Espírito Santo, ajuda-me nisso!

14 DE AGOSTO

Filhos afligidos, mas não para sempre

Por isso, afligirei a descendência de Davi; todavia, não para sempre. 1 REIS 11:39

Na família da graça há disciplina, e essa disciplina é severa o suficiente para fazer do pecado algo maligno e amargo. Salomão, corrompido por suas esposas estrangeiras, estabeleceu outros deuses e provocou seriamente o Deus de seu pai. Por conta disso, posteriormente, dez tribos, das doze do reino, se apartaram e se estabeleceram como um governo rival. Isso foi uma desgraça dolorosa para a casa de Davi e caiu sobre a dinastia distintamente vinda da mão de Deus como resultado de conduta profana. O Senhor castigará Seus servos mais amados se abandonarem a obediência plena às Suas leis; talvez tal castigo esteja sobre nós neste exato momento. Clamemos humildemente: "Ó Senhor, faze-me saber por que contendes comigo".

Que doce e salvadora é esta sentença: "...não para sempre"! A punição do pecado é eterna, mas o castigo paternal, dado em razão do pecado, a um filho de Deus ocorre apenas por um período. A enfermidade, a pobreza e a depressão de espírito passarão quando atingirem o efeito pretendido. Lembre-se de que não estamos sob a Lei, mas sob a graça. O cajado pode nos tornar mais espertos, mas a espada não nos fará morrer. Nossa tristeza presente tem o propósito de nos levar ao arrependimento para que não sejamos destruídos com os perversos.

15 DE AGOSTO

A garantia de um nome

E tudo quanto pedirdes em meu nome, isso farei,
a fim de que o Pai seja glorificado no Filho.
JOÃO 14:13

Não são todos os cristãos que aprenderam a orar no nome de Cristo. Pedir não apenas por amor a Ele, mas em Seu nome, como que autorizado por Ele, é uma ordem elevada de oração. Nós não ousaríamos pedir certas coisas nesse nome bendito, pois isso seria uma miserável profanação dele. Mas, quando a petição é tão claramente correta a ponto de que ousamos fixar o nome de Jesus a ela, então deve ser concedida.

O triunfo da oração é ainda mais garantido por ser para a glória do Pai, por meio do Filho. Ela glorifica Sua verdade, Sua fidelidade, Seu poder, Sua graça. A concessão do que é pedido na oração, quando oferecida no nome de Jesus, revela o amor do Pai por Ele e a honra que o Pai colocou sobre o Filho. A glória de Jesus e do Pai estão, de tal modo, tão contidas uma na outra que a graça que magnifica uma magnifica a outra. O canal se torna célebre pela plenitude da fonte e a fonte é honrada por meio do canal pelo qual ela flui. Se a resposta às nossas orações desonrasse nosso Senhor, não oraríamos; mas, uma vez que nisso Ele é glorificado, oraremos sem cessar nesse precioso nome no qual Deus e Seu povo têm uma comunhão de deleite.

16 DE AGOSTO

Desvende e confesse o pecado

O que encobre as suas transgressões jamais prosperará;
mas o que as confessa e deixa alcançará misericórdia.
PROVÉRBIOS 28:13

Aqui está o caminho da misericórdia para um pecador culpado e arrependido: ele deve abandonar o hábito de encobrir o pecado. Isso é empreendido pela falsidade, a qual nega o pecado, pela hipocrisia que o encobre, pela vanglória que o justifica e pela ruidosa confissão, na qual busca redimir-se.

O que concerne ao pecador é confessar e abandonar. Os dois devem andar juntos. A confissão deve ser feita honestamente ao próprio Senhor e deve incluir em si reconhecimento do agravo, noção de seu mal e repúdio a ele. Não devemos lançar a culpa sobre outros, nem culpar circunstâncias ou alegar fraqueza natural. Devemos optar pela verdade e nos declarar culpados da acusação. Não pode haver misericórdia até que isso seja feito.

Ademais, devemos abandonar o mal. Tendo assumido nossa culpa, devemos rejeitar toda intenção presente e futura de nele permanecer. Não podemos continuar em rebelião e ainda assim habitar com a majestade do Rei. O hábito do mal deve ser renunciado assim como todos os locais, companhias, buscas e livros que possam nos desviar. Não *por* confissão, nem *por* transformação, mas, em conexão com elas, encontramos perdão pela fé no sangue de Jesus.

17 DE AGOSTO

Quem está com a maioria?

*Ele respondeu: Não temas, porque mais são
os que estão conosco do que os que estão com eles.*

2 REIS 6:16

Cavalos, carruagens e um grande exército calaram o profeta em Dotã. Seu jovem servo ficou apreensivo. Como poderiam escapar de tal conjunto de homens armados? Mas o profeta tinha olhos que o servo não tinha e podia ver um exército ainda maior com armas sobremodo superiores o guardando de todo mal. Cavalos de fogo são mais poderosos que cavalos de carne, e carruagens de fogo são sobremaneira preferíveis a carruagens de ferro.

É assim nesta hora. Os adversários da verdade são muitos, influentes, instruídos e astutos, e a verdade apresenta-se desfavorável em suas mãos. Contudo o homem de Deus não tem motivo para inquietação. Agentes, visíveis e invisíveis, da espécie mais potente estão ao lado do justo. Deus tem exércitos em tocaia que se revelarão na hora da necessidade. As forças que estão do lado do bom e do verdadeiro superam sobremodo os poderes do mal. Portanto, tenhamos coragem e caminhemos com a atitude de homens que possuem um segredo encorajador, que os elevou acima de todo medo. Estamos do lado vencedor. A batalha pode ser mordaz, mas sabemos como acabará. A fé, tendo Deus consigo, está em evidente maioria: "...mais são os que estão conosco do que os que estão com eles".

18 DE AGOSTO

Quem procura encontra

Tu, meu filho Salomão, conhece o Deus de teu pai e serve-o de coração íntegro e alma voluntária; porque o SENHOR esquadrinha todos os corações e penetra todos os desígnios do pensamento. Se o buscares, ele deixará achar-se por ti; se o deixares, ele te rejeitará para sempre.

1 CRÔNICAS 28:9

Nós precisamos do nosso Deus, devemos buscá-lo constantemente e se pessoalmente buscarmos Sua face, Ele não se negará a nenhum de nós. Não se trata de você merecê-lo, ou comprar Seu favor, mas meramente de "buscá-lo". Aqueles que já conhecem o Senhor devem prosseguir buscando Sua face pela oração, pelo serviço diligente e pela santa gratidão. A estes Ele não recusará Seu favor e Sua comunhão. Aqueles que, até então, não o conheceram para obter o descanso para sua alma devem imediatamente passar a buscá-lo e nunca deixar de fazer isso até que o encontrem como seu Salvador, seu Amigo, seu Pai e seu Deus.

Que forte segurança tal promessa traz ao que busca! "...o que busca, encontra..." (MATEUS 7:8). Você, sim você, se você buscar seu Deus, o encontrará. Quando o encontrar, terá encontrado vida, perdão, santificação, preservação e glória. Você não o buscará e continuará buscando uma vez que sua busca não será em vão? Caro amigo, busque o Senhor imediatamente. Aqui é o lugar e agora é o momento. Dobre esse joelho rígido; sim, curve esse pescoço ainda mais rígido e clame por Deus, pelo Deus vivo. Em nome de Jesus, busque purificação e justificação. Você não será rejeitado. Aqui está o testemunho de Davi para seu filho Salomão e é o testemunho pessoal do escritor para o leitor. Acredite nesse testemunho e aja com base nele, por amor a Cristo.

19 DE AGOSTO

Recompensa para o justo

Então, se dirá: Na verdade, há recompensa para o justo; há um Deus, com efeito, que julga na terra.

SALMO 58:11

Os julgamentos de Deus nesta vida não são sempre evidentes aos olhos, pois em muitos casos um evento ocorre de forma semelhante a todos. Esse é o período de experiência, não de punição ou recompensa. Contudo, em certos momentos, Deus efetua coisas terríveis em justiça e até mesmo os imprudentes são compelidos a reconhecer Sua mão.

Ainda nesta vida, a justiça tem esse tipo de recompensa que ela prefere acima de todas as outras, a saber, o sorriso de Deus, que cria uma consciência serena. Algumas vezes outras recompensas vêm a seguir, pois Deus não fica em dívida com homem algum. Mas, ao mesmo tempo, a recompensa suprema do justo está no futuro eterno.

Enquanto isso, em grande escala, notamos a presença do grande Governante entre as nações. Ele despedaça tronos opressivos e pune povos culpados. Ninguém pode estudar a história da ascensão e queda dos impérios sem perceber que há um poder que contribui para criar justiça e, no fim das contas, traz a iniquidade diante de sua corte e condena sua justiça impiedosa. O pecado não ficará impune e a bondade não permanecerá sem recompensa. O Juiz de toda a Terra agirá corretamente. Portanto, tenhamos temor diante dele e não mais nos aterrorizemos com o poder dos perversos.

20 DE AGOSTO

Libertação irrestrita

*De seis angústias te livrará,
e na sétima o mal te não tocará.*

JÓ 5:19

Nisto Elifaz declarou a verdade divina. Podemos ter tantas dificuldades quantos dias de trabalho na semana, mas o Deus que trabalhou nesses seis dias trabalhará por nós até que a nossa libertação seja completa. Descansaremos com Ele e nele em nosso *Shabat*. Um dos testes mais dolorosos da fé é a contínua sucessão das provações. Antes que tenhamos nos recuperado de um golpe, ele é seguido por outro e outro até que cambaleamos. Ainda assim, a igualmente rápida sucessão de libertações é extraordinariamente encorajadora. Novos cânticos repercutem na bigorna pelo martelo da aflição, até que vejamos no mundo espiritual o antítipo do "Ferreiro harmonioso". Nossa confiança é que, quando o Senhor determina seis provas, elas serão seis e nada mais.

Talvez não tenhamos dia de descanso, pois *sete* provações caem sobre nós. O que fazer então? "...na sétima o mal te não tocará". O mal pode rugir em nossa direção, mas será mantido mais do que um braço à distância e sequer nos tocará. Seu fôlego quente pode nos afligir, mas seu pequeno dedo não pode tocar-nos.

Com nossos lombos cingidos, encontraremos as seis ou sete provas e deixaremos o medo àqueles que não têm Pai, nem Salvador ou Santificador.

21 DE AGOSTO

Noite de choro; dia de alegria

Porque não passa de um momento a sua ira;
o seu favor dura a vida inteira. Ao anoitecer, pode vir
o choro, mas a alegria vem pela manhã.
SALMO 30:5

Um momento sob a ira do Pai parece tempo demais, mas afinal de contas, apenas não passa de um momento. Se entristecemos Seu Espírito, não podemos antecipar Seu sorriso, mas Ele é o Deus pronto a perdoar e em pouco tempo deixa de lado toda a lembrança de nossas falhas. Quando desfalecemos e estamos prestes a morrer devido a Sua desaprovação, Seu favor coloca nova vida em nós.

Esse versículo tem outro tom um tanto trépido. Nossa noite chorosa em breve se transforma em dia jubiloso. A brevidade é a marca da misericórdia na hora da correção dos cristãos. O Senhor ama não utilizar o cajado em Seus escolhidos, Ele dá um golpe ou dois e tudo se acaba; sim, e a vida e a alegria que seguem a ira e o choro mais do que recompensam o saudável sofrimento.

Venha, meu coração, comece seus aleluias! Não chore ao longo de toda a noite, mas enxugue seus olhos na expectativa do amanhecer. Tais lágrimas são orvalhos que nos são tão benéficas quanto os raios de sol do dia seguinte. As lágrimas limpam os olhos para enxergarem Deus em Sua graça e tornam mais preciosa a visão de Seu favor. Uma noite de choro gera essa combinação de realces que permitem que os destaques sejam exibidos com distinção. Tudo está bem.

22 DE AGOSTO

Ira para a glória de Deus

Pois até a ira humana há de louvar-te;
e do resíduo das iras te cinges.
SALMO 76:10

Homens perversos serão cheios de ira. Devemos suportar sua cólera como sinal de nosso chamado, o símbolo de nossa separação deles. Se fôssemos do mundo, o mundo amaria os seus. Nosso consolo é que a ira do homem se reverterá em glória a Deus. Quando, em sua ira, os perversos crucificaram o Filho de Deus, eles estavam, involuntariamente, cumprindo o propósito divino, e em mil casos a intencionalidade dos impiedosos faz o mesmo. Eles se consideram livres, mas, como condenados em correntes, estão inconscientemente executando os decretos do Onipotente.

Os mecanismos dos perversos são anulados para a sua derrota. Eles agem de modo suicida e frustram suas próprias tramas. Nada virá de sua ira que possa nos causar dano verdadeiro. Quando queimaram os mártires, a fumaça que irradiava do poste, mais do que tudo, causava náuseas aos homens do papismo.

Enquanto isso, o Senhor tem uma mordaça e uma corrente para ursos. Ele refreia a ira mais furiosa do inimigo. Ele é como o moleiro que restringe o volume de água no riacho e o que Senhor permite que flua Ele usa para girar a Sua roda. Não suspiremos, mas cantemos. Tudo vai bem, independentemente de quão forte sopra o vento.

23 DE AGOSTO

Ame e busque a verdadeira sabedoria

Eu amo os que me amam; os que me procuram me acham.
PROVÉRBIOS 8:17

A sabedoria ama os que a amam e busca os que a buscam. Já é sábio aquele que busca ser sábio e terá praticamente encontrado a sabedoria aquele que a busca diligentemente. O que é verdade sobre a sabedoria em geral é especialmente verdade sobre a sabedoria incorporada em nosso Senhor Jesus. A Ele devemos amar e buscar e em contrapartida desfrutaremos de Seu amor e o encontraremos.

Nossa responsabilidade é buscar Jesus logo cedo na vida. Felizes são os jovens cujas manhãs são investidas em tempo com Jesus! Nunca é cedo demais para buscar o Senhor Jesus. Aqueles que o buscam cedo certamente o encontram. Deveríamos buscá-lo cedo por diligência. Negociantes prósperos são homens que se levantam cedo, e santos prósperos buscam Jesus avidamente. Aqueles que encontram Jesus para o seu enriquecimento entregam-lhe o coração nessa busca. Devemos buscá-lo primeiro e, portanto, o mais cedo possível. Jesus, acima de todas as coisas. Jesus primeiro e nada mais, nem mesmo uma desagradável segunda opção.

A bênção é que Ele será encontrado. Jesus se revela mais e mais claramente à medida que o buscamos. Ele se entrega mais plenamente à nossa comunhão. Homens felizes são os que buscam Aquele que, quando encontrado, permanece com eles para sempre. Um tesouro cada vez mais precioso para o coração e entendimento deles.

Senhor Jesus, eu te encontrei; sê encontrado por mim
num grau de inexprimível e alegre satisfação.

24 DE AGOSTO

Deus acima da filosofia humana

*Pois está escrito: Destruirei a sabedoria dos sábios
e aniquilarei a inteligência dos instruídos.*

1 CORÍNTIOS 1:19

Esse versículo é ameaçador no que diz respeito aos sábios deste mundo, mas ao simples cristão é uma promessa. Os declaradamente instruídos sempre tentam reduzir a nada a fé do humilde cristão, mas falham em suas tentativas. Seus argumentos desmoronam, suas teorias caem sob seu próprio peso, suas tramas ocultas cuidadosamente desenvolvidas se revelam antes mesmo que o seu propósito seja cumprido. O antigo evangelho não está ainda extinto e nem o será enquanto o Senhor viver. Se pudesse ter sido exterminado, teria desaparecido da Terra há muito tempo.

Nós não podemos destruir a sabedoria do sábio, nem precisamos tentar, pois tal trabalho está em mãos muito melhores. O Senhor diz: "Destruirei..." e Ele nunca delibera em vão. Ele declara duas vezes nesse versículo o Seu propósito e devemos estar certos de que Ele não se desviará disso.

Que limpeza o Senhor faz com a filosofia e o "pensamento moderno" quando coloca Sua mão neles! Ele reduz a aparência refinada a nada, destrói completamente a madeira, o feno e a palha. Está escrito que assim será, e assim será. Senhor, realiza tal obra em breve. Amém e amém.

25 DE AGOSTO

Alimento e descanso

*Eu mesmo apascentarei as minhas ovelhas
e as farei repousar, diz o SENHOR Deus.*
EZEQUIEL 34:15

Sob o pastoreio divino, os santos são alimentados até serem fartos. A sua porção não é algo de "concepção" humana, fútil e insatisfatório. O Senhor os alimenta com o que é sólido, a verdade substancial de divina revelação. Nas Escrituras há o verdadeiro alimento para a alma que faz morada no coração pela ação do Espírito Santo. Jesus, Ele mesmo, é o verdadeiro alimento que supre vida aos cristãos. Aqui nosso Grande Pastor promete que tal alimento sagrado nos será dado por Ele mesmo. Se acaso, no Dia do Senhor, o nosso pastor terreno estiver de mãos vazias, o Senhor não estará.

A mente descansa quando se nutre da verdade santa. Aqueles a quem Jeová alimenta estão em paz. Nenhum cão lhes causará preocupação, nenhum lobo os devorará, nenhuma propensão irrequieta os perturbará. Eles se deitarão e digerirão o alimento do qual se nutriram. As doutrinas da graça não são apenas amparadoras, mas consoladoras; nelas temos os meios para edificar e repousar. Se os pregadores não nos concedem o descanso, busquemo-lo no Senhor.

Neste dia, que o Senhor nos leve a nos alimentarmos dos pastos da Palavra e nos faça repousar neles. Que nenhum desatino e preocupação, porém a meditação e a paz marquem este dia.

26 DE AGOSTO

Aquele de consciência terna

...livrarei as minhas ovelhas, para que já não sirvam de rapina, e julgarei entre ovelhas e ovelhas.

EZEQUIEL 34:22

Algumas estão gordas e são prósperas e, portanto, são cruéis com as débeis. Esse é um pecado grave e causa muito pesar. Os empurrões para o lado, o dar de ombros, o afastamento dos enfermos com a sineta, são ofensas deploráveis nas assembleias de crentes professos. O Senhor toma conhecimento de tais atos orgulhosos e cruéis e isso lhe causa grande ira, pois Ele ama o fraco.

O leitor é um desses desprezados? É um dos enlutados em Sião e homem marcado por sua afável consciência? Seus irmãos o julgam severamente? Que você não se ressinta por tal conduta; acima de tudo não retribua de igual forma. Deixe a questão nas mãos do Senhor. Ele é o juiz. Por que desejaríamos nos intrometer em Seu ofício? Ele decidirá muito mais corretamente do que poderíamos. Seu tempo para julgamento é o melhor e não precisamos nos precipitar para o acelerar. Que trema o opressor de coração endurecido. Mesmo que ele espezinhe outros impunimente no presente, todos os seus orgulhosos discursos são anotados, e por todos eles deverá prestar contas diante do tribunal do grande Juiz.

Paciência, minha alma! Paciência! O Senhor conhece o teu sofrimento. Jesus tem piedade de você!

27 DE AGOSTO

Escolhidos

Eis que te acrisolei, mas disso não resultou prata; provei-te na fornalha da aflição.
ISAÍAS 48:10

Este tem sido há muito tempo o lema fixado diante de nossos olhos na parede de nosso quarto e de muitas formas foi também escrito em nosso coração. Não é algo medíocre ser escolhido de Deus. A escolha de Deus faz de homens escolhidos homens seletos. Melhor ser eleito de Deus do que o eleito de toda uma nação. Tal privilégio é tão ilustre que, independentemente de qualquer inconveniente que possa estar conectado a ele, nós o aceitamos jubilosamente como o judeu comia as ervas amargas em respeito ao Cordeiro Pascal. Nós escolhemos a fornalha, uma vez que Deus nos escolhe nela.

Somos escolhidos como um povo afligido e não como povo próspero, escolhidos não no palácio, mas na fornalha. Na fornalha a beleza é maculada, o estilo é destruído, a força é derretida, a glória é consumida e, contudo, aqui o amor eterno revela seus segredos e declara sua escolha. Foi assim em nosso caso. Em tempos de provações mais severas, Deus deixou claro para nós nosso chamado e eleição, e nós vimos que eram verdadeiros. Então, escolhemos o Senhor para ser nosso Deus e Ele demonstrou que certamente somos Seus escolhidos. Portanto, se hoje a fornalha for aquecida sete vezes mais, não a temeremos, pois o glorioso Filho de Deus caminhará conosco em meio às brasas incandescentes.

28 DE AGOSTO

Em qualquer circunstância

Eu, porém, invocarei a Deus,
e o S<small>ENHOR</small> me salvará.
SALMO 55:16

Sim, eu devo orar e orarei. O que mais posso fazer? O que de melhor posso fazer? Traído, abandonado, aflito, perplexo, ó meu Senhor, clamarei a ti. Minha Ziclague está em cinzas e homens falam de apedrejar-me, mas eu encorajo meu coração no Senhor, que me sustentará ao longo desta provação como me sustentou ao longo de muitas outras. Jeová me salvará; tenho certeza de que sim e declaro minha fé.

O Senhor, e ninguém mais, me salvará. Não desejo outro auxiliador e não confiaria em um braço de carne mesmo que pudesse. Clamarei a Ele à noite, pela manhã e ao meio-dia, e a ninguém mais clamarei, pois Ele é plenamente suficiente.

Como Ele me salvará não posso conjecturar, mas Ele o fará, eu sei. Ele o fará da melhor maneira, da forma mais segura e Ele o fará no sentido mais vasto, verdadeiro e pleno. Desta provação e de todas as aflições futuras o grande Eu Sou me tirará tão certamente quanto Ele vive; e quando a morte vier e todos os mistérios da eternidade a seguirem, isto ainda será verdade: "...o Senhor me salvará". Essa será a minha canção ao longo de todo este dia outonal. Não é como uma maçã madura da árvore da vida? Dela eu me alimentarei. Como é doce ao meu paladar!

29 DE AGOSTO

Refrigério abundante

*Hão de vir e exultar na altura de Sião,
radiantes de alegria por causa dos bens do S*ENHOR*,
do cereal, do vinho, do azeite, dos cordeiros e
dos bezerros; a sua alma será como um jardim regado,
e nunca mais desfalecerão.* JEREMIAS 31:12

Ó, ter a alma sob o cultivo celestial! Não mais um deserto, mas um jardim do Senhor! Envolta e separada dos dejetos, cercada pelos muros da graça, plantada pela instrução, visitada pelo amor, limpa de ervas daninhas pela disciplina celestial e guardada pelo poder divino, a alma favorecida está preparada para dar fruto ao Senhor.

Mas um jardim pode se tornar ressecado pela carência de água e então todas as suas ervas deterioram-se, prontas para morrer. Ó minha alma, quão prontamente seria esse o caso se o Senhor a abandonasse! No Leste, um jardim sem água em pouco tempo deixa de ser um jardim por completo; nada pode atingir a perfeição, crescer ou simplesmente viver. Quando a irrigação é contínua, o resultado é fascinante. Ó, ter a alma regada pelo Espírito Santo uniformemente — todas as partes do jardim tendo seu próprio córrego; abundantemente — um refrigério satisfatório vindo a todas as árvores e ervas, independentemente de quão sedentas por natureza estejam; continuamente — a cada hora trazendo não apenas seu calor, mas seu refrigério; sabiamente — cada planta recebendo exatamente o que precisa. Em um jardim pode-se ver, pelo verdor, onde a água flui e em pouco tempo se percebe quando o Espírito de Deus chega.

*Ó, Senhor rega-me neste dia e faz-me gerar para o Senhor
uma recompensa plena, por amor a Jesus. Amém.*

30 DE AGOSTO

Consolo, segurança, satisfação

Não está assim com Deus a minha casa? Pois estabeleceu comigo uma aliança eterna, em tudo bem-definida e segura. Não me fará ele prosperar toda a minha salvação e toda a minha esperança? 2 SAMUEL 23:5

Essa não é de fato uma promessa, mas um conglomerado de promessas — uma caixa de pérolas. A aliança é a arca que contém todas as coisas.

Essas são as últimas palavras de Davi, mas podem ser minhas hoje. Aqui temos um *suspirar*: as coisas comigo e com os meus não estão como eu desejaria; há provações, preocupações e pecados. Elas endurecem o travesseiro.

Aqui temos um *consolo*: "Pois estabeleceu comigo uma aliança eterna…". Jeová penhorou-se a si mesmo comigo e selou o pacto com o sangue de Jesus. Estou vinculado a meu Deus e o meu Deus a mim.

Isso coloca em destaque uma *segurança*, dado que tal aliança é eterna, bem ordenada e garantida. Nada há a temer pelo intervalo de tempo, pelo fracasso de algum ponto esquecido ou pela incerteza natural das coisas. A aliança é uma fundação rochosa sobre a qual construir para a vida ou para a morte.

Davi sente *satisfação*: ele nada mais quer para salvação ou deleite. Ele é liberto e fica extasiado. A aliança é tudo o que um homem pode desejar.

Ó minha alma, volte-se neste dia a seu Senhor Jesus, a quem o grande Senhor ofereceu para ser a aliança para o povo. Tome-o para ser seu tudo em todas as coisas.

31 DE AGOSTO

Divino, eterno, imutável

...a palavra do Senhor, porém, permanece eternamente.
Ora, esta é a palavra que vos foi evangelizada.
1 PEDRO 1:25

Todo ensino humano e, de fato, todos os seres humanos passarão como a grama do prado, mas aqui nos é garantido que a Palavra do Senhor é de caráter diferente, pois permanecerá para sempre.

Temos aqui um *evangelho divino*, pois que palavra pode permanecer para sempre senão essa que é declarada pelo Deus eterno?

Temos aqui um *evangelho eterno*, tão pleno de vitalidade como quando, no princípio, foi pronunciado pelos lábios de Deus; tão forte para convencer e converter, para regenerar e consolar, para suster e santificar quanto o era em seus primeiros dias de realizações assombrosas.

Temos um *evangelho imutável*, que não é hoje grama verde e amanhã será feno seco, pois ele é sempre a verdade permanente do imutável Jeová. As opiniões se alteram, mas a verdade certificada por Deus é tão impossível de mudar quanto o Deus que a proferiu.

Aqui, então, temos um evangelho no qual nos regozijar, uma palavra do Senhor sobre a qual podemos apoiar todo o nosso peso. "Para sempre" inclui vida, morte, julgamento e eternidade. Glória seja a Deus em Cristo Jesus pela consolação eterna. Alimente-se da Palavra hoje e em todos os dias de sua vida.

1.º DE SETEMBRO

Permanecendo em obediência, em amor

Se guardardes os meus mandamentos, permanecereis no meu amor...
JOÃO 15:10

Estas coisas não podem ser separadas: permanecer em obediência no amor de Jesus. Uma vida sob os preceitos de Cristo pode, por si só, provar que somos os objetos do deleite de nosso Senhor. Devemos guardar o mandamento de nosso Senhor se desejamos deliciar-nos em Seu amor. Se vivemos em pecado, não podemos viver no amor de Cristo. Sem a santidade que agrada a Deus não podemos agradar a Jesus. Aquele que não se importa nem um pouco com a santidade, nada conhece do amor de Jesus.

Usufruir conscientemente do amor de nosso Senhor é algo sutil. Faz-nos muito mais sensíveis ao pecado e à santidade do que o mercúrio é sensível ao frio e ao calor. Quando somos mansos de coração e cuidadosos com o nosso pensar, falar e viver para honrar nosso Senhor Jesus, recebemos incontáveis sinais de Seu amor. Caso desejemos perpetuar tal bem-aventurança, devemos perpetuar a santidade. O Senhor Jesus não esconderá Sua face de nós a menos que escondamos a nossa face dele. O pecado forma a nuvem que escurece nosso Sol — o Filho. Mas, se formos vigilantemente obedientes e consagrados por completo, poderemos caminhar na luz. Aqui temos uma doce promessa com um solene "se". Senhor, que eu tenha este "se" em mãos, pois como uma chave ele abre esta urna.

2 DE SETEMBRO

Prossigamos em conhecer

Conheçamos e prossigamos em conhecer ao Senhor; como a alva, a sua vinda é certa; e ele descerá sobre nós como a chuva, como chuva serôdia que rega a terra.

OSEIAS 6:3

Não será de uma única vez, mas aos poucos atingiremos o conhecimento santo, e nossa responsabilidade é perseverar e aprender dia a dia. Não precisamos nos desesperar mesmo que nosso progresso seja lento, porque ainda chegaremos a conhecer. O Senhor, que se tornou nosso Mestre, não renunciará a nós, independentemente de quão lentos em entendimento sejamos, pois não seria para Sua honra que um grau qualquer de insensatez humana viesse a desconcertar Sua habilidade. O Senhor se deleita em tornar sábio o que é simples.

Nosso dever é manter-nos em nossa principal questão e prosseguir em conhecer não essa ou aquela doutrina peculiar, mas o próprio Jeová. Conhecer o Pai, o Filho e o Espírito Santo, o Deus Triúno, é vida eterna. Mantenhamo-nos nisto, pois dessa maneira obteremos instrução completa. Ao prosseguir em conhecer o Senhor, nós experimentaremos a cura após termos sido devastados, o atar das feridas após os golpes e a vida após a morte. A experiência tem sua obra perfeita quando o coração segue a trajetória do Senhor Onipotente.

Minha alma, mantenha-se próxima a Jesus, prossiga em conhecer a Deus em Jesus e assim chegará ao conhecimento de Cristo, que é a mais excelente de todas as ciências. O Santo Espírito a guiará a toda verdade. Não é esta a graciosa promessa de Deus? Confie que Ele a cumprirá.

3 DE SETEMBRO

Ressurgindo da morte espiritual

Sabereis que eu sou o Senhor, quando eu abrir
a vossa sepultura e vos fizer sair dela, ó povo meu.
EZEQUIEL 37:13

De fato, assim deve ser. Aqueles que recebem vida após a morte certamente reconhecem a mão do Senhor em tal ressurreição. Esta é a maior e mais notável de todas as mudanças pela qual um homem pode passar — ser trazido da sepultura da morte espiritual e feito novo para se regozijar à luz da liberdade da vida espiritual. Ninguém poderia efetuar isso senão o Deus vivo, o Senhor e doador da vida.

Ah, quão bem me lembro de quando estava deitado no vale repleto de ossos secos, tão seco como qualquer um deles! Bendito foi o dia em que a graça livre e soberana enviou o homem de Deus para profetizar sobre mim! Glória seja dada a Deus pela comoção que essa palavra de fé causou entre os ossos secos. Mais bendito ainda foi o sopro celestial dos quatro ventos que me fizeram viver! Agora conheço o vivificar do Espírito do eterno Jeová. Verdadeiramente Jeová é o Deus vivo, pois Ele me fez viver. Minha nova vida, mesmo em meio a seus anseios e aflições, é prova clara para mim de que o Senhor pode matar e fazer viver. Ele é o único Deus. Ele é tudo o que é grandioso, gracioso e glorioso, e minha alma vivificada o adora como o grande Eu Sou. Toda a glória a Seu sagrado nome! Eu o louvarei enquanto eu viver.

4 DE SETEMBRO

Vitória sem guerra

Porém da casa de Judá me compadecerei e os salvarei
*pelo S*ENHOR*, seu Deus, pois não*
os salvarei pelo arco, nem pela espada, nem pela guerra,
nem pelos cavalos, nem pelos cavaleiros.

OSEIAS 1:7

Preciosa Palavra. O próprio Jeová libertará Seu povo na grandiosidade de Sua misericórdia, mas Ele não o fará por meios ordinários. Homens são lentos em conceder a glória devida a Seu nome; se vão à batalha com espada e arco e alcançam a vitória, devem louvar a seu Deus, contudo não o fazem, mas passam a magnificar seu próprio braço direito e se gloriam em seus cavalos e cavaleiros. Por essa razão, frequentemente, o nosso Jeová decide salvar Seu povo sem meios secundários, para que toda a honra pertença somente a Ele.

Recorra, então, meu coração, somente ao Senhor e não ao homem. Espere ver Deus ainda mais claramente quando não houver ninguém mais a quem recorrer. Se eu não tenho nenhum amigo, nenhum conselheiro, ninguém em minha retaguarda, não permita que eu seja menos confiante se posso sentir que o próprio Senhor está ao meu lado; sim, me alegrarei se Ele me conceder vitória sem guerra, como o texto parece sugerir. Por que peço cavalos e cavaleiros se o próprio Jeová tem misericórdia de mim e ergue Seu braço em minha defesa? Por que preciso de arco ou espada se Deus me salvará? Que eu confie e não tema deste dia em diante e para todo o sempre. Amém.

5 DE SETEMBRO

Comigo onde quer que eu esteja

Neste encontro, não tereis de pelejar; tomai posição, ficai parados e vede o salvamento que o Senhor vos dará, ó Judá e Jerusalém. Não temais, nem vos assusteis; amanhã, saí-lhes ao encontro, porque o Senhor é convosco. 2 CRÔNICAS 20:17

Essa foi uma demonstração de grande misericórdia para com Josafá, pois uma enorme multidão veio contra ele, e essa será mui grande misericórdia para comigo, visto que tenho considerável necessidade e não tenho poder ou sabedoria. Se o Senhor estiver comigo, pouco importa quem poderá me abandonar. Estando o Senhor comigo, vencerei na batalha da vida e quanto maiores forem as minhas provas, mais gloriosa será a minha vitória. Como posso ter certeza de que o Senhor está comigo?

Certamente Ele está comigo se eu estou com Ele. Se eu confio eu em Sua fidelidade, creio em Suas palavras e obedeço os Seus mandamentos, Ele certamente está comigo. Mas, se eu estou do lado de Satanás, Deus é contra mim e não pode ser de outra forma. Contudo, se eu vivo para honrar a Deus, posso ter certeza de que Ele me honrará.

Se Jesus é meu exclusivo e único Salvador, estou plenamente convicto de que Deus está comigo. Se entreguei minha alma nas mãos do Filho unigênito de Deus, então posso estar seguro de que o Pai impulsionará todo o Seu poder para me preservar, para que Seu Filho não seja desonrado.

Ó, que haja fé para apegar-se a este curto, mas doce texto de hoje! Ó, Senhor cumpre tal palavra para Teu servo! Sê comigo em casa, na rua, no campo, na oficina, tendo companhia ou sozinho. Sê também com todo o Teu povo.

6 DE SETEMBRO

Um coração forte

*Espera pelo SENHOR, tem bom ânimo,
e fortifique-se o teu coração; espera, pois, pelo SENHOR.*
SALMO 27:14

Espere! Espere! Que sua espera seja no Senhor! Ele é digno da espera. Ele nunca decepciona a alma que nele espera.

Enquanto esperam, animem-se. Esperem grande libertação e estejam prontos para louvar a Deus por ela.

A promessa que deveria animá-lo está no meio do versículo: Ele fortificará o teu coração. Isso vai imediatamente ao lugar em que você precisa de auxílio. Se o coração estiver são, todo o restante do sistema funcionará bem. O coração quer tranquilidade e encorajamento, e ambos ocorrerão se ele for fortalecido. Um coração forte descansa, regozija-se e pulsa vigor ao homem por inteiro.

Ninguém mais pode ter acesso a esta urna secreta da vida, o coração, de modo a derramar força sobre ele. Somente o Senhor, que fez o coração, pode fortalecê-lo. Deus é repleto de força e, portanto, pode transmiti-la àqueles que dela precisam. Ó, seja valente, pois o Senhor lhe concederá Sua força, e você permanecerá calmo na tempestade e contente no sofrimento.

Aquele que redigiu estas linhas pode escrever como Davi o fez: "...espera, pois, pelo Senhor". Eu, de fato, assim afirmo. Sei, por longa e profunda experiência, que bom para mim é esperar no Senhor.

7 DE SETEMBRO

O alcance da graça onipotente

*Todavia, o número dos filhos de Israel será como
a areia do mar, que se não pode medir, nem contar;
e acontecerá que, no lugar onde se lhes dizia: Vós não
sois meu povo, se lhes dirá: Vós sois filhos do Deus vivo.*

OSEIAS 1:10

A graça soberana pode transformar estranhos em filhos, e aqui o Senhor declara Seu propósito de assim lidar com rebeldes e deixar claro para eles o que Ele fez. Amado leitor, no meu caso o Senhor agiu dessa maneira; Ele fez o mesmo por você? Então unamos as mãos e o coração em louvor ao Seu adorável nome.

Alguns de nós éramos tão resolutamente ímpios de modo que a Palavra do Senhor disse verdadeiramente à nossa consciência e coração: "...Vós não sois meu povo...". Na casa de Deus e em nossos lares, quando líamos a Bíblia, esta era a voz do Espírito de Deus em nossa alma: "...Vós não sois meu povo...". Era uma voz verdadeiramente triste e condenatória. Mas agora, nos mesmos lugares, do mesmo ministério e das Escrituras, ouvimos uma voz que diz: "...Vós sois filhos do Deus vivo". Podemos ser gratos o suficiente por isso? Não é maravilhoso? Não nos dá esperança para outros? Quem está fora do alcance da graça onipotente? Como podemos nos desesperar por alguém, uma vez que o Senhor forjou tão maravilhosa mudança em nós?

Aquele que cumpriu essa promessa grandiosa cumprirá todas as outras, portanto, avancemos com cânticos de adoração e confiança.

8 DE SETEMBRO

Quebrado e fumegante

*Não esmagará a cana quebrada, nem apagará
a torcida que fumega; em verdade, promulgará o direito.*
ISAÍAS 42:3

Posso então contar com tratamento terno da parte de meu Senhor. De fato, sinto-me ser, na melhor das hipóteses, tão fraco, flexível e inútil quanto uma cana. Alguém disse: "Para mim, não há valor algum em você", e o discurso, embora rude, não era inverídico. Ai de mim! Sou pior do que uma cana quando cresce à margem do rio, pois ela ao menos consegue manter a cabeça erguida. Eu estou ferido — dolorosa e lastimavelmente ferido. Não há música em mim agora, há uma fissura que deixa escapar toda a melodia. Ai de mim! Contudo Jesus não me quebrará e, se *Ele* não fará tal coisa, então pouco me importa o que outros tentem fazer. Ó doce e compassivo Senhor, eu me aninho sob Tua proteção e esqueço meus ferimentos!

Verdadeiramente sou também apto a ser comparado à cana "torcida que fumega", cuja luz se foi e somente a fumaça permanece. Temo ser um incômodo antes de ser um benefício. Meus medos me dizem que o demônio apagou minha luz e deixou-me como fumaça vil e que meu Senhor em breve virá com o extintor. Contudo percebo que, embora houvesse espevitadeiras sob a Lei, não havia extintores, e Jesus não me apagará; portanto, tenho esperança.

*Senhor, acende-me novamente e me faz reluzir
para a Tua glória e para a exaltação de Tua bondade.*

9 DE SETEMBRO

O temor tem seu lugar

Feliz o homem constante no temor de Deus;
mas o que endurece o coração cairá no mal.
PROVÉRBIOS 28:14

O temor do Senhor é o início e o fundamento de toda a religião verdadeira. Sem a admiração e a solene reverência de Deus, não há suporte para as virtudes mais ilustres. Aquele cuja alma não adora nunca viverá em santidade.

É feliz aquele que sente um temor zeloso com relação a transgredir. O temor santo não apenas olha antes de dar o salto, mas antes mesmo de se mover. Ele teme o erro, teme negligenciar o dever, teme cometer pecado. Teme a companhia nociva, a conversa libertina e políticas questionáveis. Isso não torna um homem miserável, mas lhe traz felicidade. A sentinela vigilante é mais feliz do que o soldado que dorme em seu posto. Aquele que prevê o mal e dele escapa é mais feliz do que aquele que caminha negligentemente e é destruído.

O temor de Deus é uma graça silenciosa que direciona um homem à escolha da estrada, sobre a qual está escrito: "Ali não haverá leão, animal feroz não passará por ele…" (ISAÍAS 35:9). O temor da simples aparição do mal é um princípio purificador, que capacita um homem, por meio do poder do Espírito Santo, a manter suas vestes sem as máculas do mundo. Em ambos os sentidos, aquele que é "constante no temor…" é feliz. Salomão havia testado ambos: mundanidade e santo temor. Em um encontrou vaidade, no outro, felicidade. Não repitamos suas tentativas, mas estejamos em conformidade com seu veredito.

10 DE SETEMBRO

Ao entrar e ao sair

Bendito serás ao entrares e bendito, ao saíres.
DEUTERONÔMIO 28:6

As bênçãos da Lei não estão canceladas. Jesus confirmou a promessa quando suportou o castigo. Se eu guardo os mandamentos de meu Senhor, sem dúvida, posso apropriar-me dessa promessa.

Neste dia entrarei em minha casa sem medo de más notícias e entrarei em meu gabinete esperando ouvir boas notícias de meu Senhor. Não temerei adentrar em meu interior por meio do autoexame, nem de adentrar em minhas questões por diligente inspeção de meus negócios. Tenho boa quantidade de trabalho interior a ser feito, dentro da minha alma; ó, uma bênção sobre o todo, a bênção do Senhor Jesus, que prometeu permanecer comigo.

Devo também sair. A timidez me faz desejar que eu pudesse permanecer dentro de portas fechadas e nunca mais adentrar no mundo pecaminoso. Mas devo atender meu chamado e sair para que possa ser útil a meus irmãos e útil aos ímpios. Devo ser um defensor da fé e agressor do mal. Ó, uma bênção sobre minha saída neste dia! Senhor, permite-me ir aonde o Senhor guiar, entregar Tuas mensagens sob Teu comando e no poder do Teu Espírito.

Senhor Jesus, entra comigo e sê meu convidado;
e depois sai comigo e faz meu coração arder enquanto
Tu falas comigo ao longo do caminho.

11 DE SETEMBRO

Os que sofrem se tornam cristãos fortes na fé

Bom é para o homem suportar o jugo na sua mocidade.
LAMENTAÇÕES 3:27

Isso é tão bom quanto uma promessa. Foi bom, é bom e será bom que eu suporte o jugo.

Tive que sentir o peso da condenação muito cedo na vida e, desde então, isso se provou ser um fardo enriquecedor para a alma. Teria eu amado tanto o evangelho se não tivesse aprendido por profunda experiência sobre a necessidade da salvação pela graça? Jabez era mais honrado do que seus irmãos porque sua mãe o carregou com dificuldade, e aqueles que muito sofrem ao nascer para Deus tornam-se cristãos fortalecidos na graça soberana.

O jugo da reprovação é incômodo, mas prepara um homem para honra futura. Não está apto para ser líder quem não passou pelo corredor do desprezo. O louvor intoxica se não for precedido de injúria. Homens que chegam à eminência sem lutas geralmente caem em desonra.

O jugo da aflição, da decepção e do labor excessivo não é, de modo algum, disputado, mas, quando o Senhor o coloca sobre nós em nossa juventude, esse jugo frequentemente desenvolve um caráter que glorifica a Deus e abençoa a igreja.

Venha, minha alma, curve seu pescoço, tome a sua cruz. Isso foi bom para você quando jovem, e não causará danos agora. Por amor a Jesus, carregue-a com cuidado.

12 DE SETEMBRO

E minha casa?

*Responderam-lhe: Crê no Senhor Jesus
e serás salvo, tu e tua casa.*
ATOS 16:31

Este evangelho para um homem com uma espada em seu pescoço é o evangelho para mim. Isso me caberia se eu estivesse morrendo e é tudo de que preciso enquanto vivo. Desvio o olhar do eu, do pecado e de toda ideia de mérito pessoal e confio no Senhor Jesus como o Salvador que Deus providenciou. Nele eu creio, nele descanso, e o aceito para ser o meu tudo em todas as coisas. Senhor, eu sou salvo e serei salvo por toda eternidade, pois creio em Jesus. Bendito seja o Teu nome por isso. Que eu diariamente prove por minha vida que sou salvo do egoísmo, da mundanidade e de toda forma de mal.

Contudo aquelas palavras finais sobre minha "casa"; Senhor eu não desejo correr com metade da promessa quando o Senhor fornece uma completa. Eu suplico que salves toda a minha família. Salva os mais próximos e os mais queridos. Converte os filhos e os netos, se houver algum. Sê gracioso com meus servos e todos os que habitam sob o meu teto ou trabalham para mim. Fazes-me esta promessa pessoalmente se creio no Senhor Jesus, suplico que faças como Tu disseste.

Eu citarei em minha oração todos os dias os nomes de todos os meus irmãos e irmãs, pais, filhos, amigos, parentes, servos e não darei descanso ao Senhor até que esta palavra seja cumprida: "...e a tua casa".

13 DE SETEMBRO

O orvalho do Céu

*Israel, pois, habitará seguro, a fonte de Jacó
habitará a sós numa terra de cereal
e de vinho; e os seus céus destilarão orvalho.*
DEUTERONÔMIO 33:28

Como o orvalho no Oriente é para a vida da natureza, assim é a influência do Espírito no reino da graça. Preciso imensamente dela! Sem o Espírito de Deus, sou como algo seco e murcho. Inclino-me, desvaneço, morro. Esse orvalho me revigora tão docemente! Uma vez que recebo seu favor, sinto-me feliz, vivaz, vigoroso, elevado. Nada mais desejo. O Espírito Santo me traz vida e tudo o que a vida requer. Todo o restante, sem o orvalho do Espírito, é menos do que nada para mim. Ouço, leio, oro, canto, vou à mesa da Ceia e ali não encontro bênção até que o Santo Espírito me visite. Não obstante, quando Ele me orvalha, todos os meios da graça são doces e proveitosos.

Que promessa é esta para mim: "...os seus céus destilarão orvalho"! Serei visitado com graça. Não serei deixado à minha seca natural, ao calor ardente do mundo, ou ao vento quente da tentação satânica. Ó, que eu possa, neste exato momento, sentir o orvalho do Senhor: gentil, silencioso e refrescante! Por que não sentiria? Aquele que me criou para viver como a grama vive nos prados me tratará como trata a grama; Ele me revigorará do alto. A grama não pode clamar por orvalho como eu posso. Certamente o Senhor, que visita a planta que não ora, responderá a Seu filho que suplica.

14 DE SETEMBRO

Marca da aprovação divina

*Bem-aventurado o homem que suporta,
com perseverança, a provação; porque, depois de
ter sido aprovado, receberá a coroa da vida,
a qual o Senhor prometeu aos que o amam.*

TIAGO 1:12

Sim, o homem é abençoado enquanto suporta a provação. Nenhum olho consegue enxergar isso até que seja ungido com colírio celestial. Mas ele deve suportar e não se rebelar contra Deus nem se extraviar de sua integridade. É abençoado aquele que passou pelo fogo e não foi consumido como uma fraude.

Quando a provação termina, chega então a insígnia da aprovação divina — "a coroa da vida". Como se o Senhor dissesse: "Que ele viva; ele foi pesado nas balanças e nele não há falta". A vida é a recompensa; não meramente ser, mas existência santa, feliz e verdadeira, a realização do propósito divino concernente a nós. Já nisso, uma forma mais elevada de vida espiritual e alegria coroam aqueles que passaram em segurança pelas provas mais ferozes de fé e amor.

O Senhor prometeu a coroa da vida àqueles que o amam. Somente os que amam o Senhor resistirão na hora da provação; o restante ou afundará, ou contenderá, ou retirar-se-á novamente para o mundo. Venha, meu coração, você ama o Senhor? Verdadeiramente? Profundamente? Inteiramente? Então esse amor será provado, e as muitas águas não o apagarão, nem os dilúvios o afogarão. Senhor, que o Teu amor nutra o meu até o fim.

15 DE SETEMBRO

O abrigo mais seguro

*E será aquele varão como um esconderijo contra o vento,
e como um refúgio contra a tempestade, e como
ribeiros de águas em lugares secos, e como a sombra
de uma grande rocha em terra sedenta.*

ISAÍAS 32:2 (ARC)

Quem este Varão é todos nós sabemos. Quem poderia ser senão o Segundo Homem, o Senhor do Céu, o homem de dores, o Filho do Homem? Que esconderijo Ele tem sido para Seu povo! Ele tem a força total do vento e assim abriga aqueles que se escondem nele. Assim escapamos da ira de Deus e assim escaparemos da ira dos homens, das preocupações da vida e do terror da morte. Por que permanecemos à mercê do vento quando podemos tão pronta e certamente nos proteger dele abrigando-nos atrás de nosso Senhor? Que neste dia corramos a Ele e estejamos em paz.

Frequentemente o vento usual da aflição surge em sua força e se torna uma tempestade, arrastando tudo à sua frente — coisas que aparentavam ser firmes e rochas estáveis a despeito de sua rajada. Logo, muitas e enormes são as quedas entre nossas confianças carnais. Nosso Senhor Jesus, o homem glorioso, é um abrigo que nunca é derrubado. Nele notamos a tempestade avassaladora, mas nós mesmos descansamos em encantadora serenidade.

Neste dia, mantenhamo-nos separados em nosso esconderijo, sentemo-nos e cantemos sob a proteção de nosso Esconderijo. Bendito Jesus! Bendito Jesus! Como amamos o Senhor! Bem fazemos, pois o Senhor é para nós abrigo seguro em meio ao temporal.

16 DE SETEMBRO

A recompensa é certa

E quem der a beber, ainda que seja
um copo de água fria, a um destes pequeninos,
por ser este meu discípulo, em verdade
vos digo que de modo algum perderá o seu galardão.

MATEUS 10:42

Bem, *isso* eu posso fazer. Posso exercer um ato de bondade a um servo do Senhor. O Senhor sabe que os amo a todos e consideraria uma honra lavar os pés deles. Por amor a seu Mestre, eu amo os discípulos.

Que gracioso da parte do Senhor mencionar uma ação tão insignificante — "dar ainda que seja um copo de água fria"! Isso tenho condições de fazer, embora seja pobre; isso posso fazer, embora seja modesto; isso farei alegremente. Isso, que parece tão pouco, o Senhor observa, considera quando feito ao menor de Seus seguidores. Evidentemente não se trata do custo, nem da habilidade, nem da quantidade; para nada disso Ele olha senão para a motivação: aquilo que fazemos a um discípulo, por ele ser um discípulo, o Senhor dele observa e recompensa. Ele não nos recompensa pelo mérito do que fazemos, mas segundo as riquezas de Sua graça.

Eu dou um copo de água fria e Ele me faz beber a água viva. Eu dou a um de Seus pequeninos e Ele me trata como um deles. Jesus encontra defesa para Sua generosidade naquilo que Sua graça me levou a fazer e diz: "…de modo algum, perderá seu galardão".

17 DE SETEMBRO

Como palmeira e cedro

*O justo florescerá como a palmeira,
crescerá como o cedro no Líbano.*

SALMO 92:12

Tais árvores não são cultivadas e podadas pelo homem. Palmeiras e cedros são "árvores do Senhor" e é por Seu cuidado que florescem. É dessa forma com os santos do Senhor; eles estão sob o cuidado dele. Essas árvores mantêm-se sempre verdes e belas em todas as estações do ano. Os cristãos não são algumas vezes santos e em outras, ímpios. Eles permanecem na beleza do Senhor sob todos os climas. Em todo lugar, essas árvores são notáveis, ninguém pode contemplar a paisagem em que há palmeiras ou cedros sem ter sua atenção fixa em tais florescimentos régios. Os seguidores de Jesus são aqueles observados por todos os observadores; como uma cidade em uma colina, não podem ser escamoteados.

O filho de Deus floresce como uma palmeira, que lança toda a sua força para o alto em uma única coluna ereta sem um único galho. É um pilar com uma gloriosa copagem. Não cresce à direita ou à esquerda, mas envia toda a sua força em direção ao céu e dá seus frutos o mais próximo possível dele. Senhor, cumpre isto em mim.

O cedro enfrenta todas as tempestades e cresce próximo às perpetuas neves, o próprio Senhor o preenche de seiva, que mantém seu coração aquecido e seu grandioso galho, forte. Senhor, oro para que seja assim comigo. Amém.

18 DE SETEMBRO

Segurança completa

De Benjamim disse: O amado do Senhor habitará
seguro com ele; todo o dia o Senhor
o protegerá, e ele descansará nos seus braços.
DEUTERONÔMIO 33:12

Sim, não há segurança como aquela que vem de permanecer próximo a Deus. Para Seu mais bem-amado, o Senhor não encontra lugar mais apropriado ou seguro. Senhor, que eu permaneça sempre sob Tua sombra, próximo a Teu lado ferido. Mais e mais próximo desejo estar do Senhor, do meu Senhor. E uma vez estando especialmente perto do Senhor, habitarei ali para sempre.

Que proteção é essa que o Senhor dá a Seus escolhidos! Não será um teto adequado, nem um caixilho à prova de bombas, nem mesmo a asa de um anjo, mas o próprio Jeová. Nada pode nos atingir quando estamos assim cobertos. Essa cobertura o Senhor nos garantirá ao longo de todo o dia, independentemente de quão longo seja esse dia. Senhor, permite-me viver este dia conscientemente sob este manto de amor, este pavilhão de poder soberano.

A terceira parte da frase significa que o Senhor em Seu templo habitaria entre as montanhas de Benjamin, ou que o Senhor estaria onde o fardo de Benjamin deveria ser colocado, ou significa que somos amparados sobre os ombros do Eterno? Seja qual for o caso, o Senhor é o auxílio e a força de Seus santos.

Senhor, deixa-me sempre usufruir da Tua ajuda e,
em seguida, meus braços serão suficientes para mim.

19 DE SETEMBRO

A razão para cantar

O Senhor, teu Deus, está no meio de ti, poderoso para salvar-te; ele se deleitará em ti com alegria; renovar-te-á no seu amor, regozijar-se-á em ti com júbilo.
SOFONIAS 3:17

Que Palavra é esta! O Deus Jeová no centro de Seu povo em toda a majestade de Seu poder! Apenas essa presença basta para nos inspirar com paz e esperança. Tesouros de força imensurável estão armazenados em nosso Jeová, e Ele habita em Sua Igreja, portanto Seu povo pode bradar de alegria.

Nós não apenas temos Sua presença, mas Ele está empenhado com em Sua escolha de salvar-nos: Ele é "...poderoso para salvar-te...". Ele está sempre salvando, Seu nome em Jesus tem tal significado. Não temamos perigo algum, pois Ele é poderoso para salvar.

E isso não é tudo. Ele permanece eternamente o mesmo; Ele salva, Ele encontra descanso em amar, Ele não deixará de amar. Seu amor lhe dá alegria. Ele encontra em Seu amado até mesmo uma temática para cântico. Isso é extremamente maravilhoso. Quando Deus criou o mundo, Ele não cantou, mas simplesmente disse: "É muito bom". Mas, quando Ele chegou à redenção, então a sagrada Trindade sentiu um júbilo a ser expresso em cântico. Pense nisso e maravilhe-se! Jeová Jesus canta um cântico de matrimônio para Sua noiva escolhida. Ela é para Ele Seu amor, Sua alegria, Seu descanso, Sua canção.

Senhor Jesus, por Teu imensurável amor por nós, ensina-nos a amar-te, a nos regozijarmos em ti e a cantar para o Senhor o salmo de nossa vida.

20 DE SETEMBRO

Disposição perfeita

*Apresentar-se-á voluntariamente o teu povo, no dia
do teu poder; com santos ornamentos,
como o orvalho emergindo da aurora, serão os teus jovens.*

SALMO 110:3

Bendito seja o Deus de graça por assim ser! Ele tem um povo a quem Ele escolheu na antiguidade para ser Sua porção única. Eles, por natureza, têm vontades tão obstinadas como o restante dos filhos perversos de Adão, mas, quando chega o dia de Seu poder e a graça manifesta sua onipotência, tornam-se dispostos a arrepender-se e a crer em Jesus. Ninguém é salvo involuntariamente, mas a vontade docemente se rende. Que poder admirável é este que nunca viola a vontade e ainda assim a governa! Deus não arromba a fechadura, mas abre-a com uma chave-mestra que somente Ele pode manejar.

Agora estamos dispostos a ser, fazer ou sofrer o que o Senhor desejar. Se em algum momento nos tornamos rebeldes, Ele apenas precisa vir sobre nós com poder e imediatamente corremos, de todo o coração, em direção aos Seus mandamentos. Que este seja um dia de poder para mim, com algum nobre esforço para a glória de Deus e para o bem de meus companheiros! Senhor, estou disposto, não posso esperar que este seja um dia de Teu poder? Estou inteiramente à Tua disposição, voluntariamente, sim, ansioso para ser usado pelo Senhor para os Teus santos propósitos. Ó, Senhor, não permitas que eu precise declarar: "...pois o querer o bem está em mim; não, porém, o efetuá-lo..." (ROMANOS 7:18), mas dá-me poder como me concedes a vontade.

21 DE SETEMBRO

Que as provações o abençoem

*E não somente isto, mas também nos gloriamos
nas próprias tribulações, sabendo que
a tribulação produz perseverança.* ROMANOS 5:3

Esta é uma promessa em essência, se não na forma. Temos necessidade de paciência e aqui vemos de que modo a obter: é somente suportando que aprendemos a suportar, assim como nadadores, que aprendem a nadar nadando. Você não poderia aprender essa arte em terra seca, nem aprender a paciência sem dificuldades. Não vale a pena sofrer tribulação para ganhar a bela serenidade de mente que silenciosamente consente em toda a vontade de Deus?

Contudo nosso texto estabelece um fato singular que não é segundo a natureza, mas é sobrenatural. A tribulação em si mesma, e de si mesma, gera petulância, incredulidade e rebelião. É somente pela sagrada alquimia da graça que ela produz em nós a paciência. Não debulhamos o trigo para assentar a poeira, contudo o florete da tribulação age assim no solo de Deus. Não jogamos um homem de um lado a outro para lhe dar descanso, embora o Senhor lide assim com Seus filhos. De fato, essa não é a maneira do homem, mas redundará em grandiosa glória ao nosso Deus inteiramente sábio.

Que graça é permitir que minhas provações me abençoem! Por que eu deveria desejar suspender suas afáveis realizações?

*Senhor, peço-te que removas a minha aflição, mas suplico
dez vezes mais que removas minha impaciência.
Precioso Senhor Jesus, com a Tua cruz, esculpe a imagem
de Tua paciência em meu coração.*

22 DE SETEMBRO

Rios amplos sem barcos

*Mas o SENHOR ali nos será grandioso,
fará as vezes de rios e correntes largas;
barco nenhum de remo passará por eles,
navio grande por eles não navegará.*

ISAÍAS 33:21

O Senhor será para nós o bem mais grandioso sem nenhum dos inconvenientes que parecem necessariamente estar presentes nas melhores coisas terrenas. Se uma cidade é favorecida com rios amplos torna-se também suscetível a ataques de barcos de remo ou outros navios de guerra. Mas, quando o Senhor representa a abundância de Sua generosidade sob tal imagem, Ele cuida expressamente de afastar o medo que a metáfora pode sugerir. Bendito seja Seu perfeito amor!

Senhor, caso me mandes riqueza como rios amplos, não permitas que os barcos de remos surjam na forma de mundanismo ou orgulho. Caso me concedas saúde abundante e ânimo jubiloso, não permitas que o "navio grande" do sossego carnal venha navegando na enchente. Caso eu tenha sucesso no serviço santo, amplo como o Reno Germânico, não me permitas, contudo, jamais encontrar o barco da jactância e autoconfiança flutuando pelas ondas de minha proficuidade. Sendo eu tão supremamente feliz a ponto de desfrutar da luz de Teu semblante ano após ano, não me deixes, no entanto, jamais desprezar Teus modestos santos, nem permitas que a vã noção de minha própria perfeição navegue pelos vastos rios de minha confiança plena.

*Senhor, dá-me essa bênção que enriquece e
não acrescenta sofrimento nem subsidia o pecado.*

23 DE SETEMBRO

Liberto da poeira e do joio

*Porque eis que darei ordens e sacudirei
a casa de Israel entre todas as nações,
assim como se sacode trigo no crivo,
sem que caia na terra um só grão.*

AMÓS 9:9

O processo de sacudir ainda continua. Aonde quer que vamos, estamos ainda sendo revolvidos e peneirados. Em todos os países o povo de Deus está sendo provado "...como se sacode o trigo no crivo...". Em alguns momentos, o diabo segura o crivo e nos lança para o alto e para baixo em grande velocidade, com o profundo desejo de livrar-se de nós para sempre. A incredulidade não é lenta ao sacudir nosso coração e nossa mente com seus inquietantes medos. O mundo oferece sua mão voluntária ao mesmo processo e nos sacode, com grande vigor, para a direita e para a esquerda. Mais grave que tudo, a igreja, tão apóstata como é, entra para dar força mais impetuosa ao processo de sacudir-nos.

Muito bem! Deixe que continue. Assim é o joio separado do trigo. É dessa forma que o trigo é liberto da poeira e do joio. E como é grandiosa a misericórdia que nos atinge nesse texto: "...sem que caia na terra um só grão"! Todos serão preservados e isso é bom, verdadeiro e favor do Senhor. Nenhum sequer entre o menor dos cristãos perderá coisa alguma que seja digna de ser considerada perda. Seremos guardados de tal forma ao sermos sacudidos, de modo que será verdadeiro ganho para nós, por meio de Cristo Jesus.

24 DE SETEMBRO

O rio que dá vida

*Toda criatura vivente que vive em enxames viverá
por onde quer que passe este rio,
e haverá muitíssimo peixe, e, aonde chegarem estas águas,
tornarão saudáveis as do mar,
e tudo viverá por onde quer que passe este rio.*
EZEQUIEL 47:9

As águas vivas na visão do profeta fluíam para o mar Morto carregando vida, até mesmo àquele lago estagnado. Por onde a graça corre, a vida espiritual é a consequência imediata e permanente. A graça procede soberanamente de acordo com a vontade de Deus, como um rio em toda a sua sinuosidade segue sua doce vontade; e, aonde quer que chegue, não espera que a vida a aborde, mas ela cria vida por seu próprio fluir vivificador. Ó, que ela verta por nossas ruas e inunde nossas comunidades! Que esse fluir alcance minha casa e seu nível se eleve até que, em todos os cômodos, seja possível neles nadar! Que o Senhor permita que a água viva flua até minha família e meus amigos e que eu não passe despercebido. Espero já ter bebido dela, mas desejo banhar-me nela, sim, nela nadar. Ó meu Salvador, preciso de vida mais abundantemente. Vem a mim, eu oro, até que todas as partes de minha natureza estejam vividamente plenas de energia e intensamente ativas. Deus vivo, eu oro, enche-me com a Tua própria vida.

*Sou um pobre graveto seco, vem e faz-me viver
de tal forma que, como a vara de Arão, eu possa brotar
e florescer e dar fruto para Tua glória.
Vivifica-me, por amor a meu Senhor Jesus. Amém.*

25 DE SETEMBRO

O sacrifício foi aceito

*Porém sua mulher lhe disse: Se o SENHOR
nos quisera matar, não aceitaria de nossas mãos
o holocausto e a oferta de manjares,
nem nos teria mostrado tudo isto, nem nos teria
revelado tais coisas.* JUÍZES 13:23

Pela lógica, deduzimos que esse texto contém uma promessa. Faz inferência a fatos razoavelmente constatados. Seria improvável que o Senhor revelasse a Manoá e sua esposa que eles teriam um filho e, ainda assim, que o propósito do Seu coração era destruí-los. A esposa ponderou com profundidade, e faremos bem se seguirmos a linha de raciocínio dela.

O Pai aceitou o grande sacrifício do Calvário e declarou-se satisfeito com isso; como Ele pode agora agradar-se em nos matar? Por que um substituto se o pecador ainda deve perecer? O sacrifício de Jesus, aceito, coloca um fim ao medo.

O Senhor nos mostrou nossa eleição, nossa adoção, nossa união a Cristo, nosso casamento com o Bem-amado. Como agora Ele pode nos destruir? As promessas estão carregadas de bênçãos, que para seu cumprimento necessitam que sejamos preservados para a vida eterna. É impossível para o Senhor nos rejeitar e ao mesmo tempo cumprir Sua aliança. O passado nos assegura e o futuro nos tranquiliza. Não morreremos, mas viveremos, pois vimos Jesus e nele vimos o Pai pelo esclarecimento do Espírito Santo. Por essa visão que nos concede vida, devemos viver para sempre.

26 DE SETEMBRO

Entre os redimidos

*Pois do cimo das penhas vejo Israel
e dos outeiros o contemplo: eis que é povo que habita só
e não será reputado entre as nações.*

NÚMEROS 23:9

Quem desejaria habitar entre as nações e ser contado com elas? Ora, mesmo para a igreja professa, seguir o Senhor plenamente dentro dos seus limites é algo difícil. Há uma mistura e combinação tal que frequentemente suspira-se por "um abrigo em vasto deserto". [N.T.: Citação de William Cowper, tradução livre.]

Certo é que o Senhor deseja que o Seu povo siga um caminho separado em relação ao mundo e afaste-se de modo firme e distinto dele. Nós somos separados por decreto divino, por sermos comprados, chamados e por nossa experiência que nos fez diferir grandemente dos homens do mundo, e, portanto, nosso lugar não é em sua Feira das Vaidades, nem em sua Cidade da Destruição, mas no caminho estreito onde todos os verdadeiros peregrinos devem seguir seu Senhor.

Isso pode não apenas nos conciliar com a indiferença e os escárnios do mundo, mas também nos fará aceitá-los com prazer como sendo uma parte de nossa porção da aliança. Nossos nomes não estão no mesmo livro, não somos da mesma semente, não estamos destinados ao mesmo lugar, nem confiamos no mesmo guia; portanto, é bom não sermos contados entre eles. Que sejamos encontrados apenas entre o número dos redimidos e nos contentemos em estarmos separados e solitários até o fim desse período.

27 DE SETEMBRO

Luz divina em meio às trevas

*Porque fazes resplandecer a minha lâmpada;
o Senhor, meu Deus, derrama luz nas minhas trevas.*
SALMO 18:28

Pode ser que minha alma esteja acomodada em trevas; e sendo estas do tipo espiritual, nenhum poder humano pode trazer-me luz. Bendito seja Deus! Ele pode iluminar minhas trevas e imediatamente acender minha vela. Embora eu esteja cercado por "...trevas que se possam apalpar" (ÊXODO 10:21), Ele pode, contudo, quebrar a obscuridade e imediatamente iluminar os meus arredores.

A benignidade é que, se Ele acende a vela, ninguém pode apagá-la com um sopro, nem ela se apagará por falta de conteúdo, nem se queimará ao longo das horas. As luzes que o Senhor acendeu no princípio reluzem ainda hoje. As lamparinas do Senhor podem precisar de pavios aparados, mas Ele não as apaga.

Que eu, então, ouça o rouxinol cantar na escuridão. A expectativa me guarnecerá de música e a esperança dará o tom. Em breve regozijarei em uma vela acesa por Deus. Agora estou sem brilho e sombrio. Talvez seja o clima ou a fraqueza física, ou a surpresa de uma aflição repentina, mas, independentemente do que tenha causado as trevas, somente Deus trará a luz. Meu olhar está direcionado somente a Ele. Em breve terei as velas do Senhor reluzindo ao meu redor e, adiante, em Seu bom tempo, estarei onde não será necessária vela alguma e nem mesmo a luz do sol. Aleluia!

28 DE SETEMBRO

A obra está feita; descanse nele

Portanto, resta um repouso para o povo de Deus.
HEBREUS 4:9

Deus proveu um *Shabat* e alguns devem entrar nele. Aqueles a quem foi primeiro pregado, nele não entraram devido à incredulidade, portanto, esse *Shabat* permanece para o povo de Deus. Davi cantou sobre ele, mas precisou tocar a nota grave, pois Israel recusou o descanso de Deus. Josué não o pôde conceder, nem Canaã proporcioná-lo, no entanto: "resta um repouso para o povo de Deus".

Venha, então, trabalhemos para entrar nesse descanso. Abandonemos a desgastante labuta do pecado e do eu. Deixemos de confiar mesmo naquelas obras de que pode ser dito: "São muito boas". Temos nós alguma destas? Contudo, abandonemos nossas próprias obras agora, como Deus fez com as Suas. Encontremos, portanto, o consolo na obra consumada de nosso Senhor Jesus. Tudo está plenamente consumado, não há mais a exigência da justiça divina. A nossa porção em Cristo Jesus é profunda paz.

Com relação a questões providenciais, a obra da graça na alma e a obra do Senhor na alma de outros, lancemos tais fardos sobre o Senhor e descansemos nele. Quando o Senhor nos dá um jugo para carregarmos, Ele o faz de modo que, ao retirá-lo, encontremos descanso. Pela fé nos esforçamos para entrar no descanso de Deus e renunciamos a todo o descanso na autossatisfação ou no ócio. O próprio Jesus é o perfeito repouso e dele estamos repletos até a borda.

29 DE SETEMBRO

Glorifique a Cristo Jesus

*Ele me glorificará, porque há de receber
do que é meu e vo-lo há de anunciar.*
JOÃO 16:14

O próprio Espírito Santo não pode glorificar melhor o Senhor Jesus senão mostrando-nos o que é concernente ao próprio Cristo. Jesus é Sua melhor condecoração. Não há como adornar o Senhor, senão com seu próprio ouro.

O Consolador nos mostra aquilo que Ele recebeu de nosso Senhor Jesus. Não vemos nada corretamente até que Ele nos revele. O Consolador possui um modo de abrir nossa mente e de abrir as Escrituras e, por esse processo duplo, apresenta-nos nosso Senhor. Há muita habilidade no apresentar certa questão, e no grau mais elevado, ela pertence ao Espírito da verdade. Ele nos demonstra as coisas em si. Esse é um grande privilégio, como sabem aqueles que desfrutaram da visão sagrada.

Busquemos a iluminação do Espírito, não para gratificar nossa curiosidade, nem mesmo para nos trazer bem-estar pessoal, mas para glorificar o Senhor Jesus. Que tenhamos nobres conceitos a respeito dele! As murmurações desonram nosso precioso Senhor. Que tenhamos intensas lembranças de Sua pessoa, Sua obra e Sua glória para que, de coração e alma, possamos bradar para Seu louvor! Onde há um coração enriquecido pelo ensino do Santo Espírito, haverá um Salvador glorificado além do que se pode exprimir. Venha, Espírito Santo, luz celestial, e revela-nos Jesus nosso Senhor!

30 DE SETEMBRO

Necessidade de abrirmos a boca

*Eu sou o SENHOR, teu Deus, que te tirei
da terra do Egito. Abre bem a boca, e ta encherei.*

SALMO 81:10

Que encorajamento à oração! Nossas concepções humanas nos levariam a pedir coisas pequenas porque nossos merecimentos são tão poucos, mas o Senhor deseja que peçamos bênçãos grandiosas. A oração deveria ser uma questão tão simples quanto o abrir da boca; deveria ser uma elocução natural, irrestrita. Quando um homem é sincero, ele articula bem o seu desejo, e nosso texto nos encoraja a sermos fervorosos em nossas súplicas.

Contudo, também significa que podemos ser ousados com Deus e pedir muitas e grandes bênçãos das Suas mãos. Leia todo o versículo e veja a alegação: "Eu sou o Senhor, teu Deus, que te tirei da terra do Egito. Abre bem a boca, e ta encherei". Tendo nos concedido tanto o Senhor, Ele nos convida a pedir mais, sim, a esperar mais.

Veja como os pequenos pássaros em seus ninhos parecem ser apenas bocas quando a mãe chega para alimentá-los. Que seja assim conosco. Recebamos a graça em todas as portas. Bebamos dela como uma esponja absorve a água em que se encontra. Deus está pronto a nos encher apenas se estivermos prontos para sermos cheios. Que expressemos as nossas necessidades abrindo a boca, que nosso esmorecimento nos faça abrir a boca e ofegar; sim, que a nossa inquietação nos faça abrir a boca com choro infantil. A boca aberta será enchida pelo próprio Senhor. Portanto, Senhor, seja conosco neste dia.

1.º DE OUTUBRO

Uma aliança da qual Ele se lembra

*Dá sustento aos que o temem;
lembrar-se-á sempre da sua aliança.*

SALMO 111:5

Aqueles que temem a Deus não precisam temer a escassez. Através de todos esses longos anos, o Senhor sempre proveu carne para Seus filhos, estivessem eles no deserto ou no riacho de Querite, em cativeiro ou em meio à fome. Até o momento, o Senhor nos deu, dia após dia, nosso pão diário, e não duvidamos de que Ele continuará a nos alimentar até que não necessitemos mais.

Com relação às mais elevadas e maiores bênçãos da aliança da graça, Deus jamais deixará de supri-las conforme nossa situação exigir. Ele está ciente de que estabeleceu a aliança e jamais age como se estivesse arrependido. O Senhor está atento a essa aliança quando o provocamos para nos destruir. Ele é cuidadoso em nos amar, guardar-nos e consolar-nos, conforme se comprometeu a fazê-lo. Ele está atento a cada i e til de Sua aliança, nunca permitindo que uma de Suas palavras caia por terra.

Nós, infelizmente, não temos sido atentos ao nosso Deus, mas Ele está misericordiosamente atento a nós. Ele não pode esquecer Seu Filho que é a garantia da aliança, nem Seu Espírito Santo que na prática executa tal aliança, nem a Sua própria honra que está intimamente ligada à aliança. Consequentemente, o alicerce lançado por Deus permanece firme, e nenhum cristão perderá sua herança divina, a qual lhe pertence pela indissolubilidade da aliança de sal com Deus (LEVÍTICO 2:3).

2 DE OUTUBRO

Consolo no trajeto para casa

*Disse José a seus irmãos: Eu morro; porém Deus
certamente vos visitará e vos fará subir desta terra
para a terra que jurou dar a Abraão, a Isaque e a Jacó.*

GÊNESIS 50:24

José fora, para seus irmãos, uma providência encarnada. Todos os nossos Josés morrem e milhares de confortos morrem com eles. Depois que José morreu, o Egito nunca mais foi o mesmo para Israel, nem para alguns de nós, o mundo pode ser novamente o que era quando os nossos amados estavam vivos.

Entretanto veja como foi mitigada a dor causada por essa triste morte! Eles tinham uma promessa de que o Deus vivo os visitaria. Uma visita de Jeová! Que favor! Que consolo! O Céu aqui na Terra! Senhor, visita-nos neste dia, embora de fato não sejamos dignos de que devas vir sob nosso teto.

Porém houve mais promessas: o Senhor os faria sair daquela terra. Eles não seriam bem acolhidos no Egito, após a morte de José; para eles, o Egito se tornaria uma casa de escravidão. Tal hostilidade não seria para sempre, eles sairiam dela por libertação divina e marchariam até a terra da promessa. Nós não prantearemos aqui para sempre. Seremos chamados à casa, à terra de glória para unir-nos a nossos amados. Pelo que "Consolai-vos, pois, uns aos outros com estas palavras".

3 DE OUTUBRO

Reflexões sobre a beleza do Senhor

Eu, porém, na justiça contemplarei a tua face;
quando acordar, eu me satisfarei com a tua semelhança.

SALMO 17:15

A porção de outros homens os satisfaz e enriquece seus filhos, mas a porção do cristão é de outra espécie. Homens do mundo têm o seu tesouro neste mundo, mas os homens do *mundo vindouro* olham adiante e para o alto.

Aquilo que possuímos é duas vezes mais. Temos a presença de Deus aqui e Sua semelhança no futuro. Aqui contemplamos a face do Senhor em justiça, pois somos justificados em Cristo Jesus. Que alegria contemplar a face do Deus reconciliado! A glória de Deus no rosto de Jesus Cristo nos propicia o Céu aqui embaixo e será para nós o Céu do Céu lá do alto.

Mas ver não é o final disso tudo; seremos transformados naquilo que contemplamos. Dormiremos por pouco tempo, então acordaremos e seremos espelhos que refletem as belezas de nosso Senhor. A fé enxerga Deus com um olhar transformado. O coração recebe a imagem de Jesus em suas próprias profundezas até que o caráter de Jesus seja impresso na alma. Isto é satisfação: ver Deus e ser como Ele. O que mais podemos desejar? Aqui a plena confiança de Davi é transformada em promessa do Senhor pelo Espírito Santo. Nela eu creio. Por ela espero. Concede-nos, Senhor. Amém.

4 DE OUTUBRO

O poderoso ímã

*E eu, quando for levantado da terra,
atrairei todos a mim mesmo.*
JOÃO 12:32

Venham, trabalhadores, sejam encorajados. Vocês temem não conseguir atrair uma congregação. Tentem proclamar o Salvador crucificado, ressurreto e ascendido, pois essa é a maior "atração" que se manifestou entre os homens. O que o atraiu a Cristo, senão Cristo? O que o atrai a Ele agora senão Seu próprio ser bendito? Se você foi atraído à religião por qualquer outra coisa, em breve você será afastado dela, mas Jesus o manteve e o manterá até o fim. Por que, então, duvidar de Seu poder para atrair outros? Vá com o nome de Jesus àqueles que até aqui têm sido obstinados e veja se isso não os atrai.

Nenhum tipo de homem está além deste poder de atração. Idosos e jovens, ricos e pobres, ignorantes e cultos, depravados ou afáveis — todos os homens sentirão tal força magnética. Jesus é o ímã sem igual. Não pensemos em outro qualquer. A música não atrairá a Jesus, nem a eloquência, a lógica, o cerimonial ou o ruído. O próprio Jesus deve atrair homens a si e Jesus é completamente capaz de executar tal trabalho em todos os casos. Não sejam tentados pelo charlatanismo dos dias atuais, mas como servos do Senhor trabalhem do modo dele e atraiam com as cordas do próprio Senhor. Atraiam para Cristo e atraiam por Cristo, para então Cristo os atrair por seu intermédio.

5 DE OUTUBRO

O anelo de Deus

*O restante de Jacó estará no meio de muitos povos,
como orvalho do SENHOR,
como chuvisco sobre a erva, que não espera pelo homem,
nem depende dos filhos de homens.*
MIQUEIAS 5:7

Se isso é verdade com relação à Israel real, é muito mais com relação à Israel espiritual, o povo de Deus que nele crê. Quando os santos são o que deveriam ser, são uma bênção incalculável àqueles entre os quais estão espalhados.

Eles são como o orvalho, pois, de modo silencioso, não intrusivo, reanimam aqueles ao seu redor. Silenciosa, mas eficazmente, ministram à vida, ao crescimento e à alegria daqueles com quem habitam. Vindos revigorados do céu, reluzentes como diamantes ao sol, homens e mulheres compassivos assistem aos débeis e insignificantes até que cada folha de grama receba sua própria gota de orvalho. São poucos individualmente, mas quando unidos são plenamente suficientes para os propósitos de amor que o Senhor cumpre por meio deles. Gotas de orvalho efetuam o revigorar de extensos hectares. Senhor, faz-nos como o orvalho!

As pessoas piedosas são como aguaceiros que chegam segundo o anelo de Deus, sem a permissão ou licença dos homens. Elas trabalham para Deus queiram os homens ou não; elas não pedem por autorização humana assim como a chuva não o faz.

*Senhor, faz-nos, portanto, ousadamente rápidos e livres
em Teu serviço onde quer que nossa porção seja lançada.*

6 DE OUTUBRO

A liderança de nosso Guia

...quando vier, porém, o Espírito da verdade,
ele vos guiará a toda a verdade; porque não falará
por si mesmo, mas dirá tudo o que tiver
ouvido e vos anunciará as coisas que hão de vir.
JOÃO 16:13

A verdade é como uma vasta caverna em que desejamos entrar, mas a qual não podemos percorrer sozinhos. Na entrada é claro e radiante, mas, se formos adiante e explorarmos seus recantos mais profundos, precisaremos de um guia, ou nos perderemos. O Espírito Santo, que conhece perfeitamente toda a verdade, é o guia designado para todos os verdadeiros cristãos. Ele os conduz conforme são capazes de suportar, de um recinto a outro, de modo que contemplem os profundos aspectos de Deus e Seu segredo lhes seja esclarecido.

Que promessa é essa para a mente humildemente inquiridora! Desejamos conhecer a verdade e nela entrar. Estamos cientes de nossa aptidão ao erro e sentimos a urgente necessidade de um guia. Regozijamo-nos no fato de que o Espírito Santo veio e habita entre nós. Ele digna-se a agir como nosso guia e, de bom grado, nós aceitamos Sua liderança. Desejamos aprender "...toda a verdade..." para que não sejamos parciais e desequilibrados. Não queremos ser voluntariamente ignorantes quanto a parte alguma da revelação para que, deste modo, não percamos bênçãos ou incorramos em pecado. O Espírito de Deus veio para que Ele possa nos guiar em toda a verdade; com coração obediente, ouçamos as Suas palavras e sigamos Seu comando.

7 DE OUTUBRO

Sempre o primeiro na comunhão

*Mas ide, dizei a seus discípulos
e a Pedro que ele vai adiante de vós para a Galileia;
lá o vereis, como ele vos disse.*

MARCOS 16:7

Onde Ele designou que encontraria Seus discípulos, ali Ele estaria em tempo oportuno. Jesus honra a confiança que nele é colocada. Se Ele promete nos encontrar no trono de misericórdia, ou na adoração pública, ou nas ordenanças, podemos confiar que Ele ali estará. Podemos perversamente manter-nos distantes do lugar designado ao encontro, mas Ele nunca o faz. Ele diz: "Porque, onde estiverem dois ou três reunidos em meu nome, ali estou no meio deles" (MATEUS 18:20). Ele não diz: "Ali estarei", mas "Ali estou".

Jesus é sempre o primeiro na comunhão. "...Ele vai adiante de vós...". O coração de Jesus está com Seu povo, Seu deleite está neles, Ele jamais tarda para encontrá-los. Em toda a comunhão Ele vai adiante de nós.

Todavia, Ele se revela àqueles que o buscam: "...lá o vereis". Que alegria! Não nos importamos em ver o mais célebre dos homens, mas ver Jesus é saciar-se com alegria e paz. E nós o veremos, pois Ele lhes promete estar presente. Esteja certo de que assim será, pois Ele faz tudo conforme Sua palavra de promessa: "...como ele vos disse". Firmem-se a essas últimas palavras e tenham certeza de que até o fim Ele fará por vocês "...como ele vos disse".

8 DE OUTUBRO

Jamais sozinho

*Nunca mais te chamarão Desamparada, nem a tua terra
se denominará jamais Assolada;
mas chamar-te-ão Hefzibá; e à tua terra, Beulá,
porque o SENHOR se agrada de ti; e
com a tua terra o SENHOR se casará.* ISAÍAS 62:4 (ARC)

"Desamparada" é uma palavra sombria. Soa como um sino em funerais. É o registro das dores mais agudas e a profecia de males mais angustiantes. Um fosso de miséria boceja nessa palavra "desamparada". Abandonado por aquele que penhora sua honra! Desamparado por um amigo há tanto confiável e fiel! Abandonado por um parente querido! Desamparado por pai e mãe! Abandonado por todos! Verdadeiramente, isso é desgosto, contudo, pode ser pacientemente suportado se o Senhor nos ajudar.

Mas o que deve acontecer para sentir-se desamparado por Deus? Pense no mais amargo dos clamores: "...Deus meu, Deus meu, por que me desamparaste?" (MATEUS 27:46). Nós, em algum grau, já provamos o absinto e o fel do "desamparo" nesse sentido? Caso sim, supliquemos a nosso Senhor que nos salve de qualquer repetição de pesar tão indescritível. Ó, que tais trevas nunca retornem! Homens em malícia disseram sobre certo santo: "Deus o abandonou, persigam-no e submetam-no". Mas isso sempre foi falso. O amoroso favor do Senhor compelirá nossos cruéis inimigos a ingerirem suas próprias palavras ou, ao menos, a conter a própria língua.

O inverso de tudo isso é o superlativo *Hefzibá* — "o Senhor se deleita em ti". Isso transforma o "pranto em dança" [NVT]. Deixe aqueles que sonharam estar desamparados ouvirem o Senhor dizer: "...De maneira alguma te deixarei, nunca jamais te abandonarei".

9 DE OUTUBRO

O que santifica nossas ofertas?

*Também daquele sangue porá o sacerdote
sobre os chifres do altar do incenso aromático, perante
o Senhor, altar que está na tenda da congregação;
e todo o restante do sangue do novilho derramará à base
do altar do holocausto, que está
à porta da tenda da congregação.* LEVÍTICO 4:7

O altar de incenso é um lugar onde os santos apresentam suas orações e seus louvores, e é encantador pensar nele espargido com o sangue do grande sacrifício. O que torna toda a nossa adoração aceitável a Jeová é isto: Ele vê o sangue de Seu próprio Filho e, portanto, aceita nosso tributo.

Bom é para nós fixarmos nosso olhar no sangue daquele que o oferece pelo pecado. O pecado se funde até mesmo a nossos aspectos de santidade; e o nosso mais profundo arrependimento, a nossa fé, oração e ação de graças não poderiam ser recebidos por Deus se não fosse pelo mérito do sacrifício expiatório. Muitos escarnecem do "sangue", mas para nós é o fundamento de consolo e esperança. Isso que está nos chifres do altar deve estar proeminentemente diante de nossos olhos quando nos aproximamos de Deus. O sangue dá força à oração e, portanto, está nos chifres do altar. Está "...perante o Senhor..." e, portanto, deve estar perante nós. Está no altar antes de trazermos o incenso; ali está para santificar nossas ofertas e dádivas.

Venham, oremos com confiança, uma vez que a Vítima é oferecida, o mérito foi pleiteado, o sangue está atrás do véu e as orações dos cristãos devem ser doces ao Senhor.

10 DE OUTUBRO

Porta aberta para a comunhão

Conheço as tuas obras — eis que tenho posto diante de ti uma porta aberta, a qual ninguém pode fechar — que tens pouca força, entretanto, guardaste a minha palavra e não negaste o meu nome.
APOCALIPSE 3:8

Os santos que permanecem fiéis à verdade de Deus têm uma porta aberta diante de si. Minha alma, resolveste viver e morrer pelo que o Senhor revelou em Sua Palavra e, portanto, perante ti essa porta está porta aberta.

Eu entrarei pela porta aberta da comunhão com Deus. Quem me dirá não? Jesus removeu meu pecado e me deu Sua justiça, portanto posso entrar livremente. Senhor, assim faço por Tua graça.

Tenho também diante de mim uma porta aberta para os mistérios da Palavra. Posso adentrar nas profundezas de Deus. Eleição, União a Cristo, o Segundo Advento — tudo isso está diante de mim e posso usufrui-los. Agora nenhuma promessa ou doutrina estão trancadas para mim.

Uma porta aberta de acesso particular está diante de mim, bem como uma porta aberta de proveito público. Deus me ouvirá, Deus me usará. Uma porta está aberta para minha marcha progressiva em direção à Igreja no alto e para minha comunhão diária com os santos aqui embaixo. Alguns podem tentar calar-me ou expulsar-me, mas tudo em vão.

Em breve verei a porta aberta para o Céu; o portão de pérola será minha passagem de entrada, e então irei a meu Senhor e Rei e estarei com Deus eternamente ali recolhido.

11 DE OUTUBRO

Livre para viajar

Eu os fortalecerei no Senhor,
e andarão no seu nome, diz o Senhor.
ZACARIAS 10:12

Um consolo para cristãos adoecidos que desfalecem e temem nunca se levantarem da cama de dúvida e medo. Contudo o Grande Médico pode tanto remover a doença quanto retirar a fraqueza que dela resultou. Ele fortalecerá o débil. Ele fará isso da melhor forma possível, pois será "em Jeová". Nossa força é muito mais eficaz em Deus do que em si mesma. No Senhor, ela leva à comunhão; em nós mesmos, geraria orgulho. Em nós mesmos seria lamentavelmente limitada, mas em Deus desconhece limites.

Quando recebe força, o cristão a utiliza. Ele caminha para todos os lados, no nome do Senhor. Que prazer caminhar em campo aberto após a enfermidade e que deleite é ser forte no Senhor após uma temporada de prostração! O Senhor dá liberdade a Seu povo para caminhar livremente e descanso interior para exercer tal liberdade. Ele faz de nós cavalheiros; não somos escravos que desconhecem o descanso e nada contemplam, mas somos livres para trafegar à nossa vontade pela terra de Emanuel.

Venha, meu coração, não adoeça nem lamente mais. Jesus nos ordena a sermos fortes e a caminhar com Deus em santa contemplação. Obedeça à Sua palavra de amor.

12 DE OUTUBRO

Marca da graça da aliança

*O Senhor, teu Deus, circuncidará o teu coração
e o coração de tua descendência, para amares o Senhor,
teu Deus, de todo o coração e de toda
a tua alma, para que vivas.* DEUTERONÔMIO 30:6

Lemos sobre a verdadeira circuncisão nesse texto. Observe quem é o autor: "O Senhor, teu Deus...". Somente Ele pode lidar eficazmente com o nosso coração e remover a sua carnalidade e poluição. Fazer-nos amar a Deus de todo o coração e alma é um milagre da graça, que somente o Espírito Santo pode efetuar. Devemos recorrer somente ao Senhor para tal obra e jamais nos satisfazermos com nada menos do que isso.

Perceba onde se faz tal circuncisão. Ela não é da carne, mas do Espírito. É a marca essencial da aliança da graça. O amor a Deus é o símbolo indelével da semente escolhida; por esse selo secreto, a eleição da graça é certificada ao cristão. Devemos garantir que não colocamos nossa confiança em ritual exterior, mas que somos selados no coração pelo agir do Espírito Santo.

Observe qual é o resultado: "...para que vivas...". Ter a mentalidade carnal é morte. Na superação da carne, encontramos vida e paz. Se nos importamos com as questões do Espírito, viveremos. Ó, que Jeová, nosso Deus, possa completar Sua obra misericordiosa em nossa natureza interior, para que possamos viver para o Senhor. no sentido mais pleno e elevado.

13 DE OUTUBRO

Se, e uma promessa tripla

...se o meu povo, que se chama pelo meu nome,
se humilhar, e orar, e me buscar, e se converter
dos seus maus caminhos, então, eu ouvirei dos céus,
perdoarei os seus pecados e sararei a sua terra.

2 CRÔNICAS 7:14

Somos homens e mulheres transgressores e, ainda assim, chamados pelo nome do Senhor. Que misericórdia é o nosso Deus estar pronto a perdoar! Sempre que pecamos, apressemo-nos ao trono de misericórdia de nosso Deus em busca de perdão.

Devemos humilhar-nos. Não deveríamos ser humilhados pelo fato de que, após recebermos tanto amor, ainda assim transgredimos? Ó, Senhor, no pó, curvamo-nos diante de ti e reconhecemos nossa atroz ingratidão. Ó, a infâmia do pecado! Ó, sua infâmia sete vezes maior em pessoas tão favorecidas como somos!

A seguir, devemos orar por misericórdia, por purificação, por libertação do poder do pecado. Ó, Senhor, ouve-nos agora e que não ensurdeças ao nosso clamor.

Em tal oração, devemos buscar a face do Senhor. Ele afastou-se de nós devido às nossas faltas, e devemos suplicar a Ele que retorne. Ó, Senhor, olha para nós em Teu Filho Jesus e sorri para Teus servos.

A isso deve-se acrescentar o nosso abandono do mal. Deus não pode se voltar para nós a menos que viremos as costas ao pecado.

Então surge a promessa tripla de ouvir, perdoar e sarar. Nosso Pai, concede-nos isso agora, por amor a nosso Senhor Jesus Cristo.

14 DE OUTUBRO

Jamais envergonhado

Portanto, todo aquele que me confessar diante dos homens, também eu o confessarei diante de meu Pai, que está nos céus.
MATEUS 10:32

Promessa graciosa! É uma grande alegria, para mim, confessar meu Senhor. Quaisquer que possam ser minhas falhas, não me envergonho de Jesus, nem temo declarar as doutrinas de Sua cruz. Ó, Senhor, não ocultei Tua justiça em meu coração.

Doce é a perspectiva que o texto coloca diante de mim! Amigos abandonam e inimigos exultam, mas o Senhor não repudia o Seu servo. Indubitavelmente, meu Senhor me reconhecerá ainda aqui e me dará novos sinais de Sua estima favorável. Mas virá o dia em que comparecerei diante de meu grandioso Pai. Que satisfação pensar que Jesus então me confessará! Ele dirá: "Este homem verdadeiramente confiou em mim e estava disposto a ser censurado por amor a Meu nome; e, portanto, eu o reconheço como Meu". Há alguns dias, um grande homem foi condecorado cavaleiro, e a Rainha entregou-lhe uma liga de joias; mas que valor tem isso? Será uma honra acima de todas as honras quando o Senhor Jesus nos confessar na presença da divina Majestade nos Céus. Jamais permitas envergonhar-me de reconhecer o meu Senhor. Jamais permita que eu abrigue o silêncio covarde ou fraqueza de ânimo. Devo envergonhar-me de confessar Aquele que promete me reconhecer?

15 DE OUTUBRO

Sustentado pelo Alimento

Assim como o Pai, que vive, me enviou,
e igualmente eu vivo pelo Pai, também quem de mim
se alimenta por mim viverá.
JOÃO 6:57

Nós vivemos pela virtude de nossa união com o Filho de Deus. Como Mediador entre Deus e os homens, o Senhor Jesus vive pelo Deus Pai — EU SOU, que lhe enviou e da mesma maneira, nós vivemos pelo Salvador que nos vivificou. Ele, que é a fonte de nossa vida, é também o sustento dela. Vive-se pelo sustento do alimento. Devemos manter a vida espiritual nutrindo-nos do alimento espiritual, e o Senhor Jesus é esse alimento espiritual. Esse alimento inclui todas essas coisas não apenas Sua vida, morte, ocupações, obras, ou palavra, mas Ele próprio. Em Jesus, neles mesmo, alimentamo-nos do próprio Jesus.

Isso nos é apresentado na Ceia do Senhor, mas de fato o desfrutamos quando meditamos em nosso Senhor, quando nos apropriamos da fé, quando o aceitamos por amor e quando nossa vida interior é absorvida por Ele. Sabemos o que significa nos alimentarmos de Jesus, mas somos incapazes de colocar esse discernimento em palavras ou escrever sobre isso. Nossa mais sábia atitude é praticarmos isso constantemente. Somos exortados a nos alimentarmos abundantemente; e, quando Jesus é a nossa comida e a nossa bebida, usufruímos de eterno benefício.

Senhor, eu te agradeço porque a necessidade
de minha nova vida é também o meu maior deleite.
Portanto, alimento-me de ti nesta hora.

16 DE OUTUBRO

Um com Cristo Jesus

Ainda por um pouco, e o mundo não me verá mais; vós, porém, me vereis; porque eu vivo, vós também vivereis.
JOÃO 14:19

Jesus tornou a vida dos cristãos nele *tão segura* quanto a Sua própria. Tão certo quanto vive o Cabeça, vivem também os membros. Se Jesus não tivesse ressuscitado dos mortos, estaríamos mortos em nossos pecados; mas, uma vez que Ele ressuscitou, todos os cristãos estão ressurretos nele. Sua morte consumiu nossas transgressões e desatou as amarras que nos prendiam sob a sentença de morte. Sua ressurreição atesta nossa justificação, somos absolvidos e a misericórdia diz: "...Também o Senhor te perdoou o teu pecado; não morrerás" (2 SAMUEL 12:13).

Jesus tornou a vida de Seu povo tão eterna quanto a dele. Como eles podem morrer enquanto Ele vive, dado que são um com Ele? Pelo fato de Ele não morrer mais e a morte não ter tido domínio sobre Ele, assim também eles não mais retornarão às sepulturas de seus antigos pecados, mas viverão para o Senhor em novidade de vida. Ó cristão, quando, sob tentação, você um dia temer cair pela mão do inimigo, deixe que isto o reconforte. Você jamais perderá sua vida espiritual, pois ela está escondida com Cristo em Deus. Você não duvida da imortalidade de seu Senhor, por conseguinte não pense que Ele o deixará morrer uma vez que você é um com Ele. O argumento de sua vida é a vida dele; e isso você não deve temer, portanto descanse em seu Senhor vivo.

17 DE OUTUBRO

Temor santo

*O que despreza a palavra a ela se apenhora,
mas o que teme o mandamento será galardoado.*
PROVÉRBIOS 13:13

A santa reverência à Palavra de Deus é pouco valorizada. Os homens consideram-se mais sábios do que a Palavra de Deus e sentam-se para julgá-la. "...porém eu assim não fiz, por causa do temor de Deus" (NEEMIAS 5:15). Nós aceitamos o Livro inspirado como infalível e provamos nossa estima pela obediência a ele. Não temos terror da Palavra, mas temos reverência filial a ela. Não receamos suas penalidades porque tememos seus mandamentos.

O santo temor ao mandamento produz o repouso da humildade, que é muito mais doce do que a imprudência do orgulho. Torna-se um guia para nós em nossos movimentos, uma resistência quando estamos em declínio e um estímulo quando a escalamos. Preservados do mal e guiados à justiça por nossa reverência ao mandamento, desenvolvemos uma consciência tranquila, que é um poço de vinho; uma noção de liberdade de encargos, que é como vida surgindo da morte, e confiança por agradar a Deus, o que é o Céu aqui na Terra. O impiedoso pode ridicularizar nossa profunda reverência pela Palavra do Senhor, mas que valor tem isso? O prêmio de nosso elevado chamado é uma consolação satisfatória para nós. As recompensas da obediência nos fazem zombar da zombaria do zombador.

18 DE OUTUBRO

A lágrimas precedem a jubilosa colheita

Os que com lágrimas semeiam com júbilo ceifarão.
SALMO 126:5

Os momentos de pranto são adequados à semeadura, pois não queremos que o solo esteja tão seco. As sementes embebidas nas lágrimas do anseio sincero crescerão ainda mais rapidamente. O sal das lágrimas que regam a oração dará à boa semente um aroma que a preservará dos vermes. A verdade pronunciada sob terrível sinceridade tem significado duplo. Em vez de abandonar nossa semeadura devido ao pranto, redobremos os nossos esforços, pois a temporada é deveras propícia.

Nossa semente celestial não poderia ser adequadamente semeada com gargalhadas. O profundo pesar e inquietação pela alma de outros são acompanhamentos muito mais adequados ao ensino piedoso do que algo qualquer semelhante à frivolidade. Nós ouvimos sobre homens que foram à guerra com o coração leviano, mas foram surrados, e geralmente é assim com aqueles que semeiam do mesmo modo.

Portanto, venha meu coração, semeie em seu pranto, pois você tem a promessa de uma jubilosa colheita. Você colherá. Você mesmo verá alguns resultados de seu trabalho. Isso virá a você em medida tão grande que lhe trará a alegria que uma colheita pobre e ressequida não traria. Quando seus olhos forem ofuscados pelas lágrimas prateadas, pense no milho dourado. Suporte com alegria a labuta atual e a decepção, pois o dia da colheita o recompensará plenamente.

19 DE OUTUBRO

Castigo em justa medida

*Porque eu sou contigo, diz o SENHOR,
para salvar-te; por isso, darei cabo de todas as nações
entre as quais te espalhei; de ti, porém,
não darei cabo, mas castigar-te-ei em justa medida
e de todo não te inocentarei.*

JEREMIAS 30:11

Ser deixado sem castigo seria um sinal fatal; provaria que o Senhor teria dito: "Ele está entregue a ídolos, deixe-o". Que Deus nos conceda que isso jamais seja a nossa porção! A prosperidade ininterrupta é algo que deve causar temor e tremor. Tantos quantos o Senhor ama ternamente, a estes Ele repreende e castiga. Aqueles por quem Ele não tem apreço, permite que engordem sem medo, como gado para o matadouro. Com amor o nosso Pai celestial usa o cajado sobre os Seus filhos.

Veja, contudo, que a correção é "...em justa medida...". Ele nos dá amor sem medida, mas castigo "...em justa medida...". Assim como, sob a antiga Lei, nenhum israelita poderia receber mais que "...uma quarentena de açoites menos um", o que garantia contagem cuidadosa e sofrimento limitado, da mesma forma é com cada membro afligido que faz parte da família da fé — cada golpe é contado. É pela medida da sabedoria, pela medida da compreensão, pela medida do amor, que nosso castigo é regulado. Longe de nós nos rebelarmos contra desígnios tão divinos. Senhor, se estás encarregado de medir as gotas amargas em meu cálice é para mim jubiloso tomar esse cálice de Suas mãos e beber segundo as Suas instruções, afirmando: "...faça-se a tua vontade".

20 DE OUTUBRO

De todo pecado

Ela dará à luz um filho e lhe porás o nome de Jesus,
porque ele salvará o seu povo dos pecados deles.
MATEUS 1:21

Senhor, salva-me de meus pecados. Pelo nome de Jesus, sou encorajado a assim orar. Salva-me de meus pecados passados, para que o hábito de os cometer não me torne cativo. Salva-me de meus pecados constituintes para que eu não seja escravo de minha própria fraqueza. Salva-me dos pecados que estão continuamente sob meu olhar para que eu não perca o terror que tenho deles. Salva-me de pecados secretos, pecados que não percebi devido à minha carência de luz. Salva-me de pecados repentinos e surpreendentes, não permitas que eu seja tomado por paixões em um ímpeto de tentação. Salva-me, Senhor, de todo pecado. Não permitas que iniquidade alguma exerça domínio sobre mim.

Somente Tu, Senhor, podes fazer isso. Eu não posso quebrar minhas próprias correntes ou matar meus próprios inimigos. Tu conheces a tentação, pois foste tentado. O Senhor conhece o pecado, pois carregou o peso dele. O Senhor sabe como socorrer-me em minha hora de combate. Podes salvar-me de pecar e salvar-me quando eu tiver pecado. Em Teu próprio nome é prometido que o Senhor assim fará, e eu oro ao Senhor para que me permitas, neste dia, testificar essa profecia. Não permitas que eu dê espaço ao temperamento, ou ao orgulho, ou ao abatimento, ou a qualquer forma de mal, mas salva-me para a santidade de vida, para que o nome de Jesus seja glorificado em mim abundantemente.

21 DE OUTUBRO

A mesa de multiplicação divina

O menor virá a ser mil, e o mínimo, uma nação forte; eu, o SENHOR, a seu tempo farei isso prontamente.

ISAÍAS 60:22

Com muita frequência as obras para o Senhor começam em pequena escala e nem por isso são piores. A debilidade educa a fé, traz Deus mais próximo e conquista glória para Seu nome. Primorosas promessas de crescimento! A semente de mostarda é a menor entre as sementes e, contudo, se torna uma planta da estatura de árvore, com galhos que abrigam os pássaros do céu. Podemos começar com uma semente, e ainda que ela seja a menor, "...virá a ser mil...". O Senhor é grandioso na mesa de multiplicação. Quantas vezes Ele disse a Seu solitário servo: "Certamente [...] te multiplicarei" (HEBREUS 6:14). Confiem no Senhor, vocês que são apenas um ou dois, pois Ele estará entre vocês se porventura estiverem reunidos em Seu nome.

"...e o mínimo...". O que pode ser mais desprezível aos olhos daqueles que contam cabeças e medem forças? Contudo esse é o núcleo de uma grande nação. No início da noite apenas uma estrela brilha, mas, em pouco tempo, o céu se reveste de luzes infinitas.

Também não precisamos considerar a perspectiva de crescimento como algo remoto, pois a promessa é: "Eu, o Senhor, a seu tempo farei isso prontamente". Não haverá pressa prematura, como a que vemos em encontros fervorosos; será tudo no tempo devido, mas não haverá atraso. Quando o Senhor acelera, Sua velocidade é gloriosa.

22 DE OUTUBRO

Pleitear sua própria promessa

*Sê, pois, agora, servido de abençoar a casa do teu servo,
a fim de permanecer para sempre diante de ti,
pois tu, ó SENHOR Deus, o disseste; e, com a tua bênção,
será, para sempre, bendita a casa do teu servo.*

2 SAMUEL 7:29

Nesse texto, uma promessa implícita nos concede dupla instrução. Seja o for que o Senhor Deus tenha falado nós devemos receber como verdade, e depois disso pleiteá-la diante do trono.

Como é agradável citar o que o nosso próprio Deus falou! Quão precioso é usar um "pois" que é sugerido pela promessa, como Davi o faz nesse versículo!

Nós não oramos porque duvidamos, mas porque cremos. Orar incredulamente é impróprio para os filhos do Senhor. Não, Senhor, não podemos duvidar de ti, estamos convencidos de que cada uma de Tuas palavras é uma fundação segura à expectativa mais ousada. Vimos ao ti e dizemos: "Faz como declaraste". Abençoa a casa de Teu servo. Cura nossos enfermos, salva os que hesitam, restaura aqueles que vagueiam, fortalece aqueles que o temem. Senhor, dá-nos alimento e vestimenta de acordo com a Tua Palavra. Prospera nossos projetos; especialmente os nossos esforços para que Teu evangelho seja conhecido em nossa vizinhança. Faz de nossos servos Teus servos; de nossos filhos Teus filhos. Permite que a bênção flua para gerações futuras e, enquanto qualquer um de nossa raça permanecer na Terra, que permaneça fiel a ti. Ó, Senhor Deus, que seja "...para sempre, bendita a casa do teu servo".

23 DE OUTUBRO

Colheita de luz, alegria

A luz semeia-se para o justo,
e a alegria, para os retos de coração.
SALMO 97:11 (ARC)

A justiça é frequentemente onerosa ao homem que nela se mantém a todo custo, mas ao fim ela se paga e renderá benefício infinito. A vida de santidade é como uma semeadura: muitas sementes se dispersam e aparentemente ficam enterradas no solo para nunca mais serem colhidas. Equivocamo-nos quando esperamos uma colheita imediata; tal erro é muito natural, pois parece impossível semear luz. Contudo a luz é "semeada", diz o texto. Ela está latente: ninguém pode vê-la, mas está semeada. Estamos bastante certos de que um dia deverá manifestar-se.

Temos a absoluta certeza de que o Senhor estabeleceu uma colheita para os semeadores, e eles colherão, cada um para si. Então se alegrarão. Folhas de alegria para sementes de luz. O coração deles era reto diante do Senhor, embora os homens não lhes tivessem dado crédito e até mesmo os criticassem; eram justos, embora aqueles que os cercavam os denunciavam com censura. Precisaram aguardar, como lavradores aguardam os preciosos frutos da terra; mas a luz foi difundida por eles, e a alegria lhes estava sendo preparada em seu favor pelo Senhor da colheita.

Coragem, irmãos! Não precisamos nos apressar. Conservemos pacientemente a nossa alma; em breve, conquistaremos luz e alegria.

24 DE OUTUBRO

Estabilidade piedosa

*Eu te porei contra este povo como forte muro de bronze;
eles pelejarão contra ti, mas não
prevalecerão contra ti; porque eu sou contigo para
te salvar, para te livrar deles, diz o Senhor.*

JEREMIAS 15:20

A estabilidade no temor e na fé em Deus tornará um homem como uma muralha de bronze, que ninguém pode derrubar ou violar. Somente o Senhor pode criar tais homens, mas precisamos desses homens na igreja, no mundo e, especialmente, no púlpito.

Contra homens convictos da verdade, a presente era de simulacros lutará com unhas e dentes. Nada parece ofender Satanás e sua semente como a resolução o faz. Eles atacam a firmeza santa como os assírios cercavam as cidades fortificadas. A satisfação é saber que não podem prevalecer contra os que Deus fortaleceu em Sua força. Levados por todo vento de doutrina, outros precisam apenas ser soprados e para longe se vão; mas aqueles que amam as doutrinas da graça, porque detém a graça das doutrinas, permanecem como rochas em meio aos mares furiosos.

De onde vem tal estabilidade? "...eu sou contigo [...] diz o Senhor"; essa é a verdadeira resposta. Jeová salvará e libertará a alma fiel de todos os ataques do adversário. Há exércitos contra nós, mas o Senhor dos exércitos está conosco. Não ousamos avançar um centímetro, pois o próprio Senhor nos mantém em nossa posição e nela permaneceremos para sempre.

25 DE OUTUBRO

Deus primeiro

*...buscai, pois, em primeiro lugar,
o seu reino e a sua justiça, e todas estas coisas
vos serão acrescentadas.*

MATEUS 6:33

Veja como a Bíblia começa: "No princípio [...] Deus..." (GÊNESIS 1:1). Deixe que sua vida comece da mesma maneira. Busque de toda a sua alma, primeiro e primordialmente, o reino de Deus, como o lugar de sua cidadania e a justiça dele como o caráter de sua vida. Com relação ao restante, virá do próprio Senhor sem nos inquietarmos a respeito disso. Todos os aspectos necessários para essa vida e a piedade "...vos serão acrescentados".

Que promessa é essa! Deus age para acrescentar a você alimento, vestimenta, lar e assim por diante, enquanto você o busca. Você atenta para as questões dele, e Ele atenta para as suas. Se você deseja papel e barbante, eles lhe são dados ao comprar itens mais importantes;[1] e assim tudo de que precisamos nesta Terra, teremos acrescentado ao reino. Aquele que é um herdeiro da salvação não morrerá de inanição e aquele que veste sua alma com a justiça de Deus não será deixado pelo Senhor com o corpo nu. Chega de preocupação angustiante. Coloque toda a sua mente no buscar o Senhor. A cobiça é pobreza e a ansiedade é miséria. A confiança em Deus é um bem e a semelhança a Ele é uma herança celestial.

Senhor, eu te busco; sê encontrado por mim.

---

[1] Nos tempos de Spurgeon, as compras feitas em mercearias ou outros estabelecimentos geralmente eram embaladas em papel e, em seguida, envoltas com barbante.

26 DE OUTUBRO

Por nossa causa

Não tivessem aqueles dias sido abreviados, ninguém seria salvo; mas, por causa dos escolhidos, tais dias serão abreviados. MATEUS 24:22

Por amor a Seus eleitos, o Senhor retém muitos julgamentos e abrevia outros. Em grandes tribulações, o fogo devoraria tudo se, por consideração a Seus eleitos, Deus não contivesse a chama. Logo, enquanto Ele salva Seus eleitos por amor a Jesus, Ele também preserva a raça por amor a Seus escolhidos.

Que honra é assim colocada sobre os santos! Com que cuidado devem utilizar sua influência com seu Senhor! Ele ouvirá suas orações pelos pecadores e abençoará os seus esforços para que sejam salvos. Ele abençoa os cristãos para que sejam bênção aos que não creem. Muitos pecadores vivem devido às orações de uma mãe, ou esposa, ou filha por quem o Senhor tem consideração.

Temos utilizado corretamente o poder singular que o Senhor confiou a nós? Oramos por nosso país, por outros países ou por nossa era? Em tempos de guerra, fome, pestes, colocamo-nos como intercessores, implorando para que os dias sejam abreviados? Lamentamos diante de Deus os surtos de infidelidade, engano e libertinagem? Suplicamos ao nosso Senhor Jesus que abrevie o reino do pecado acelerando Sua própria aparição gloriosa? Ajoelhemo-nos e não descansemos até que Cristo apareça.

27 DE OUTUBRO

Seu serviço, Sua face, Seu nome

*Nunca mais haverá qualquer maldição.
Nela, estará o trono de Deus e do Cordeiro.
Os seus servos o servirão, contemplarão
a sua face, e na sua fronte está o nome dele.*
APOCALIPSE 22:3-4

Três bênçãos distintas serão nossas na terra gloriosa. "...*Os seus servos o servirão...*". Nenhum outro senhor nos oprimirá, nenhum outro serviço nos angustiará. Serviremos a Jesus para sempre, perfeitamente, sem cansaço e sem imperfeições. Isto é o Céu para um santo: em todas as coisas, servir ao Senhor Cristo; ser posse dele como Seu servo é a ambição mais elevada de nossa alma para a eternidade.

"...contemplarão a sua face...". Isso torna o servir verdadeiramente encantador; na verdade, é a recompensa oferecida pelo serviço. Conheceremos nosso Senhor, pois o veremos como Ele é. Ver a face de Jesus é o favor máximo que o servo do Senhor, mais fiel a Ele, pode pedir. O que mais poderia Moisés pedir além de: "Rogo-te que me mostres a tua face"?

"...e na sua fronte está o nome dele". Eles contemplam seu Senhor até que Seu nome esteja estampado em suas testas. Eles são reconhecidos por Ele e eles o reconhecem. A marca secreta da graça interior progride até tornar-se exposta a todos, sinal público de um relacionamento confesso.

*Senhor, concede-nos o início dessas três coisas
aqui na Terra para que as possuamos em plenitude
em Tua morada de bem-aventurança!*

28 DE OUTUBRO

Pecados de ignorância

*O sacerdote fará expiação por toda a congregação
dos filhos de Israel, e lhes será perdoado,
porquanto foi erro, e trouxeram a sua oferta,
oferta queimada ao SENHOR, e a sua oferta
pelo pecado perante o SENHOR, por causa do seu erro.*

NÚMEROS 15:25

Devido à nossa ignorância, não somos plenamente conscientes de nossos pecados de ignorância. Contudo podemos ter certeza de que são muitos, em forma de comissão e de omissão. Como serviço a Deus, podemos estar praticando, com toda a sinceridade, o que Ele jamais ordenou e nunca poderá aceitar.

O Senhor conhece cada um desses pecados de ignorância. Isso pode muito bem nos inquietar uma vez que, em justiça, Ele requererá tais transgressões em nossas mãos. Por outro lado, a fé vislumbra consolo nesse fato, pois o Senhor garantirá que as máculas que não vimos sejam lavadas. Ele enxerga o pecado para que possa deixar de o ver ao lançá-lo para trás de si.

Nosso grande consolo é o fato de Jesus, o verdadeiro sacerdote, ter feito expiação por toda a congregação dos filhos de Israel. Essa expiação garante o perdão de pecados desconhecidos. Seu precioso sangue nos limpa de todo o pecado. Tenham, ou não, os nossos olhos os visto ou por eles chorado, Deus os viu, Cristo fez expiação por eles, o Espírito dá testemunho de que houve perdão e assim temos tríplice paz.

*Ó meu Pai, eu louvo o Teu conhecimento divino,
que não apenas percebe minhas iniquidades,
mas provê a expiação que me liberta da culpa delas,
mesmo antes de saber que sou culpado.*

29 DE OUTUBRO

Mantenha a diferença

*Farei distinção entre o meu povo
e o teu povo; amanhã se dará este sinal.*
ÊXODO 8:23

Faraó tem um povo e o Senhor tem um povo. Eles podem habitar bem juntos e parecem progredir de modo semelhante, mas há uma divisão entres eles, e o Senhor a deixará evidente. Não será para sempre que um evento ocorrerá da mesma forma para todos, mas haverá grande diferença entre os homens do mundo e o povo escolhido de Jeová.

Isso pode ocorrer no período de julgamentos, quando o Senhor se torna o santuário de Seus santos. Na conversão de cristãos é muito evidente quando o seu pecado é expulso, enquanto os incrédulos permanecem sob condenação. A partir de tal momento, eles se tornam uma raça distinta, colocam-se sob nova disciplina e desfrutam de novas bênçãos. Suas casas, doravante, são livres dos atrozes enxames de males que contaminam e atormentam os egípcios. Eles são guardados da poluição da luxúria, da picada do desassossego, da corrupção da falsidade e do cruel tormento do ódio que devora muitas famílias.

Cristão provado, tenha certeza de que, embora você tenha suas dificuldades, você está salvo dos piores enxames, que infestam as casas e o coração dos servos do príncipe deste mundo. O Senhor colocou uma divisão; garanta que você manterá de pé essa separação em Espírito, propósito, caráter e companhia.

30 DE OUTUBRO

Minuciosa purificação

*Então, aspergirei água pura sobre vós,
e ficareis purificados; de todas as vossas imundícias e
de todos os vossos ídolos vos purificarei.*

EZEQUIEL 36:25

Que alegria superabundante! Aquele que nos purificou com o sangue de Jesus também nos purificará com a água do Espírito Santo. Deus disse e assim deve ser: "...ficareis purificados...". Senhor, sentimos e lamentamos nossa impureza e é encorajador ter a garantia de que seremos purificados vinda de Tua própria boca. Ó, que o Senhor faça a obra sem demora!

Ele nos libertará de nossos piores pecados. Os levantes de incredulidade e as luxúrias enganosas que guerreiam contra a alma, os pensamentos vis de orgulho e as sugestões de Satanás para que blasfememos o nome sagrado, todos eles serão expurgados de tal forma que jamais retornarão.

Ele também nos purificará de todos os nossos ídolos, sejam de ouro ou barro, nossos amores impuros e nosso amor excessivo àquilo que em si mesmo é puro. Aquilo que passamos a idolatrar, ou será arrancado de nós ou disso seremos apartados.

É Deus quem fala do que Ele mesmo fará. Portanto essa palavra está comprovada e garantida, e podemos buscar com ousadia o que ela nos assegura. A purificação é uma bênção da aliança, e a aliança é, em todos os aspectos, perfeita e segura.

31 DE OUTUBRO

Imortal até que a obra seja feita

*Não morrerei; antes, viverei
e contarei as obras do* SENHOR.
SALMO 118:17

Justa garantia é essa! Sem dúvida alicerçou-se numa promessa interiormente sussurrada ao coração do salmista, da qual ele apropriou-se e a desfrutou. O meu caso é como o de Davi? Estou deprimido porque o inimigo me afronta? Há multidões contra mim e poucos a meu lado? A incredulidade me propõe que eu me deite e morra em desespero, como um homem derrotado e desonrado? Meus inimigos começaram a cavar minha sepultura?

O que fazer então? Devo render-me ao sussurro do medo, desistir da batalha e com ela desistir de toda esperança? Longe disso. Ainda há vida em mim: "não morrerei...". O vigor retornará e removerá minha fraqueza. "...viverei...". O Senhor vive e eu também viverei. Minha boca novamente se abrirá: "...contarei as obras do Senhor". Sim, e falarei da dificuldade presente como outro exemplo da fidelidade que faz maravilhas e do amor do Senhor, meu Deus. Aqueles que, com alegria, fariam minhas medições para meu caixão terão que aguardar um pouco mais, pois "O Senhor me castigou severamente, mas não me entregou à morte" (SALMO 118:18). Glória seja ao Seu nome para sempre! Sou imortal até que meu trabalho esteja feito. Enquanto o Senhor assim desejar, jazigo algum poderá se fechar sobre mim.

1.º DE NOVEMBRO

Perfeição e preservação

Fiel é o que vos chama, o qual também o fará.
1 TESSALONICENSES 5:24

O *que Ele fará?* Ele nos santificará plenamente. Veja o versículo anterior. Ele exercerá a obra de purificação até que estejamos perfeitos em todos os aspectos. Ele preservará nosso "...espírito, alma e corpo..." para que "...sejam conservados íntegros e irrepreensíveis na vinda de nosso Senhor Jesus Cristo". Ele não permitirá que caiamos em desgraça, nem que estejamos sob o domínio do pecado. Que grandes favores são esses! Que possamos adorar Aquele que concede tais dádivas inenarráveis.

Quem fará isso? O Senhor que nos chamou das trevas para a Sua maravilhosa luz, da morte no pecado para a vida eterna em Cristo Jesus. Somente Ele pode fazer isso; tal perfeição e preservação pode vir apenas do Deus de toda a graça.

Por que Ele fará isso? Porque Ele é "fiel". Fiel à Sua própria promessa que é empenhada para salvar o que crê; fiel a Seu Filho cuja recompensa é que Seu povo será apresentado a Ele irrepreensível; fiel à obra que Ele iniciou em nós por nosso eficaz chamado. Não é na sua fidelidade, mas na fidelidade do próprio Senhor de quem os santos dependem.

Venha, ó minha alma, aqui está um grande banquete com que começar um mês opaco. Pode até estar nublado do lado de fora, mas no interior o sol deve brilhar.

2 DE NOVEMBRO

Riqueza celestial

Porque o S<small>ENHOR</small> Deus é sol e escudo;
o S<small>ENHOR</small> dá graça e glória;
nenhum bem sonega aos que andam retamente.

SALMO 84:11

O Senhor pode reter muitas coisas agradáveis, mas "...nenhum bem sonega...". Ele é o melhor juiz daquilo que é bom para nós. Algumas coisas são certamente boas e poderemos obtê-las ao pedir por intermédio de Jesus Cristo, nosso Senhor.

Santidade é algo bom e isso Ele efetuará livremente em nós. Com prazer Ele nos concederá vitória contra tendências perversas, temperamentos fortes e maus hábitos. Logo, não devemos permanecer sem ela.

Ele concederá: *garantia plena, comunhão próxima* com Ele, *acesso* à toda verdade e *ousadia* com prevalência diante do trono de misericórdia. Se não os temos, é por carência de fé em receber e não por indisposição de Deus em conceder. Uma composição calma e celestial, grande paciência e amor fervoroso: tais coisas Ele dará à santa diligência.

Mas note bem que devemos *andar retamente*. Não deve haver propósitos cruzados e ações tortuosas, nenhuma hipocrisia nem engano. Se caminharmos perversamente, Deus não poderá nos conceder favores, pois isso seria um prêmio pelo pecado. O caminho da retidão é o caminho da riqueza celestial; riqueza tão grande a ponto de incluir tudo o que é bom.

Que promessa pleitear em oração! Ajoelhemo-nos.

3 DE NOVEMBRO

No tempo de Deus

*Porque a visão é ainda para o tempo determinado,
e até ao fim falará, e não mentirá;
se tardar, espera-o, porque certamente virá, não tardará.*
HABACUQUE 2:3 (ARC)

A misericórdia pode parecer lenta, mas é certa. O Senhor, em sabedoria infalível, designou um tempo para a dispensação de Seu gracioso poder, e o tempo de Deus é o melhor. Nós temos pressa, a visão das bênçãos anima nosso desejo e acelera nossos anseios, mas o Senhor manterá Seus desígnios. Ele nunca age antes da hora, Ele jamais age depois.

A palavra de Deus é aqui mencionada como algo vivo que falará e virá. Não se trata de uma letra morta, como somos propensos a temer quando há muito aguardamos por seu cumprimento. A palavra viva está a caminho vinda do Deus vivo e, embora pareça estar demorando, na realidade não está. O trem de Deus não está atrasado. É apenas uma questão de paciência, e nós, em breve, veremos a fidelidade do Senhor. Nenhuma de Suas promessas falhará; "...e não mentirá...". Nenhuma de Suas promessas ficará perdida no silêncio; "...falará...". Que consolo falará ao ouvido que crê! Nenhuma das promessas de Deus precisará ser renovada como uma conta que não pôde ser paga no dia de seu vencimento; "...não tardará".

Vem, minha alma, tu não podes esperar por seu Deus? Descansa e aquieta nele em serenidade inefável.

4 DE NOVEMBRO

Você faz as trincheiras

Este disse: Assim diz o Senhor: Fazei, neste vale, covas e covas. Porque assim diz o Senhor: Não sentireis vento, nem vereis chuva; todavia, este vale se encherá de tanta água, que bebereis vós, e o vosso gado, e os vossos animais. 2 REIS 3:16-17

Três exércitos estavam perecendo de sede, e o Senhor interveio. Embora Ele não tenha enviado nuvem ou chuva, forneceu água em abundância. Ele não é dependente de métodos comuns, mas pode surpreender Seu povo com inovações de sabedoria e poder. Assim podemos ver mais de Deus do que os processos ordinários poderiam revelar. Embora o Senhor possa não aparecer diante de nós do modo como esperamos, ou desejamos, ou presumimos, Ele, contudo, de uma forma ou outra, proverá para nós. É grande bênção para nós sermos elevados acima de causas secundárias de modo que podemos contemplar a face da grande Primeira Causa.

Temos, neste dia, o suficiente para construir valas para as quais a bênção divina possa fluir? Infelizmente nós, com muita frequência, falhamos em exibir a fé verdadeira e prática. Que nós, neste dia, estejamos à espreita aguardando respostas à oração. Como a criança que foi a uma reunião para orar por chuva e levou consigo um guarda-chuva, assim esperemos nós verdadeiramente, e de modo prático, que o Senhor nos abençoe. Cavemos vários e vários fossos no vale e esperemos vê-los todos cheios.

5 DE NOVEMBRO

O que é doloroso acabará

Pois não contenderei para sempre, nem me indignarei continuamente; porque, do contrário, o espírito definharia diante de mim, e o fôlego da vida, que eu criei.

ISAÍAS 57:16

Nosso Pai celestial deseja nossa instrução, não a nossa destruição. Sua contenda *conosco* tem uma espécie de intenção *com relação* nós. Ele não estará sempre guerreando contra nós. Embora consideremos que o Senhor se prolonga em Suas punições, isso ocorre porque somos limitados em paciência. A compaixão de Deus dura para sempre, mas não o Seu contender. A noite pode arrastar sua desgastante duração, mas, ao fim dela, deve dar lugar a um dia alegre. Como a contenda dura apenas um período, assim a ira que a deflagra é apenas por um momento. O Senhor ama demais Seus escolhidos para estar sempre irado com eles.

Se Deus lidasse conosco sempre como Ele o faz em certos momentos, desfaleceríamos imediatamente e afundaríamos irremediavelmente até os portões da morte. Coragem, querido coração! O Senhor em breve findará Sua repreensão. Aguente firme, pois o Senhor o ajudará e o sustentará. Ele, que o criou, sabe quão frágil você é e quão pouco consegue aguentar. Ele tratará ternamente o que formou tão delicadamente. Portanto, não tema o hoje doloroso, pois este se apressa para um futuro feliz. Deus, que o fustigou, curará você. A Sua breve ira será acompanhada por grandes misericórdias.

6 DE NOVEMBRO

Deleite e desejos

Agrada-te do S<small>ENHOR</small>,
e ele satisfará os desejos do teu coração.

SALMO 37:4

Agradar-se de Deus tem um poder transformador e eleva um homem acima do grosseiro desejo de nossa natureza caída. Agradar-se de Jeová não é apenas doce em si mesmo, mas adoça a alma como um todo, até que os anseios do coração se tornem tais que o Senhor possa seguramente prometer satisfazê-los. Não é grande o deleite que molda os nossos desejos até que se tornem semelhantes aos desejos de Deus?

Somos tolos em desejar primeiro e somente depois trabalhar para alcançar o que desejamos. Não nos colocamos a agir do modo de Deus, que é buscá-lo por primeiro e então esperar que todas as coisas nos sejam acrescentadas. Caso permitamos que nosso coração seja preenchido por Deus até que transborde de deleite, então o próprio Senhor cuidará para que não tenhamos falta de nada que é bom. Em lugar de sairmos à procura de alegrias, permaneçamos em casa com Deus e bebamos águas de nossa própria fonte. Ele pode fazer por nós muito mais do que todos os nossos amigos. É melhor contentar-se apenas com Deus do que perambular inquieto e dominado emocionalmente pelas trivialidades irrisórias do tempo e do bom senso. Por certo tempo, podemos ter decepções, mas, se elas nos aproximam do Senhor, deverão ser altamente apreciadas, pois, ao fim, garantirão o cumprimento de todos os nossos desejos íntegros.

7 DE NOVEMBRO

A verdadeira humildade é recompensada

Digo-vos que este desceu justificado para sua casa, e não aquele; porque todo o que se exalta será humilhado; mas o que se humilha será exaltado. LUCAS 18:14

Não deve ser difícil nos humilharmos, pois qual motivo temos do qual nos orgulhar? Deveríamos tomar o lugar mais baixo sem que nos fosse dito para assim o fazer. Seremos pequenos aos nossos próprios olhos se formos sensíveis e honestos. Especialmente diante do Senhor em oração, somos reduzidos a nada. Ali não podemos falar de mérito, pois não temos nenhum; nosso único apelo deve ser à misericórdia: "...Ó Deus, sê propício a mim, pecador!" (LUCAS 18:13).

Aqui temos uma palavra encorajadora vinda do trono: seremos exaltados pelo Senhor se nos humilharmos. Para nós, o caminho ascendente é a diminuição. Quando somos despidos do eu, somos vestidos de humildade, e esta é a melhor das indumentárias. O Senhor nos exaltará em paz e felicidade de espírito; Ele nos exaltará no conhecimento de Sua Palavra e na comunhão consigo; Ele nos exaltará no usufruir do perdão e da justificação garantidos. O Senhor coloca Suas honras sobre aqueles que podem dela vestir-se para a honra do Doador. Ele dá serventia, reconhecimento e influência àqueles que não se ensoberbecem com nada disso, mas são humilhados pela noção de maior responsabilidade. Nem Deus nem o homem se preocupará em exaltar alguém que se exalta a si mesmo; porém Deus e os bons homens se unirão para honrar a modéstia.

*Ó, Senhor, diminua-me em mim mesmo
para que eu possa elevar-me em ti.*

8 DE NOVEMBRO

A magnitude da graça

*Então, ele me disse: A minha graça te basta,
porque o poder se aperfeiçoa na fraqueza.
De boa vontade, pois, mais me gloriarei nas fraquezas,
para que sobre mim repouse o poder de Cristo.*
2 CORÍNTIOS 12:9

Nossa fraqueza deveria ser valorizada como algo que abre espaço para a força divina. Talvez jamais tivéssemos conhecido o poder da graça se não tivéssemos sentido a fraqueza da própria natureza. Bendito seja o Senhor pelo espinho na carne e pelo mensageiro de Satanás, quando isso nos leva à força de Deus.

Essa é uma palavra preciosa proferida pelos próprios lábios de nosso Senhor. Ela fez este escritor gargalhar de alegria. A graça de Deus me basta! Eu deveria pensar que sim. Não é o céu suficiente para o pássaro e o oceano suficiente para o peixe? Aquele que é Todo-suficiente é suficiente para minha maior necessidade. Ele, que é suficiente para Terra e Céu, certamente tem habilidade para lidar com um pobre verme como eu.

Apoiemo-nos em Deus e em Sua graça. Caso Ele não remova nosso sofrimento, Ele nos capacitará a suportá-lo. Sua força será derramada em nós até que o verme debulhe as montanhas e um ninguém seja vitorioso contra todos os grandes e poderosos. É melhor para nós que tenhamos a força de Deus à nossa própria, pois, se nossa força fosse mil vezes maior do que é, equivaleria a nada diante do inimigo; e caso pudéssemos ser mais fracos do que somos, o que dificilmente seria possível, poderíamos fazer todas as coisas por meio de Cristo.

9 DE NOVEMBRO

O conhecimento necessário

*Saberão, porém, que eu, o SENHOR, seu Deus,
estou com elas e que elas são o meu povo,
a casa de Israel, diz o SENHOR Deus.*

EZEQUIEL 34:30

Ser o povo do Senhor é uma bênção de escolha, mas reconhecer que somos Seu povo é uma bênção aconchegante. Uma coisa é *esperar* que Deus esteja conosco, outra é *ter a certeza* de que Ele está. A fé nos salva, mas a certeza nos satisfaz. Nós temos a Deus como nosso Deus quando cremos nele, mas recebemos a Sua alegria quando sabemos que o Senhor é nosso e que pertencemos a Ele. Nenhum cristão deveria contentar-se apenas em esperar e confiar, mas deveria pedir ao Senhor que o guie à plena certeza, de modo que as questões de esperança possam se tornar questões de certeza.

Atingimos o claro reconhecimento sobre o favor de Deus em relação a nós quando desfrutamos das bênçãos da aliança e vemos o nosso Senhor Jesus elevado para nós como plantação memorável (EZEQUIEL 34:29). Aprendemos não pela Lei, mas pela graça, que somos o povo do Senhor. Voltemos sempre o nosso olhar para a direção da justificação gratuita (ROMANOS 3:24). A garantia da fé jamais pode vir pelas obras da Lei. É uma virtude evangélica que pode nos alcançar apenas pelo evangelho. Não olhemos para nosso interior, mas para o Senhor. Ao vermos Jesus, veremos nossa salvação.

*Senhor, envia-nos tamanha maré cheia do Teu amor
para que sejamos lavados e estejamos
fora do alcance do lamaçal de dúvida e medo.*

10 DE NOVEMBRO

Caminhe sem tropeçar

Ele não permitirá que os teus pés vacilem;
não dormitará aquele que te guarda. SALMO 121:3

Se o Senhor não permitir que vacilem, nem homens ou demônios podem fazê-lo. Como eles se regozijariam se pudessem nos causar queda vergonhosa, arrancar-nos de nossa posição e nos sepultar até desaparecermos da lembrança! Eles poderiam realizar tal feito, para a satisfação do coração deles, se não existisse um impedimento, e apenas um: o Senhor não permitirá que nossos "pés vacilem". E se Ele não permite que isso aconteça, não sofreremos isso.

O caminho da vida é como viajar pelos Alpes. Ao longo do caminho da montanha, ficamos constantemente suscetíveis a escorregar os pés. Onde o caminho é elevado, facilmente encontramos instabilidade e então rapidamente os pés deslizam; há pontos que são lisos como vidro e outros ásperos como rochas soltas e, em qualquer um desses casos, é difícil evitar uma queda. Aquele que, ao longo da vida, é capacitado a manter-se íntegro e caminhar sem tropeços tem a melhor das razões para gratidão. Com armadilhas e ciladas, joelhos débeis, pés exaustos e inimigos sutis, nenhum filho de Deus permaneceria firme por uma única hora se não fosse pelo amor fiel que não permitirá que seu pé seja movido.

Em meio a mil armadilhas estou
Mantido e guardado por Tua mão;
Essa mão invisível me envolverá
E ao Teu santo Monte me guiará.[1]

---

[1] Tradução livre. [N.E.: com base no Salmo 138:7 – texto do hino *With all my powers of heart and tongue*, de Isaac Watts (1674–1748)].

11 DE NOVEMBRO

Servos libertos do Senhor

*Porque o pecado não terá domínio sobre vós;
pois não estais debaixo da lei, e sim da graça.*
ROMANOS 6:14

O pecado, se puder, reinará, pois ele não se satisfaz com nenhum outro lugar a não ser o trono do coração. Nós, algumas vezes, tememos que ele nos conquiste e então clamamos ao Senhor: "...não me domine iniquidade alguma" (SALMO 119:133). E a Sua consoladora resposta é esta: "...o pecado não terá domínio sobre vós...". Pode o assaltar ou até mesmo feri-lo, mas nunca estabelecerá soberania sobre você.

Estivéssemos nós sob a Lei, nosso pecado reuniria forças e nos manteria sob seu poder, pois é a punição do pecado o homem permanecer sob o poder do pecado. Como estamos sob a aliança da graça, estamos seguros contra a possibilidade de nos afastarmos do Deus vivo pela garantia da declaração da aliança. A graça nos é prometida, a graça pela qual somos restaurados de nosso vaguear, purificados de nossas impurezas e libertos das correntes do hábito.

Nós deveríamos jazer em desespero e nos contentarmos em "servir os egípcios" caso ainda fôssemos escravos trabalhando pela vida eterna, mas, uma vez que somos os servos libertos do Senhor, tomamos coragem para lutar contra nossas corrupções e tentações, tendo a garantia de que o pecado jamais nos terá sob seu jugo novamente. O próprio Deus nos concede a vitória por meio de nosso Senhor Jesus Cristo, a quem seja a glória para sempre e sempre. Amém.

12 DE NOVEMBRO

A alma santificada é satisfeita

*Saciarei de gordura a alma dos sacerdotes, e o meu povo
se fartará com a minha bondade, diz o SENHOR.*
JEREMIAS 31:14

Observe o pronome que aparece duas vezes: "...*meu* povo se fartará com a *minha* bondade...".

As pessoas que se fartam com a bondade de Deus são marcadas como Sua propriedade. Ele se agrada delas, pois elas se agradam dele. Elas o chamam de seu Deus, e o Senhor as chama de Seu povo; Ele se agrada de tomá-las como porção, e elas se agradam de tê-lo como a porção delas. Há comunhão mútua de deleite entre o Deus de Israel e o Israel de Deus.

Tais pessoas estão satisfeitas. Isso é algo grandioso. Pouquíssimos filhos dos homens chegam a se satisfazer, seja o que for sua sorte, pois engoliram a sanguessuga que clama continuamente: "Dê! Dê!". Apenas as almas santificadas são almas satisfeitas. Certamente, o próprio Deus nos converte e nos satisfaz.

Não é surpresa o fato de que o povo do Senhor deva contentar-se com a Sua bondade. Aqui temos a bondade sem mescla, generosidade ilimitada, misericórdia sem reprimenda, amor imutável e favor sem reserva. O que mais nos satisfará, se a bondade de Deus não nos satisfizer? O quê? Ainda estamos lamentando? Com certeza, há algo de errado com o desejo, se não puder ser saciado pela bondade de Deus.

Senhor, estou saciado e farto.
Bendito seja o Teu nome!

13 DE NOVEMBRO

A vigilância infalível

É certo que não dormita, nem dorme o guarda de Israel.
SALMO 121:4

Jeová é o "guarda de Israel". Nenhuma forma de torpor o domina, nem letargia ou ínfima sonolência. Ele nunca deixa de vigiar a casa e o coração de Seu povo. Isso é razão suficiente para descansarmos em perfeita paz. Alexandre disse que dormia porque seu amigo Parmênio[1] vigiava; muito mais podemos nós dormir, porque nosso Deus é nosso guarda.

"É certo que..." está aqui estabelecido para chamar nossa atenção à verdade animadora. Israel, quando teve uma pedra por travesseiro, adormeceu, mas seu Deus estava acordado e veio em visão a Seu servo. Ao nos deitarmos indefesos, o próprio Jeová cobrirá nossa cabeça.

O Senhor guarda Seu povo como um homem rico guarda o seu tesouro, como um capitão guarda uma cidade com uma guarnição, como uma sentinela vigia sua fortificação. Ninguém pode prejudicar aqueles que estão sob tal proteção. Que eu coloque minha alma em Suas ternas mãos. Ele jamais nos esquece, nunca deixa de ativamente cuidar de nós, nunca se encontra impossibilitado de nos preservar.

Ó, meu Senhor, guarda-me, não permita que eu vagueie, caia e pereça. Guarda-me, para que eu possa permanecer em Teus mandamentos. Por Teu cuidado vigilante, impede-me de cair no sono como o indolente e de perecer como aqueles que dormem o sono da morte.

---

[1] [N.E.: General macedônio que serviu aos reis Filipe II e Alexandre.]

14 DE NOVEMBRO

O nome a ser usado

Se me pedirdes alguma coisa em meu nome, eu o farei.
JOÃO 14:14

Que promessa ampla! Alguma coisa, qualquer coisa! Sejam grandes ou pequenas, todas as minhas necessidades estão cobertas por essa palavra "alguma". Venha, minha alma, seja livre diante do trono de misericórdia e ouça seu Senhor dizendo a você: "...Abre bem a boca e ta encherei" (SALMO 81:10).

Que sábia promessa! Nós devemos sempre pedir no nome de Jesus. Enquanto isso *nos* encoraja, também concede honra a *Ele*. Isso é súplica constante. Ocasionalmente uma ou outra súplica é obscurecida, especialmente aquelas que poderíamos extrair de nosso próprio relacionamento com Deus ou de nossa experiência com Sua graça, mas em tais momentos o nome de Jesus é tão poderoso no trono quanto sempre foi, e nós podemos suplicar diante dele com confiança plena.

Que oração instrutiva! Eu não poderei pedir por coisa alguma em que não possa colocar a mão e o selo de Cristo. Não ouso utilizar o nome do meu Senhor para uma petição egoísta ou dolosa. Poderei apenas utilizar o nome de meu Senhor em orações que Ele próprio faria se estivesse em minha situação. É elevado privilégio ser autorizado a pedir no nome de Jesus como se Ele próprio pedisse, mas nosso amor a Jesus nunca nos permitirá colocar o Seu nome onde Ele não o colocaria.

Estou pedindo aquilo que Jesus aprova? Ouso colocar Seu selo em minha oração? Então, tenho o que busco do Pai.

15 DE NOVEMBRO

Riquezas ilimitadas

*E o meu Deus, segundo a sua riqueza em glória,
há de suprir, em Cristo Jesus,
cada uma de vossas necessidades.* FILIPENSES 4:19

O Deus de Paulo é nosso Deus e suprirá todas as nossas necessidades. Paulo sentia-se seguro quanto a isso em relação aos filipenses, e nós temos certeza disso quanto a nós mesmos. Deus fará, pois é próprio dele. Ele nos ama, Ele se deleita em nos abençoar, e agir dessa forma o glorificará. Sua piedade, Seu poder, Seu amor, Sua fidelidade, todos trabalham juntos para que não passemos fome.

Que padrão generoso o Senhor usa nesta medida: "...segundo a sua riqueza em glória, há de suprir, em Cristo Jesus..."! As riquezas de Sua graça são consideráveis, mas o que diremos das riquezas de Sua glória? Sua "...riqueza em glória [...] em Cristo Jesus..."; quem poderá estimar de quanto se trata? De acordo com Sua imensurável medida, Deus preencherá o imenso abismo de nossas necessidades. Deus faz do Senhor Jesus o receptáculo e o canal de Sua plenitude e então transmite a nós Sua riqueza de amor em sua forma mais elevada. Aleluia!

Este escritor sabe o que significa ser tentado na obra do Senhor. A fidelidade tem sido recompensada com ira e doadores generosos interromperam suas contribuições, mas aquele a quem procuram oprimir não ficou nem mesmo um centavo sequer mais pobre. Não, antes ele enriqueceu, pois esta promessa tem sido verdadeira: "E o meu Deus [...] há de suprir [...] cada uma de vossas necessidades". As provisões de Deus são mais certas do que qualquer banco.

16 DE NOVEMBRO

Armas condenadas a falhar

Toda arma forjada contra ti não prosperará;
toda língua que ousar contra ti em juízo, tu a condenarás;
*esta é a herança dos servos do S*ENHOR
*e o seu direito que de mim procede, diz o S*ENHOR.

ISAÍAS 54:17

Ouve-se fortes sons vibrantes nas forjas e ferrarias do inimigo. Eles estão fabricando armas com as quais podem ferir os santos. Mas nem mesmo isso poderiam fazer caso o Senhor dos santos não lhes permitisse, pois Ele criou o ferreiro que sopra as brasas no fogo. Mas veja quão freneticamente labutam! Quantas espadas e lanças eles forjam! De nada importa, pois na lâmina de cada arma você pode ler esta inscrição: *Não prosperará*.

Entretanto agora ouça outro ruído: é a querela das línguas. Línguas são instrumentos mais terríveis do que aqueles que podem ser confeccionados com martelos e bigornas, e o mal que elas infligem corta profunda e mais vastamente. O que será de nós agora? Calúnia, falsidade, insinuação, escárnio — essas são flechas envenenadas, como podemos interceptá-las? O Senhor Deus nos promete que, se não pudermos neutralizá-las, ao menos escaparemos da ruína causada por elas. Elas nos condenam no momento presente, mas nós as condenaremos finalmente e para sempre. A boca daqueles que pronunciam mentiras será paralisada e suas falsidades serão transformadas em honra àqueles bons homens que sofreram por conta delas.

17 DE NOVEMBRO

Deus nunca abandona

*Pois o SENHOR não há de rejeitar o seu povo,
nem desamparar a sua herança.*
SALMO 94:14

Não, Deus não rejeitará nem mesmo um único deles. O homem tem seus rejeitados, mas o Senhor não possui nenhum, pois Sua escolha é imutável e Seu amor é perene. Não se pode encontrar uma única pessoa a quem Deus abandonou após ter-se revelado a ela como Salvador.

Essa esplêndida verdade é mencionada no Salmo para alegrar o coração do aflito. O Senhor disciplina os Seus, mas Ele nunca os abandona. O resultado da obra dupla da Lei e do cajado é nossa instrução, e o fruto dessa instrução é o aquietar do espírito, a sobriedade da mente, da qual vem o descanso. Os impiedosos são deixados sozinhos até que seja cavado o fosso em que cairão e serão levados, porém os piedosos são enviados à escola para serem preparados para seu glorioso destino vindouro. O julgamento retornará e findará sua obra com os rebeldes, mas retornará, igualmente, para reivindicar os sinceros e os piedosos. Consequentemente podemos suportar o cajado da correção com serena submissão, pois não significa ira, e sim amor.

*Deus pode corrigir e castigar,
Porém jamais negligenciar;
Sendo fiel pode reprovar,
Mas jamais deixar de amar.*[1]

---

[1] Tradução livre do hino *Christ My Song* (John S. B. Monsell/Johannes Thomas Rüegg)

18 DE NOVEMBRO

Claramente sobrenatural

*Naquele dia, o SENHOR protegerá
os habitantes de Jerusalém; e o mais fraco dentre eles,
naquele dia, será como Davi, e a casa de Davi
será como Deus, como o Anjo do SENHOR diante deles.*
ZACARIAS 12:8

Um dos melhores métodos do Senhor para defender Seu povo é torná-los fortes em poder interior. Os homens são melhores que as muralhas e a fé é mais forte do que os castelos.

O Senhor pode tomar o mais débil entre nós e torná-lo como Davi, o campeão de Israel. Senhor, faz isso comigo! Infunde Teu poder em mim e enche-me com coragem sagrada para que eu possa enfrentar o gigante com uma funda e uma pedra, confiante em ti.

O Senhor pode fazer Seus mais célebres campeões ainda muito mais poderosos do que são. Davi pode ser como Deus, como o anjo de Jeová. Isso seria um desenvolvimento extraordinário, mas é possível ou sobre ele não se falaria. Ó, Senhor, trabalha com os melhores de nossos líderes! Mostra-nos o que o Senhor é capaz de fazer; a saber, levantar servos fiéis a uma estatura de graça e santidade que será claramente sobrenatural!

*Senhor, habita em Teus santos e eles serão como Deus,
coloca Tua força neles e eles serão como os
seres viventes que habitam na presença de Jeová.
Cumpre essa promessa para toda a Tua Igreja
neste nosso dia, por amor a Jesus. Amém.*

19 DE NOVEMBRO

Da obediência à bênção

*Já não há semente no celeiro. Além disso,
a videira, a figueira, a romeira e a oliveira não têm
dado os seus frutos; mas, desde este dia, vos abençoarei.*

AGEU 2:19

Coisas futuras estão ocultas a nós. Contudo aqui temos um vislumbre dos anos por vir. O Senhor diz: "...desde este dia, vos abençoarei".

Vale a pena observar o dia a que se faz referência nessa promessa. Houve perda de colheitas, destruição e mofo; isso tudo devido ao pecado do povo. Nessa ocasião, o Senhor viu esses afligidos passando a obedecer à Sua palavra e a construir Seu templo, portanto Ele diz: "...desde o dia em que se fundou o templo do Senhor, considerai [...] desde este dia, vos abençoarei". Caso tenhamos vivido em qualquer pecado e o Espírito nos guie a nos purificarmos dele, podemos reconhecer nisso a bênção do Senhor. Seu sorriso, Seu Espírito, Sua graça, Sua revelação mais plena de Sua verdade nos provarão ser bênção ainda maior. Talvez enfrentemos maior oposição do homem devido à nossa fidelidade, mas desenvolveremos um relacionamento mais próximo do Senhor nosso Deus e a visão mais clara de nossa aceitação nele.

*Senhor, estou decidido a ser mais fiel a ti e mais correto
em seguir Tua doutrina e Teu preceito.
Rogo a ti, mediante Cristo Jesus, pedindo que aumentes
a bem-aventurança em minha vida diária
doravante e para sempre.*

20 DE NOVEMBRO

Fome satisfeita

*Pois dessedentou a alma sequiosa
e fartou de bens a alma faminta.*
SALMO 107:9

É bom ter anseios, e quanto mais intensos forem, melhor. O Senhor satisfará anseios da alma independentemente de quão grandiosos e totalmente envolventes sejam. Ansiemos grandemente, pois Deus concederá com abundância. Jamais estaremos no estado de espírito correto quando nos contentarmos conosco mesmos e estivermos livres de anseios. Os desejos por mais graça e gemidos inexprimíveis são as dores do crescimento, e deveríamos desejar senti-las mais e mais. Bendito Espírito, faz-nos suspirar e clamar por coisas melhores e por mais das melhores coisas!

A fome de forma alguma é uma sensação agradável. Contudo, bendito são os que têm sede e fome de justiça. Tais pessoas não apenas serão saciadas com um pouco de alimento, mas serão satisfeitas plenamente. Não serão cheias com qualquer tipo de material rudimentar, mas sua dieta será digna de seu bom Senhor, pois se fartarão com bondade pelo próprio Jeová.

Venham, não nos aflijamos porque ansiamos e temos fome, mas ouçamos a voz do salmista enquanto ele também anseia e tem fome desejando ver Deus magnificado. "Rendam graças ao Senhor por sua bondade e por suas maravilhas para com os filhos dos homens!" (SALMO 107:8).

21 DE NOVEMBRO

Olhar para fora e para o alto

*Olhai para mim e sede salvos, vós, todos os limites
da terra; porque eu sou Deus, e não há outro.*
ISAÍAS 45:22

Essa é uma promessa das promessas. Ela é a base de nossa vida espiritual. A salvação vem mediante o olhar para Ele que é "...Deus justo e Salvador..." (ISAÍAS 45:21). Como é simples esta orientação! "Olhai para mim...". Como é plausível essa exigência! Certamente a criatura deveria olhar para o Criador. Por tempo suficiente, já procuramos em outro lugar; é hora de olharmos somente para Aquele que nos convida a termos expectativa e promete nos conceder Sua salvação.

Somente um olhar! Não olharemos imediatamente? Não devemos trazer nada em nós, apenas olhar para fora e para o alto, para nosso Senhor em Seu trono, para onde, a partir da cruz, ascendeu. Um olhar não exige preparação, nenhum esforço radical. Não são necessárias perspicácia nem sabedoria, riqueza ou força. Tudo de que precisamos está no Senhor nosso Deus, e se olharmos para Ele em todas as situações, de modo que tudo seja nosso, seremos, então, salvos.

Venham, vocês distantes, olhem para cá! Vocês dos confins da Terra, voltem seu olhar para esta direção! Visto que, das regiões mais longínquas, homens podem ver o Sol e desfrutar de sua luz, assim vocês que jazem nas fronteiras da morte diante dos próprios portões do inferno podem, por um olhar, receber a luz de Deus, a vida do Céu, a salvação do Senhor Jesus Cristo, que é Deus e, portanto, capaz de salvar.

22 DE NOVEMBRO

Já não há condenação

*Naqueles dias e naquele tempo, diz o SENHOR,
buscar-se-á a iniquidade de Israel, e já não haverá;
os pecados de Judá, mas não se acharão;
porque perdoarei aos remanescentes que eu deixar.*

JEREMIAS 50:20

Que palavra realmente gloriosa! Como é perfeito o perdão aqui prometido às nações pecadoras de Israel e Judá! O pecado deve ser removido de tal forma que não seja mais encontrado, perfeitamente apagado de modo que nenhum perdure. Glória seja dada ao Deus de perdões!

Satanás procura pecados pelos quais nos acusar, nossos inimigos os procuram para que possam nos indiciar, e nossa própria consciência os procura com avidez mórbida. Mas, quando o Senhor faz uso do precioso sangue de Jesus, não temos essas buscas, pois "...já não haverá...", "...não se acharão...". O Senhor fez os pecados de Seu povo desaparecerem. Ele acabou com a transgressão e colocou um fim ao pecado. O sacrifício de Jesus lançou nossos pecados nas profundezas do mar. Isso nos faz dançar de alegria.

A razão para a remoção do pecado está no fato de que o próprio Jeová perdoa Seus escolhidos. Sua palavra de graça não é apenas régia, mas divina. Ele declara absolvição e nós somos absolvidos. Ele aplica a expiação e, desse momento em diante, Seu povo está além de todo medo da condenação.

Bendito seja o nome do Deus que aniquila o pecado!

23 DE NOVEMBRO

Adquirindo perseverança

*O Senhor, teu Deus, lançará fora estas nações,
pouco a pouco, de diante de ti; não poderás
destruí-las todas de pronto, para que as feras do campo
se não multipliquem contra ti.*

DEUTERONÔMIO 7:22

Não devemos esperar que por um único golpe obteremos vitórias para o Senhor Jesus. Os princípios e as práticas malignas são difíceis de morrer. Em alguns locais são necessários anos de labuta para desalojar até mesmo um dos muitos vícios que corrompem os habitantes. Devemos guerrear com toda a nossa força, mesmo quando somos favorecidos com pouco sucesso.

Nossa tarefa neste mundo é conquistá-lo para Jesus. Não devemos fazer concessões, mas exterminar os males. Não devemos buscar popularidade, mas travar guerra incessante contra a iniquidade. Devemos extinguir a infidelidade, o papismo, a embriaguez, a impureza, a opressão, a mundanidade e o engano.

Somente o Senhor nosso Deus pode realizar isso. Ele age por Seus servos fiéis, e bendito seja Seu nome. Ele promete que assim trabalhará. "O Senhor, teu Deus, lançará fora estas nações...". Isso Ele fará gradualmente para que aprendamos a perseverança e possamos ampliar nossa fé, vigiar seriamente e evitar a segurança carnal. Agradeçamos a Deus por uma pequena vitória e oremos por mais. Jamais embainhemos a espada até que toda a terra esteja ganha para Jesus.

Coragem, meu coração! Prossiga pouco a pouco, pois muitos desses poucos formarão um grande todo.

24 DE NOVEMBRO

Indulto e perdão

*Não repreende perpetuamente,
nem conserva para sempre a sua ira.*
SALMO 103:9

Em alguns momentos, Deus se ira, ou não seria um Pai sábio para filhos tão pobres e falhos como nós o somos. Sua ira é muito dolorosa o, pois sentem quão lamentavelmente a merecem e o quão impróprio é da parte deles o entristecer. Nós sabemos o que significa tal ira e nos curvamos diante do Senhor, lamentando ter provocado Sua ira contra nós.

Entretanto que consolo encontramos nestas linhas: "...nem [...] para sempre..." Ele conservará Sua ira. Se nos arrependermos e nos voltarmos a Ele com o coração quebrantado por causa do pecado e livre dele, o Senhor sorrirá para nós imediatamente. Não lhe é prazeroso voltar a Sua face de forma austera àqueles a quem ama de todo o Seu coração; é Sua alegria que a nossa alegria seja plena.

Venham, contemplemos Sua face. Não há razão para desespero, nem mesmo para abatimento. Amemos o Deus austero e em breve cantaremos: "...a tua ira se retirou, e tu me consolas" (ISAÍAS 12:1). Fora, vaticínios sombrios, corvos da alma! Acheguem-se humildes esperanças e memórias de gratidão, ó pombas do coração! O Senhor que há muito nos perdoou como juiz, perdoar-nos-á novamente como Pai, e nós nos regozijaremos em Seu doce e imutável amor.

25 DE NOVEMBRO

Montes transformados em campinas

Quem és tu, ó grande monte?
Diante de Zorobabel serás uma campina;
porque ele colocará a pedra de remate,
em meio a aclamações: Haja graça e graça para ela!
ZACARIAS 4:7

Nesta hora uma montanha de dificuldade, aflição ou necessidade pode estar em nossa direção e o raciocínio natural não enxerga caminho algum sobre, através ou ao redor dela. Conceda espaço para a fé e imediatamente a montanha desaparece, tornando-se uma campina. Mas primeiro a fé deve ouvir a palavra do Senhor: "...Não por força nem por poder, mas pelo meu Espírito, diz o SENHOR dos Exércitos" (ZACARIAS 4:6). Essa verdade grandiosa é primordial para enfrentar as provações intransponíveis da vida.

Eu reconheço que nada posso fazer e que toda a confiança no homem é vaidade. "Não por força...". Vejo que não se pode confiar em nenhum meio visível, mas a força está no Espírito invisível. Somente Deus deve agir, e os meios e os homens não devem ser considerados. Se é assim que o Todo-poderoso assume as questões de Seu povo, então as grandes montanhas nada significam. Ele pode remover mundos como meninos jogam bolas ou as conduzem com seus pés. Ele pode me emprestar tal poder. Se o Senhor me ordenar que eu mova uma montanha dos Alpes, posso fazê-lo por intermédio de Seu nome. Pode se tratar de uma grande montanha, mas, mesmo diante de minha debilidade, ela se tornará uma campina, pois o Senhor declarou isso. Do que posso sentir medo, se Deus estiver ao meu lado?

26 DE NOVEMBRO

Alquimia celestial

Em verdade, em verdade eu vos digo
que chorareis e vos lamentareis, e o mundo
se alegrará; vós ficareis tristes,
mas a vossa tristeza se converterá em alegria.
JOÃO 16:20

O lamento específico pela morte e ausência de seu SENHOR foi transformado em alegria quando Ele ressuscitou dos mortos e apareceu no meio deles. Todos os lamentos dos santos serão assim transmutados, até mesmo os piores deles que parecem ser fontes permanentes de amargura.

Logo, quanto mais lamento, mais alegria. Caso tenhamos lamentos aos montes, o poder do Senhor, então, os transformará em alegria. Sendo assim, quanto mais amarga a dificuldade, mais doce a satisfação. O oscilar do pêndulo à extrema esquerda o fará oscilar à extrema direita. A memória do lamento deverá realçar o sabor do deleite. Colocaremos um em contraste ao outro e o reluzir do diamante será visto mais claramente devido à película preta por detrás.

Venha, meu coração, alegre-se! Em pouco tempo estarei tão alegre como agora estou desconsolado. Jesus me diz que, por uma alquimia celestial, meu lamento será transformado em alegria. Eu não vejo como isso acontecerá, mas nisso creio e passo a cantar como por expectativa. Tal depressão de espírito não será por muito tempo; pois breve estarei entre os felizes que louvam ao Senhor dia e noite e ali cantarei sobre a misericórdia que me libertou de grandes aflições.

27 DE NOVEMBRO

Descanse em todas as suas idas

*Respondeu-lhe: A minha presença
irá contigo, e eu te darei descanso.*
ÊXODO 33:14

Preciosa promessa! Senhor, capacita-me a apropriar-me dela como sendo inteiramente para mim.

Nós devemos em certos momentos sair de nossa morada, pois aqui não temos residência permanente. Frequentemente ocorre que, quando mais nos sentimos à vontade em certo local, somos repentinamente chamados para nos retirarmos dali. Aqui está o antídoto para esse mal: o próprio Senhor nos fará companhia. Sua presença, que inclui Seu favor, Sua comunhão, Seu cuidado e Seu poder estão sempre conosco em cada uma de nossas marchas. Isso significa muito mais do que é afirmado, pois, de fato, significa todas as coisas. Se temos Deus presente conosco, temos posse do Céu e da Terra. Vem comigo, Senhor, e envia-me para onde quiseres!

Contudo esperamos encontrar um lugar de descanso. O texto promete isso. Teremos descanso concedido, criado e preservado pelo próprio Deus. Sua presença nos fará descansar mesmo quando estivermos marchando, sim, até mesmo em meio à batalha. *Descanse!* Palavra três vezes bendita. Pode em algum momento ser desfrutada por mortais? Sim, há a promessa quanto a ela, e pela fé a pleiteamos. O descanso vem do Consolador, do Príncipe da Paz e do glorioso Pai que descansou, no sétimo dia, de todas as Suas obras. Estar com Deus é descansar no sentido mais explícito possível.

28 DE NOVEMBRO

Faça o que Deus pode abençoar

*O Senhor determinará que a bênção
esteja nos teus celeiros e em tudo o que
colocares a mão; e te abençoará
na terra que te dá o Senhor, teu Deus.*

DEUTERONÔMIO 28:8

Se obedecemos ao Senhor nosso Deus, Ele abençoará aquilo que nos dá. As riquezas não são maldição quando são abençoadas pelo Senhor. Quando os homens têm mais do que precisam para suas necessidades imediatas e passam a estocar em armazéns, a podridão seca da ganância ou a ferrugem da dureza de coração está disposta a seguir a acumulação, mas isso não ocorre com a bênção de Deus. A prudência organiza as economias, a generosidade direciona os gastos, a gratidão preserva a consagração, e o louvor adoça o usufruir. Grande misericórdia é ter a bênção de Deus no cofre e na conta bancária.

Que favor passa a ser nosso por esta última sentença: "O Senhor determinará que a bênção esteja [...] em tudo o que colocares a mão..."! Sendo assim, não colocaríamos nossas mãos em nada sobre o qual ousaríamos pedir a bênção de Deus, nem agiríamos sem oração em fé. Que privilégio ser capaz de recorrer ao Senhor em cada empreendimento! Alguns falam de homens com sorte, no entanto a bênção do Senhor é melhor do que a sorte. O patrocínio dos poderosos nada significa em relação ao favor de Deus. A autossuficiência é muito boa, mas a bênção do Senhor é infinitamente maior do que todo o fruto do talento, da genialidade ou da habilidade.

29 DE NOVEMBRO

Saiba como esperar

Portanto, assim diz o SENHOR Deus: Eis que eu assentei em Sião uma pedra, pedra já provada, pedra preciosa, angular, solidamente assentada; aquele que crer não foge. ISAÍAS 28:16

Ele se apressará em guardar os mandamentos do Senhor, mas não deverá se apressar em qualquer sentido que seja impaciente ou inadequado.

Ele não se apressará para fugir, pois não será tomado pelo medo que causa pânico. Quando os outros estão voando de um lado para outro como se o seu juízo lhes tivesse falhado, o cristão pode permanecer tranquilo, calmo e ser ponderado. Dessa maneira, ele será capaz de agir sabiamente na hora da provação.

Ele não se apressará em suas expectativas, ansiando por suas boas coisas naquele momento e lugar, mas esperará o tempo de Deus. Alguns têm pressa desesperada de pegar o pássaro em suas mãos, pois consideram a promessa do Senhor como um pássaro no arbusto que provavelmente não é o seu. Os cristãos sabem como esperar.

Ele não se apressará imergindo em ação equivocada ou questionável. A incredulidade deve estar agindo de alguma forma e assim realiza a própria ruína; mas a fé não se apressa além da velocidade adequada e assim não é forçada a voltar lamentavelmente pelo caminho que seguiu com desmazelo.

Como estou diante disso? Estou crendo e, portanto, me mantendo no ritmo do cristão, que é caminhar com Deus? Paz, espírito vibrante! Ó, descanse no Senhor e espere pacientemente nele! Coração, faça isso imediatamente!

30 DE NOVEMBRO

Deus está na linha de frente

O Senhor é quem vai adiante de ti;
ele será contigo, não te deixará, nem te desamparará;
não temas, nem te atemorizes.
DEUTERONÔMIO 31:8

Diante de grande obra ou grande guerra, aqui está um texto que deveria ajudar-nos a apertar os cintos. Se o próprio Jeová vai adiante de nós, deve ser seguro segui-lo. Quem pode obstruir nosso progresso se o próprio Senhor está na vanguarda? Venham, irmãos soldados, avancemos agilmente! Por que hesitamos em alcançar a vitória?

O Senhor não está apenas à frente de nós; Ele está conosco. Acima, por debaixo, ao redor, no interior está Aquele que é onipotente e onipresente. Em todos os momentos, até a eternidade, Ele estará conosco como sempre esteve. Como isso deveria fortalecer o nosso braço! Combatam ousadamente, vocês soldados da cruz, pois o Senhor dos exércitos está conosco!

Estando à nossa frente e conosco, o Senhor nunca retirará Seu auxílio. Ele não pode falhar consigo mesmo e não falhará conosco. Ele continuará auxiliando-nos segundo nossa necessidade, até o fim. Como Ele não pode falhar conosco, da mesma maneira, Ele também não nos abandonará. Ele sempre será capaz e estará disposto a conceder-nos força e ajuda até que os dias de luta findem.

Não temamos o desânimo, pois o Senhor dos exércitos estará conosco na batalha, suportará o impacto da luta e nos concederá a vitória.

1.º DE DEZEMBRO

Verdadeira postura do caminhante

Quem anda em integridade anda seguro,
mas o que perverte os seus caminhos será conhecido.
PROVÉRBIOS 10:9

A sua caminhada pode ser lenta, mas é firme. Aquele que se apressa para enriquecer não será inocente nem seguro; mas a firme perseverança na integridade, se não trouxer riquezas, certamente trará paz. Ao fazer o que é justo e correto, somos como aquele que caminha sobre uma rocha, pois temos a confiança de que cada passo é dado sobre base sólida e segura. Por outro lado, o mais elevado sucesso, por meio de transações questionáveis, será sempre vazio e traiçoeiro, e o homem que o conquistou deverá sempre temer que chegará o dia da prestação de contas; então seus ganhos o condenarão.

Apeguemo-nos à verdade e à justiça. Pela graça de Deus, imitemos nosso Senhor e Mestre em cuja boca jamais encontrou-se engano algum. Não temamos ser pobres, nem sermos tratados com desprezo. Nunca, de modo algum, façamos aquilo que nossa consciência não pode justificar. Se perdermos a paz interior, perderemos mais do que a fortuna pode comprar. Mas, mantendo-nos no caminho do Senhor e jamais pecando contra nossa consciência, nosso caminhar será seguro contra qualquer opositor. Quem é que pode nos prejudicar se somos seguidores daquilo que é bom? Se estamos firmes em nossa integridade, podemos ser considerados tolos pelos próprios tolos, mas, no lugar onde o julgamento é infalível, seremos aprovados.

2 DE DEZEMBRO

Nosso exemplo mais santo

O Senhor, tenho-o sempre à minha presença;
estando ele à minha direita, não serei abalado.
SALMO 16:8

Este é o modo de viver. Com Deus sempre adiante de nós, teremos a mais nobre das companhias, o exemplo mais santo, a consolação mais doce e a influência mais poderosa. Isso deve ser um ato intransigente da mente. "...tenho-o sempre..." e deve ser determinado como algo constante e resolvido. Sempre ter o olhar nos olhos do Senhor e os ouvidos prontos para a voz do Senhor — essa é a postura correta do homem piedoso. Seu Deus está próximo a ele, preenchendo o horizonte de sua visão, orientando o caminho de sua vida e ornamentando o tema de sua meditação. Que vaidades deveríamos evitar, que pecados deveríamos vencer, que virtudes deveríamos demonstrar, que alegrias deveríamos vivenciar se, de fato, tivéssemos sempre o Senhor diante de nós! E por que não?

Esse é o caminho para estar seguro. Estando o Senhor sempre em nossa mente, sentimos segurança e confiança por Ele estar tão próximo. O Senhor está à nossa direita para nos guiar e auxiliar e, portanto, não somos movidos pelo medo, nem pela força, fraude ou inconstância. Quando Deus se coloca à direita de um homem, ele certamente se levantará. Venham, então, vocês inimigos que guerreiam contra a verdade! Lancem-se contra mim como furiosa tempestade, caso desejarem. Deus me mantém. Deus permanece comigo. A quem temerei?

3 DE DEZEMBRO

Paz apesar da vulnerabilidade

*Farei com elas aliança de paz e acabarei
com as bestas-feras da terra; seguras habitarão
no deserto e dormirão nos bosques.*
EZEQUIEL 34:25

O apogeu da graça é o fato de Jeová ter aliança com o homem, uma criatura débil, pecadora e moribunda. Contudo, o Senhor solenemente entrou em um pacto fidedigno conosco e Ele nunca se afastará dessa aliança. Em virtude dela, estamos seguros. Como leões e lobos são repelidos por pastores, assim todas as influências nocivas serão expulsas. O Senhor nos dará descanso de perturbadores e destruidores, as bestas malignas deixarão a região. Ó, Senhor, cumpra essa Tua promessa ainda agora!

O povo do Senhor deve desfrutar de segurança em lugares de grande exposição; deserto e florestas devem ser como pastos e apriscos para o rebanho de Cristo. Se o Senhor não mudar o local para algo melhor, Ele nos colocará em melhores condições neste local. O deserto não é lugar para se habitar, mas o Senhor pode torná-lo habitável. Nas florestas, sentimo-nos obrigados a vigiar em vez de dormir e, contudo, o Senhor dá a Seu amado, mesmo ali, o sono. Nada exterior ou interior deve provocar medo ao filho de Deus. Pela fé, o deserto pode se tornar uma vizinhança do Céu e as florestas o vestíbulo da glória.

4 DE DEZEMBRO

Coberto e protegido

*Cobrir-te-á com as suas penas, e, sob suas asas,
estarás seguro; a sua verdade é pavês e escudo.*
SALMO 91:4

Que amável comparação! Assim como uma galinha protege sua ninhada e lhes permite aninhar-se sob suas asas, o Senhor defenderá Seu povo e lhes permitirá esconder-se nele. Já não vimos pintinhos espreitando de sob as penas de sua mãe? Já não ouvimos sua pequena exclamação de alegria confiante? Desta forma abriguemo-nos em nosso Deus e sintamos a transbordante paz por saber que Ele está nos guardando.

Enquanto o Senhor nos cobre, nós confiamos. Seria estranho se não o fizéssemos. Como podemos desconfiar quando o próprio Jeová se torna casa e lar, refúgio e descanso para nós?

Feito isso, vamos à guerra em Seu nome e desfrutamos do mesmo cuidado mantenedor. Precisamos de escudo e pavês e, quando confiamos em Deus implicitamente, como o pintinho confia na galinha, descobrimos Sua verdade armando-nos da cabeça aos pés. O Senhor não pode mentir, Ele deve ser fiel a Seu povo, Sua promessa deve permanecer. Essa verdade incontestável é todo o escudo que precisamos e detrás dele, resistimos os dardos inflamados do inimigo.

Venha, minha alma, esconda-se sob essas magníficas asas, perca-se entre essas suaves penas! Quão feliz você é!

5 DE DEZEMBRO

Altos lugares de defesa

*...este habitará nas alturas; as fortalezas
das rochas serão o seu alto refúgio, o seu pão
lhe será dado, as suas águas serão certas.*

ISAÍAS 33:16

O homem a quem Deus deu graça para viver de forma irrepreensível habita em perfeita segurança.

Ele habita nas alturas, acima do mundo, fora do alcance do inimigo e próximo ao Céu. Ele tem alvos e motivos sublimes e encontra consolos e companhia superiores. Ele se regozija nos montes do amor eterno, onde tem sua morada.

Ele é defendido por munição de alcance estupendo. As coisas mais firmes do Universo são as promessas e os propósitos do Deus imutável, e estes são a salvaguarda do cristão obediente.

A ele é concedida provisão por esta grande promessa: "...o seu pão lhe será dado...". Como o inimigo não pode escalar o forte, nem demolir a muralha, assim a fortaleza não pode ser capturada por cerco ou fome. O Senhor, que fez chover maná no deserto, manterá o Seu povo com boa provisão mesmo quando estiverem cercados daqueles que lhes fazem passar fome.

Mas e se faltar a água? Isso não poderá acontecer, pois "...as suas águas serão certas". Há um poço inesgotável no interior da fortaleza inconquistável. O Senhor garante que nada falte. Ninguém pode tocar o cidadão da verdadeira Sião. Por mais feroz que seja o inimigo, o Senhor preservará os Seus escolhidos.

6 DE DEZEMBRO

"Passar por" sem ser tragado

*Quando passares pelas águas, eu serei contigo; quando,
pelos rios, eles não te submergirão;
quando passares pelo fogo, não te queimarás,
nem a chama arderá em ti.*

ISAÍAS 43:2

Ponte, não há nenhuma. Devemos passar pelas águas e sentir o ímpeto dos rios. A presença de Deus na torrente é melhor que uma balsa. Provados seremos, mas triunfaremos, pois o próprio Jeová, que é mais poderoso do que muitas águas, estará conosco. Ainda que em alguma outra ocasião pudesse não estar com Seu povo, o Senhor certamente estará com eles nas dificuldades e nos perigos. As tristezas da vida podem elevar-se extraordinariamente, mas o Senhor está acima de todos as circunstâncias.

Os inimigos de Deus podem colocar em nosso caminho perigos criados por eles mesmos, a saber, as perseguições e as cruéis zombarias, que são como fornalha ardente e flamejante. O que fazer então? Caminharemos pelo fogo. Estando Deus conosco, não seremos queimados; não, nem mesmo o cheiro do fogo permanecerá em nós.

Ó, a maravilhosa segurança do peregrino nascido do Céu e a ele destinado! Dilúvios não podem afogá-lo, nem fogo queimá-lo. Sua presença, ó Senhor, é a proteção de Seus santos contra os variados perigos da estrada. Com fé, entrego-me ao Senhor, e meu espírito entra em descanso.

7 DE DEZEMBRO

Dádiva da força; paz para abençoar

O Senhor dá força ao seu povo,
o Senhor abençoa com paz ao seu povo.
SALMO 29:11

Davi acabara de ouvir a voz do Senhor em um trovão e vira Seu poder no furacão cuja trajetória ele descreveu; e agora, na revigorante calmaria após a tempestade, esse poder impressionante pelo qual Céu e Terra são abalados promete ser a força para os escolhidos. Ele, que faz voar o raio inerrante, dará a Seus redimidos asas como de águias. Ele, que faz tremer a Terra com Sua voz, aterrorizará os inimigos de Seus santos e dará paz a Seus filhos. Por que somos fracos quando temos a força divina para a qual correr? Por que estamos perturbados quando a paz do próprio Senhor é nossa? Jesus, o Deus poderoso, é nossa força; revistamo-nos dele e avancemos para nosso serviço. Jesus, nosso bendito Senhor, é também nossa paz; repousemos nele neste dia e acabemos com nossos medos. Que bênção ter o Senhor como nossa força e paz, agora e para sempre!

O mesmo Deus que cavalga sobre a tormenta em dias de tempestade também dominará o furacão de nossa tribulação e a nós enviará, em breve, dias de paz. Teremos força para tempestades e canções para o clima agradável. Comecemos a cantar a Deus imediatamente, a Ele que é a nossa força e a nossa paz. Fora, pensamentos nefastos! Elevem-se, fé e esperança!

8 DE DEZEMBRO

Seguindo indicações para a honra

*Se alguém me serve, siga-me, e,
onde eu estou, ali estará também o meu servo.
E, se alguém me servir, o Pai o honrará.*

JOÃO 12:26

O serviço mais elevado é a imitação. Se desejo ser servo de Cristo, devo ser Seu seguidor. Agir como Jesus agiu é o caminho mais seguro para trazer honra ao Seu nome. Que eu atente para isso todos os dias.

Se eu imitar a Jesus, terei Sua companhia; se sou como Ele, estarei com Ele. No tempo devido, Ele me levará para habitar com Ele no alto se, enquanto isso, eu me esforçar para segui-lo aqui embaixo. Após Seu sofrimento, nosso Senhor voltou ao Seu trono, e da mesma forma nós, após termos sofrido por certo tempo com Ele aqui embaixo, chegaremos à gloria. O tema da vida de nosso Senhor será o tema da nossa; se estivermos com Ele em Sua humilhação, estaremos com Ele em Sua glória. Venha, minha alma, reúna coragem e coloque seus pés nas pegadas demarcadas com sangue que o seu Senhor deixou para você.

Que eu não falhe em constatar que o Senhor honrará aqueles que seguem Seu Filho. Vendo Ele que sou fiel a Jesus, Ele colocará sinais de favor e honra sobre mim, por amor a Seu Filho. Nenhuma honra pode ser como essa. Príncipes e imperadores concedem meras sombras de honra; a essência da glória vem do Pai. Por isso, minha alma, apegue-se a seu Senhor Jesus achegando-se mais perto do que nunca.

9 DE DEZEMBRO

O "Tudo" da crença

Ao que lhe respondeu Jesus: Se podes!
Tudo é possível ao que crê.
MARCOS 9:23

Nossa incredulidade é o maior impedimento em nosso caminho. De fato, não há outra verdadeira dificuldade com relação ao nosso crescimento espiritual e prosperidade. O Senhor pode fazer todas as coisas; mas, quando Ele estabelece a regra de que, conforme a nossa fé, assim será conosco, nossa incredulidade amarra as mãos de Sua onipotência.

Sim, as coligações do mal serão desintegradas se pudermos apenas crer. A verdade desprezada se manifestará se tivermos confiança apenas no Deus da verdade. Podemos suportar nossa carga de aflição ou passar ilesos pelas ondas de angústia se pudermos cingir nossos lombos com o cinturão da paz, o cinturão que é afivelado pelas mãos da confiança.

Em que não podemos crer? Tudo é possível, exceto crer em Deus? Contudo, Ele é sempre verdadeiro. Por que não cremos nele? Ele é sempre fiel à Sua palavra, por que não confiamos nele? Quando estamos em um estado propício de coração, a fé não exige esforço; nesse ponto, é tão natural para nós depender de Deus como é para uma criança confiar em seu pai.

O pior de tudo é o fato de que conseguimos crer em Deus com relação a tudo, exceto com relação à provação atual. Isso é insensatez. Venha, minha alma, livre-se de tal pecaminosidade e confie a seu Deus o fardo, o labor, o anseio desse presente. Feito isso, tudo está feito.

10 DE DEZEMBRO

Deus é nosso aliado

*Mas, se diligentemente lhe ouvires a voz e
fizeres tudo o que eu disser, então, serei inimigo
dos teus inimigos e adversário dos teus adversários.*
ÊXODO 23:22

O Senhor Jesus Cristo deve ser reconhecido e obedecido no meio do Seu povo. Ele é o vice-regente de Deus e fala em nome do Pai; é nosso dever implícito e imediato fazer o que Ele ordena. Perderemos a promessa se desconsiderarmos esse princípio.

Para a plena obediência, grandiosa é a bênção! O Senhor faz um pacto de ataque e defesa com Seu povo. Ele abençoará aqueles que nos abençoam e amaldiçoará aqueles que nos amaldiçoam. Deus agirá, de coração e alma, com Seu povo; imbuído de profunda compaixão, Ele se colocará em sua posição. Que proteção isso nos proporciona! Não precisamos nos preocupar com nossos adversários quando estamos certos de que se tornaram adversários de Deus. Se Jeová tomou para si a nossa querela, podemos deixar os inimigos em Suas mãos.

No que se refere aos nossos interesses, não temos inimigos, mas, pela causa da verdade e da justiça, tomamos armas e vamos para o conflito. Estamos aliados ao Deus eterno nesta guerra santa e, se obedecermos cuidadosamente a lei de nosso Senhor Jesus, Ele se compromete a exercer todo o Seu poder em nosso favor. Por isso, não tememos homem algum.

11 DE DEZEMBRO

Confie e faça; faça e confie

Confia no SENHOR e faze o bem;
habitarás na terra e, verdadeiramente, serás alimentado.
SALMO 37:3 (ARC)

Confiar e *fazer* são palavras que caminham bem juntas, na ordem em que o Espírito Santo as colocou. Nós deveríamos ter fé, e essa fé deve frutificar. Confiar em Deus nos predispõe ao agir santo; nós confiamos em Deus para o nosso bem e então fazemos o bem. Não nos sentamos imóveis porque confiamos, mas nos levantamos e esperamos que o Senhor trabalhe por meio de nós e conosco. Não é nosso dever nos preocupar e fazer o mal, mas confiar e fazer o bem. Nós não confiamos sem agir nem agimos sem confiar.

Os adversários nos caçariam, se pudessem, porém, por confiar e agir, permanecemos na terra. Não iremos ao Egito, antes permaneceremos na terra de Emanuel — a providência de Deus, a Canaã daquele que ama a aliança. Não é tão fácil se livrar de nós como os inimigos do Senhor supõem. Eles não podem nos lançar para fora ou erradicar-nos. Onde Deus nos deu nome e lugar, ali habitamos.

Mas o que dizer do suprimento de nossas necessidades? O Senhor colocou um "verdadeiramente" em tal promessa. Logo, tão certo quanto Deus é verdadeiro, Seu povo será alimentado. Deles é o dever de confiar e fazer, do Senhor é fazer segundo a confiança do povo. Não sendo alimentados por corvos, serão por um Obadias, ou por uma viúva; contudo, de alguma forma serão alimentados. Fora, temores!

12 DE DEZEMBRO

Um coração aquietado

*Porque assim diz o S*ENHOR *Deus, o Santo de Israel:*
Em vos converterdes e em sossegardes,
está a vossa salvação; na tranquilidade e na confiança,
a vossa força, mas não o quisestes.

ISAÍAS 30:15

É sempre fraqueza inquietar-se e preocupar-se, questionar e desconfiar. O que podemos fazer se nos desgastamos até que nos reste apenas pele e ossos? Podemos ganhar algo com o temor e o aborrecimento? Não nos tornamos desqualificados para a ação e deixamos de decidir sabiamente? Estamos afundando em nossas dificuldades quando podemos descansar pela fé.

Ó, que haja graça para estarmos tranquilos! Por que correr de casa em casa para repetir a enfadonha história que nos deixa mais e mais deprimidos conforme a contamos? Até mesmo por que ficar em casa para clamar em agonia devido aos maus pressentimentos que talvez nem se cumpram? Bom seria manter a língua quieta, mas seria ainda muito melhor se tivéssemos o coração sossegado. Ó, que nos aquietemos e saibamos que Jeová é Deus!

Ó, que haja graça para estarmos confiantes em Deus! O Santo de Israel deve defender e libertar os Seus. Ele não pode fugir de Suas solenes declarações. Podemos garantir que toda palavra dele permanecerá ainda que os montes se separem. Ele merece nossa confiança, e, se desejamos demonstrar confiança e consequente quietude, devemos estar tão felizes quanto os seres celestiais diante do trono.

Venha, minha alma, retorne a seu descanso e recline sua cabeça no peito do Senhor Jesus.

13 DE DEZEMBRO

A noite clareia até virar dia

Mas será um dia singular conhecido do S<small>ENHOR</small>;
não será nem dia nem noite, mas haverá luz à tarde.

ZACARIAS 14:7

É uma surpresa que deva ser assim, pois todas as coisas ameaçam que, após o entardecer, estará escuro. Deus costuma agir de forma tão superior aos nossos medos, e além de nossas esperanças, que ficamos grandemente maravilhados e somos levados a louvar Sua graça soberana. Não, não será assim conosco visto que nosso coração profetiza: a escuridão não se aprofundará até a meia-noite, mas repentinamente tornar-se-á dia. Jamais nos desesperemos. Nos piores momentos, confiemos no Senhor, que transforma em manhã as trevas da sombra da morte. Quando a conta de tijolos é dobrada, Moisés surge; e quando a tribulação transborda, está mais próxima de seu fim.

Essa promessa deveria auxiliar nossa paciência. A luz pode não vir plenamente até que nossas esperanças estejam praticamente gastas por aguardar ao longo do dia sem propósito algum. Para o perverso, o Sol se põe enquanto ainda é dia; para o justo, o Sol nasce quando é praticamente noite. Não poderemos esperar com paciência por essa luz celestial cuja vinda pode demorar, mas certamente se provará digna de tal espera?

Venha, minha alma, tome sua parábola e cante Àquele que a abençoará na vida e na morte de um modo que supera tudo o que a natureza em seu melhor momento viu até então.

14 DE DEZEMBRO

Nada antigo

E aquele que está assentado no trono disse:
Eis que faço novas todas as coisas.
E acrescentou: Escreve, porque estas palavras são
fiéis e verdadeiras. APOCALIPSE 21:5

Glória seja a Seu nome! Todas as coisas precisam ser feitas novas, pois estão lamentavelmente devastadas e esgotadas pelo pecado. É tempo de a antiga indumentária ser dobrada e colocada de lado e a criação vestir o traje de Domingo. Porém ninguém mais pode fazer novas todas as coisas, exceto o Senhor que as criou, pois é necessário grande poder tanto para transformar a partir do mal quanto para criar algo do nada. Nosso Senhor Jesus assumiu a tarefa e Ele é plenamente competente para executá-la. Ele já iniciou Seu trabalho e por séculos tem perseverado em renovar o coração dos homens e a ordem da sociedade. Pouco a pouco Ele renovará toda a constituição do governo humano, e a natureza humana será transformada por Sua graça. E virá um dia em que esse corpo será renovado e ressuscitado como o Seu glorioso corpo.

Que alegria pertencer ao reino em que tudo é feito novo pelo poder de seu Rei! Não estamos nos extinguindo, estamos nos apressando para uma vida mais gloriosa. Apesar da oposição dos poderes do mal, nosso glorioso Senhor Jesus está cumprindo Seu propósito e fazendo-nos "novos", assim como a todas as coisas pertinentes a nós, e tão repletos de beleza como quando, originalmente, elas vieram da mão do Senhor.

15 DE DEZEMBRO

Harmonia mundial

*Ele julgará entre os povos e corrigirá muitas nações;
estas converterão as suas espadas
em relhas de arados e suas lanças, em podadeiras;
uma nação não levantará a espada
contra outra nação, nem aprenderão mais a guerra.*

ISAÍAS 2:4

Ó, que estes tempos felizes cheguem! Por ora, as nações estão fortemente armadas e inventam armas mais e mais terríveis, como se a questão sobre o fim supremo do homem pudesse apenas ser respondida ao destruir milhares de seus companheiros. Contudo a paz, um dia, prevalecerá; sim e prevalecerá de tal forma que os instrumentos de destruição serão moldados em outros formatos e utilizados para melhores propósitos.

Como isso ocorrerá? Pela indústria? Pela civilização? Pela arbitragem? Nisso não cremos. A experiência passada impede que confiemos em meios tão débeis. A paz será estabelecida somente pelo reino do Príncipe da Paz. Ele deve ensinar o povo pelo Seu Espírito, renovar o coração deles por Sua graça e reinar sobre eles por Seu poder supremo; e então eles deixarão de ferir e matar. O homem é um monstro quando seu sangue ferve, e somente o Senhor Jesus pode converter esse leão em cordeiro. Ao transformar o coração do homem, suas paixões sanguinárias são removidas. Que todos os leitores deste livro de promessas ofereçam especial oração hoje ao Senhor e Doador da Paz, para que Ele prontamente dê fim à guerra e estabeleça harmonia em todo o mundo.

16 DE DEZEMBRO

Divina expulsão do pecado

...porém as montanhas serão tuas; e, pois que bosque é,
corta-o, e as suas saídas serão tuas;
porque expelirás os cananeus, ainda que tenham
carros ferrados, ainda que sejam fortes.
JOSUÉ 17:18 (ARC)

É muito encorajador para a bravura ter a garantia da vitória, pois assim um homem sai ousadamente para a guerra e empreende aonde teria medo de ir. Nossa guerra é contra o mal, em nosso interior e ao nosso redor; devemos ser convencidos de que somos capazes de conseguir a vitória, e faremos isso, em nome do Senhor Jesus! Não cavalgamos para sermos derrotados, mas para vencer, e venceremos! A graça de Deus, em Sua onipotência, é disponibilizada para tornar manifesto o mal em toda forma; consequentemente, tem-se a certeza da vitória.

Alguns de nossos pecados encontram carros de ferro em nossa constituição, nossos antigos hábitos, nossas associações e nossas ocupações. Todavia, devemos vencê-los. Eles são muito resistentes e, em relação a eles, somos muito fracos; contudo, no nome de Deus, devemos dominá-los, e assim faremos! Se um pecado tem domínio sobre nós, não somos os homens livres do Senhor. Um homem que é detido por uma única corrente continua sendo um prisioneiro. Não há como chegar ao Céu com um único pecado nos governando, pois dos santos é dito: "Porque o pecado não terá domínio sobre vós..." (ROMANOS 6:14). Levante-se, então; dizime todos os cananeus e destrua em pedaços todos os carros de ferro! O Senhor dos exércitos está conosco; quem resistirá ao Seu poder destruidor do pecado?

17 DE DEZEMBRO

Comunhão tão próxima e sublime

...depois, nós, os vivos, os que ficarmos, s
eremos arrebatados juntamente com eles, entre nuvens,
para o encontro do Senhor nos ares,
e, assim, estaremos para sempre com o Senhor.

1 TESSALONICENSES 4:17

Enquanto estamos aqui, o Senhor está conosco, e, quando formos chamados, estaremos com Ele. Não existe a possibilidade de separar o santo de Seu Salvador. Eles são um e sempre deverão ser um. Jesus não pode estar sem Seu povo, pois Ele seria uma Cabeça sem um corpo. Seja no encontro nos ares, ou descansando no paraíso, ou em nossa estadia aqui, estamos com Jesus; e quem nos separará dele?

Que tamanha alegria! Nossa honra, nosso descanso, consolo e deleite supremos são estar com o Senhor. Não podemos pensar em nada que possa suplantar ou até mesmo se igualar a esse vínculo divino. Por meio da santa comunhão, devemos estar com Ele em Sua humilhação, rejeição e labuta para então estarmos com Ele em Sua glória. Muito em breve estaremos com Ele em Seu descanso e em Sua realeza, na expectativa de Sua volta e em Sua manifestação. Progrediremos como Ele progride e triunfaremos como Ele triunfa.

Ó meu Senhor, se devo estar para sempre contigo, tenho um destino incomparável. Não invejarei um arcanjo. Estar para sempre com o Senhor é minha ideia do que é o Céu em essência. Não as harpas de ouro, nem coroas incorruptíveis, nem a luz desnublada; nada é glória para mim, exceto Jesus, o próprio Jesus, e eu, para sempre, com Ele em comunhão próxima e sublime.

18 DE DEZEMBRO

Protegido e coberto

Como pairam as aves, assim o Senhor dos Exércitos
amparará a Jerusalém;
protegê-la-á e salvá-la-á, poupá-la-á
e livrá-la-á. ISAÍAS 31:5

Com presteza nas asas, a mãe pássaro apressa-se para proteger seus pequenos. Ela não desperdiça tempo algum na estrada ao voltar para suprir-lhes de alimento ou guardá-los do perigo. De igual forma, como se em asas de águias, o Senhor virá em defesa de Seus escolhidos; sim, Ele cavalgará nas asas do vento.

Com a asa estendida, a mãe cobre seus pequeninos no ninho. Ela os esconde interpondo seu próprio corpo. A galinha cede seu próprio calor a seus pintinhos e faz de suas asas um abrigo onde habitam como um lar. Assim o próprio Jeová se torna a proteção de Seus eleitos. Ele mesmo é o refúgio deles, sua habitação, seu tudo.

Como pássaros voando e pássaros protegendo (pois a palavra tem ambos os significados), assim o Senhor será para nós; repetida vezes e eficazmente. Nós seremos defendidos e preservados de todo mal. O Senhor que se utiliza desse exemplo dos pássaros não será como eles em sua debilidade, pois Ele é Jeová dos exércitos. Que este seja o nosso consolo: o amor Todo-poderoso será célere em socorrer e certamente nos cobrirá. A asa de Deus é mais ágil e terna do que a asa de um pássaro, e nós colocaremos nossa confiança à sombra dela, doravante e para sempre.

19 DE DEZEMBRO

Aflições, mas nenhum osso quebrado

*Preserva-lhe todos os ossos,
nem um deles sequer será quebrado.*

SALMO 34:20

Esta promessa, pelo contexto, é direcionada ao homem justo afligido severamente: "Muitas são as aflições do justo, mas o Senhor de todas o livra" (SALMO 34:19). Ele pode sofrer ferimentos na pele e na carne, mas nenhum grande mal será causado, pois, quanto aos "...ossos, nem um deles será quebrado".

Grande é esse consolo para um filho de Deus que é provado e é o consolo que eu ouso aceitar, pois até este momento não sofri nenhum dano real como consequência de minhas muitas aflições. Eu não perdi a fé, nem a esperança, nem o amor. Não, muito distante de perder os ossos do caráter, estes antes ganharam força e energia. Tenho mais conhecimento, mais experiência, mais paciência, mais estabilidade do que tinha antes dessas provações terem me afligido. Nem mesmo minha alegria foi destruída. Tive muitas machucaduras pela doença, pela perda, depressão, calúnia e oposição, mas a ferida foi curada e sequer houve fratura exposta de um osso, nem mesmo uma simples. A razão não está distante para encontrá-la; se confiamos no Senhor, Ele guarda todos os nossos ossos e, se Ele os guarda, podemos ter certeza de que nenhum deles será quebrado.

Venha, meu coração, não se lamente. Você está sofrendo, mas não há ossos quebrados. Suporte a dificuldade e desafie o medo.

20 DE DEZEMBRO

Homens como homens, Deus como Deus

*Eu, eu sou aquele que vos consola; quem, pois,
és tu, para que temas o homem, que é mortal,
ou o filho do homem, que não passa de erva? Quem és tu
que te esqueces do S*ENHOR*, que te criou, que
estendeu os céus e fundou a terra, e temes continuamente
todo o dia o furor do tirano, que se
prepara para destruir? Onde está o furor do tirano?*

ISAÍAS 51:12-13

Permita que o texto em si seja tomado como a porção para hoje. Não há necessidade de estender-se com relação a ele. Você, temeroso, leia-o, creia nele, alimente-se dele e pleiteie diante do Senhor o que aqui está escrito. Aquele a quem você teme é, no fim das contas, apenas um homem; enquanto Aquele que promete consolar você é Deus, o seu Criador e o Criador dos Céus e da Terra. O consolo infinito cobre, mais e mais, um perigo muito limitado.

"Onde está o furor do tirano?" Está nas mãos do Senhor. É apenas a fúria de uma criatura moribunda, fúria que acabará assim que o fôlego se extinguir nas narinas. Por que, então, deveríamos temer aquele que é tão frágil como nós? Não desonremos nosso Deus fazendo do homem insignificante um deus. Podemos fazer de um homem um ídolo ao render a ele temor excessivo assim como dando-lhe amor imoderado. Tratemos homens como homens e Deus como Deus; e então avançaremos calmamente no caminho do dever, temendo ao Senhor e a ninguém mais.

21 DE DEZEMBRO

Da ira ao amor

*Tornará a ter compaixão de nós;
pisará aos pés as nossas iniquidades e lançará todos
os nossos pecados nas profundezas do mar.*

MIQUEIAS 7:19

Deus nunca abandona Seu amor, mas Ele em pouco tempo abandona a Sua ira. Seu amor por Seus escolhidos é de acordo com Sua natureza, Sua ira é somente de acordo com Seu ofício. Ele ama porque é amor; Ele olha com desaprovação porque é necessário para o nosso bem. Ele voltará ao lugar em que Seu coração descansa, a saber, Seu amor aos Seus e, então, se apiedará por nossos sofrimentos e dará fim a eles.

Que predileta promessa: "…pisará aos pés as nossas iniquidades…"! Ele as vencerá. Elas clamam para nos escravizar, mas o Senhor nos dará vitória contra elas por Sua própria destra. Assim como os cananeus, elas serão atacadas, colocadas sob o jugo e finalmente exterminadas.

Com relação à culpa por nossos pecados, ela é gloriosamente removida! Sim, o Senhor "…lançará todos os nossos pecados…", a multidão deles, "…nas profundezas do mar" — onde Faraó e suas carruagens submergiram. Somente o braço do Todo-poderoso poderia executar tal maravilha. Não na superfície, onde poderiam ser levados pela maré, mas nossos pecados serão arremessados "…nas profundezas…". Todos se foram afundando como uma pedra. Aleluia! Aleluia!

22 DE DEZEMBRO

Socorro imediato

Deus é o nosso refúgio e fortaleza,
socorro bem-presente nas tribulações.
SALMO 46:1

A ajuda que não está disponível quando precisamos dela tem pequeno valor. A âncora que é deixada em casa não tem utilidade alguma para o marinheiro no momento da tempestade. O dinheiro que se costumava ter não é de valor algum ao devedor quando se tem uma ordem judicial contra ele. Pouquíssimos socorros terrenos poderiam ser chamados de "bem-presente"; pois geralmente estão longe do alcance, longe de serem aproveitados e ainda mais distantes depois de serem utilizados. Mas, com relação ao Senhor nosso Deus, Ele é presente quando o buscamos, presente quando dele precisamos e presente mesmo que já tenhamos desfrutado de Seu socorro.

Deus é mais do que "presente". Ele é *bem*-presente. Mais presente do que o amigo mais próximo pode ser, pois Ele está em nós e em nossa tribulação; mais presente do que estamos de nós mesmos, pois algumas vezes nos falta presença de espírito. Ele é sempre presente, eficazmente presente, compassivamente presente, inteiramente presente. Deus é presente agora, se este é um tempo melancólico. Descansemos nele. Ele é nosso refúgio, escondamo-nos nele. Ele é nossa força, ajuntemo-nos a Ele. Ele é nosso socorro, vamos confiar nele. Ele é nosso socorro bem-presente, vamos descansar nele agora. Não precisamos de um único momento de preocupação ou um instante de medo.

"O Senhor dos Exércitos está conosco; o Deus de Jacó é o nosso refúgio" (SALMO 46:7).

23 DE DEZEMBRO

Elementos preciosos

De José disse: Bendita do SENHOR
seja a sua terra, com o que é mais excelente dos céus,
do orvalho e das profundezas.
DEUTERONÔMIO 33:13

Nós podemos ser ricos em coisas como as que José obteve e podemos tê-las em um sentido mais elevado. Ó, aquilo que "...é mais excelente dos céus..."! Poder com Deus e a manifestação do poder de Deus são sobremaneira preciosos. Nós desejamos usufruir da paz de Deus, da alegria do Senhor, da glória de nosso Deus. Nós valorizamos acima do ouro mais fino a bênção das três Pessoas divinas em amor, graça e comunhão. as coisas desta Terra são como nada em termos de preciosidade se comparadas às coisas do Céu.

"O orvalho". Como é precioso! Como oramos e louvamos quando temos o orvalho! Que vigor, que crescimento, que perfume, que vida há em nós quando o orvalho nos cerca! Acima de todas as outras coisas, como plantas do plantio da própria mão do Senhor, precisamos do orvalho de Seu Espírito Santo.

"...e das profundezas". Certamente isso se refere àquele subterrâneo oceano oculto que supre todas as fontes revigorantes que alegram a Terra. Ó, acesse as fontes eternas! Elas são dádivas indescritíveis; que nenhum cristão descanse até que as possua. A plena suficiência de Jeová é nossa para sempre. Recorramos a ela agora.

24 DE DEZEMBRO

Ao longo do Jordão com cânticos

Feliz és tu, ó Israel! Quem é como tu?
Povo salvo pelo Senhor, escudo que te socorre,
espada que te dá alteza. Assim, os teus
inimigos te serão sujeitos, e tu pisarás os seus altos.

DEUTERONÔMIO 33:29

O diabo, esse arqui-inimigo, é um mentiroso desde o princípio; mas ele é tão absolutamente plausível que, como a mãe Eva, somos levados a acreditar nele. Contudo, em nossa experiência, devemos expô-lo como mentiroso.

Ele diz que cairemos em desgraça, desonraremos nossa declaração de fé e pereceremos com a desgraça dos apóstatas; mas, confiando no Senhor Jesus, permaneceremos em nosso caminho e provaremos que Jesus não perde um sequer daqueles que o Seu Pai lhe deu. O diabo nos diz que nosso pão acabará e sofreremos de inanição com nossos filhos; contudo, Aquele que alimenta os corvos ainda não se esqueceu de nós e jamais nos esquecerá, mas preparará para nós uma mesa na presença de nossos inimigos.

Ele sussurra que o Senhor não nos libertará da prova que se ergue ao longe e ele ameaça que o último quilo quebrará as costas do camelo. Como ele é mentiroso! Pois o Senhor jamais nos deixará ou abandonará. "...pois venha livrá-lo agora..." brada o falso demônio, mas o Senhor o silenciará vindo em nosso resgate.

O diabo se deleita grandemente em nos dizer que a morte nos será uma grande provação. "...que farás na floresta do Jordão?" (JEREMIAS 12:5). Mas para nós ele se mostrará um mentiroso ali também e passaremos pelo rio entoando salmos de glória.

25 DE DEZEMBRO

Ele veio, Ele está voltando

...e lhes disseram: Varões galileus,
por que estais olhando para as alturas?
Esse Jesus que dentre vós foi
assunto ao céu virá do modo como o vistes subir.

ATOS 1:11

Muitos estão celebrando neste dia a primeira vinda de nosso Senhor; voltemos nossos pensamentos à promessa de Sua segunda vinda. Ela é tão certa quanto o primeiro advento, e disso deriva a certeza de que Ele voltará. Aquele que veio como um homem simples para servir certamente virá para receber a recompensa por Seu trabalho. Aquele que veio para sofrer, não se retardará em Sua vinda para reinar.

Essa é nossa gloriosa esperança, pois compartilharemos de Sua alegria. Hoje sofremos desprezo e humilhação, como Ele enquanto aqui viveu; mas, quando Ele vier, seremos reconhecidos, assim como Ele será revelado. Os santos mortos ressuscitarão em Sua aparição. Os caluniados e desprezados reluzirão como o Sol no reino de seu Pai. Então os santos aparecerão como reis e sacerdotes, e os dias de seu lamento serão encerrados. O longo descanso e inconcebível esplendor do reino milenar serão recompensa abundante pelas eras de testemunho e de lutas.

Ó, que o Senhor venha! Ele está voltando! Ele está na estrada vindo rapidamente. O som de Sua aproximação deveria soar como música ao nosso coração! Soem, sinos de esperança!

26 DE DEZEMBRO

Confie somente em Deus

*Disse-lhe Pedro: Ainda que venhas a ser
um tropeço para todos, nunca o serás para mim.*
MATEUS 26:33

"Ora", alguém declara, "isso não é uma promessa de Deus". Exatamente, era uma promessa de homem e, portanto, em nada resultou. Pedro pensou que estava falando sobre o que ele, certamente, executaria. Contudo uma promessa que não tem melhor fundação do que apenas a determinação humana cairá por terra. Mais depressa que o surgimento de tentações, Pedro negou seu Mestre e utilizou juramentos para confirmar sua negação.

O que é a palavra do homem? Um vaso terreno quebrado com um único golpe. O que é a sua própria determinação? Um broto, com o cuidado de Deus, pode vir a dar fruto, mas, se deixado à mercê de si mesmo, tombará no solo com o primeiro vento que mover o galho.

Na palavra do homem, apoia-se apenas o que ela suportará.

Não dependa de forma alguma de sua própria determinação.

Na promessa de Deus, apoiam-se tempo e eternidade, este mundo e o vindouro, o seu tudo e o tudo de todos os Seus amados.

Este livro é um tipo de título ao portador para os cristãos, e esta página pretende ser um alerta sobre a fonte da qual se utilizam e de quem é a assinatura estampada no título que o portador apresenta para ser descontado. Confie em Jesus sem limites. Não confie em si mesmo nem nas intuições de outra pessoa, além dos limites devidos, mas confie apenas e inteiramente no Senhor.

27 DE DEZEMBRO

Sua bondade e aliança

Porque os montes se retirarão, e
os outeiros serão removidos; mas a minha misericórdia
não se apartará de ti, e a aliança
da minha paz não será removida, diz o SENHOR,
que se compadece de ti.

ISAÍAS 54:10

Uma das qualidades mais encantadoras do amor divino é seu caráter duradouro. Os pilares da Terra podem ser removidos de seus lugares, mas a bondade e a aliança de nosso misericordioso Jeová nunca abandonam Seu povo. Como é feliz a minha alma ao crer firmemente nessa inspirada declaração! O ano está quase findando e os anos de minha vida estão se tornando poucos, mas o tempo não muda o meu Senhor. Novas lâmpadas assumem o lugar das antigas, a mudança contínua está em todas as coisas, mas o nosso Senhor é o mesmo. A força derruba os montes, mas nenhum poder concebível pode afetar o Deus eterno. Nada no passado, no presente ou no futuro pode fazer Jeová ser cruel comigo.

Minha alma, descanse na eterna misericórdia do Senhor, que a trata como um parente que lhe é muito próximo. Lembre-se também da aliança eterna. Deus a leva em conta para sempre; garanta que você também o faça. Em Cristo Jesus, o glorioso Deus penhorou-se a você para ser seu Deus e sustentá-lo como parte de Seu povo. Misericórdia e aliança — pense bastante nessas palavras como coisas certas e duradouras que a própria eternidade não tirará de você.

28 DE DEZEMBRO

Garantia absoluta

Seja a vossa vida sem avareza.
Contentai-vos com as coisas que tendes; porque
ele tem dito: De maneira alguma
te deixarei, nunca jamais te abandonarei.
HEBREUS 13:5

Inúmeras vezes nas Escrituras o Senhor afirmou isso. Ele as repete com frequência para que nossa garantia esteja duplamente segura. Nunca alimentemos dúvida com relação a isso. Em si mesma, a promessa é especialmente enfática. No grego há cinco negativas, cada uma delas excluindo a possibilidade de que o Senhor em algum momento abandone alguém de Seu povo para que assim, de modo justo, se sinta abandonado por seu Deus. Esse inestimável versículo não nos promete isenção de dificuldade, mas nos garante contra o abandono. Podemos ser chamados para cruzar caminhos insólitos, mas sempre teremos a companhia, a assistência e a provisão de nosso Senhor. Não precisamos cobiçar dinheiro, pois sempre teremos o nosso Deus, e Deus é melhor do que o ouro; Seu favor é melhor do que fortunas.

Devemos certamente nos contentar com as coisas que temos, pois aquele que tem Deus tem mais que todo o mundo. O que podemos ter que vá além do Infinito? O que mais podemos desejar além da onipotente Bondade?

Venha, meu coração; se Deus diz que Ele nunca o deixará ou o abandonará, busque-o muito em oração pedindo graça para que você jamais abandone o seu Senhor, e que nem mesmo por um momento afaste-se de Seus caminhos.

29 DE DEZEMBRO

Ele nos carregará ao lar

Até à vossa velhice, eu serei o mesmo e,
ainda até às cãs, eu vos carregarei; já o tenho feito;
levar-vos-ei, pois, carregar-vos-ei e vos salvarei.

ISAÍAS 46:4

O ano já se finda, e aqui temos uma promessa para amigos já próximos do fim. Sim, e para todos nós, visto que a idade já vai se aproximando e nos envolvendo. Vivamos tempo suficiente e teremos cabelos encanecidos, portanto podemos muito bem aproveitar tal promessa pela perspectiva da fé.

Quando envelhecermos, nosso Deus ainda será o Eu Sou, permanecendo invariavelmente o mesmo. Cabelos embranquecidos falam de nossa decadência, mas Deus não decai. Quando não pudermos suportar um fardo e mal conseguirmos nos carregar, o Senhor nos carregará. Mesmo em nossa juventude, Ele nos carregou como cordeiros em Seu peito; assim Ele fará em nossos anos de enfermidade.

Deus nos criou e Ele cuidará de nós. Quando nos tornarmos um fardo para nossos amigos e para nós mesmos, o Senhor não se livrará de nós, mas, antes, nos envolverá, carregará e libertará mais plenamente que nunca. Em muitos casos, o Senhor concede a Seus servos uma noite longa e calma. Eles trabalharam firmemente ao longo de todo o dia e se desgastaram no serviço a Seu Mestre, assim Ele lhes disse: "Agora descansem aguardando o Sábado eterno que preparei para vocês". Não temamos a velhice. Envelheçamos graciosamente uma vez que o próprio Senhor está conosco em plenitude de graça.

30 DE DEZEMBRO

Amado até a perfeição

*Ora, antes da Festa da Páscoa, sabendo Jesus
que era chegada a sua hora de passar deste mundo
para o Pai, tendo amado os seus
que estavam no mundo, amou-os até ao fim.*

JOÃO 13:1

Este fato é, essencialmente, uma promessa, pois o que nosso Senhor era Ele é. E o que Ele foi para aqueles com quem viveu na Terra Ele será para todos os Seus amados enquanto a lua permanecer.

"...tendo amado...". Aqui veio o assombro! O fato de que Ele tenha amado os homens, em qualquer grau que fosse, é o espanto. O que havia em Seus pobres discípulos para que Ele os amasse? O que há em mim?

Porém, uma vez que Ele começou a amar, é Sua natureza continuar a fazê-lo. O amor transformou os santos em *"seus"*; que título excelente! Ele os comprou com sangue e eles se tornaram Seu tesouro. Sendo Seus, Ele não os perderá. Sendo Seus amados, Ele não deixará de amá-los. Minha alma, Ele não deixará de amar você!

O texto comprova o que afirma: "...até ao fim". Mesmo até Sua morte, a dominante paixão de amor pelos Seus reinava em Seu sagrado peito. Significa, também, até os confins. Jesus não os poderia amar mais. Ele se entregou por eles. Alguns leem: até a perfeição. Verdadeiramente o Senhor os banhou com perfeito amor, em que não havia imperfeição ou falha, carência de sabedoria nem infidelidade.

Tal é o amor de Jesus para cada um que pertence ao Seu povo. Cantemos um cântico ao nosso Bem-amado.

31 DE DEZEMBRO

Conhecido do Céu

*Tu me guias com o teu conselho
e depois me recebes na glória.*
SALMO 73:24

Dia após dia e ano após ano, minha fé crê na sabedoria e no amor de Deus, e sei que não crerei em vão. Nenhuma boa palavra Sua jamais falhou e estou certo de que nenhuma jamais cairá por terra.

Coloco-me em Suas mãos para orientação. Não conheço o caminho que deveria escolher; o Senhor escolherá minha herança para mim. Preciso de conselho e assistência, pois meus deveres são complexos e minha natureza está incluída. Busco o Senhor como o Sumo Sacerdote na antiguidade olhava para seu Urim e Tumim [N.E.: do hebraico: luzes e perfeições]. Procuro o conselho do Deus infalível ao invés do meu próprio julgamento ou do conselho de amigos. Glorioso Jeová, o Senhor me guiará!

Em breve virá o fim; mais alguns anos e eu partirei deste mundo para o Pai. Meu Senhor estará próximo à minha cama. Ele me encontrará no portão do Céu, Ele me receberá na terra da glória. Não serei um desconhecido no Céu, meu Deus e Pai ali me receberá em sua infindável bem-aventurança.

*Glória seja a Ele que me guiará aqui
e me receberá no porvir. Amém*

Programa de memorização das Escrituras

Equipado para toda boa obra

Todo cristão deve estar munido com os versículos certos das Escrituras a fim de usá-los para a obra do Senhor. Os 14 versículos para a primeira metade do ano são designados para equipá-lo a compartilhar o evangelho com os outros. Eles o ajudarão a convencer as pessoas sobre a questão da pecaminosidade e a necessidade de se arrependerem e crerem na expiação de Cristo para serem salvas.

Os 15 versículos da segunda metade do ano o equiparão para ajudar os cristãos que estão precisando de conforto e convicção para enfrentar as provações da vida. Eles possibilitam direcionar os irmãos em sofrimento a confiarem na total e suficiente graça e provisão de Deus para todas as necessidades.

Que você seja bem equipado para ministrar aos outros com a Palavra de Vida!

1.º e 8 de janeiro — Vivendo sabiamente
*"Antes que os montes nascessem e se formassem a terra
e o mundo, de eternidade a eternidade, tu és Deus."*
(SALMO 90:2)

15 e 22 de janeiro — Pecado
*"Portanto, assim como por um só homem entrou o pecado
no mundo, e pelo pecado, a morte, assim também a
morte passou a todos os homens, porque todos pecaram."*
(ROMANOS 5:12)

9 de janeiro — Pecado
"Viu o SENHOR que a maldade do homem se havia multiplicado na terra e que era continuamente mau todo desígnio do seu coração..." (GÊNESIS 6:5)

5 e 12 de fevereiro — Pecado
"Enganoso é o coração, mais do que todas as coisas, e desesperadamente corrupto; quem o conhecerá?" (JEREMIAS 17:9)

19 e 26 de fevereiro — Pecado
"...como está escrito: Não há justo, nem um sequer, não há quem entenda, não há quem busque a Deus..." (ROMANOS 3:10-11)

4 e 11 de março — Pecado
"Há caminho que ao homem parece direito, mas ao cabo dá em caminhos de morte." (PROVÉRBIOS 14:12)

18 e 25 de março — Arrependimento
"Respondeu-lhes Jesus: Os sãos não precisam de médico, e sim os doentes. Não vim chamar justos, e sim pecadores, ao arrependimento." (LUCAS 5:31-32)

1.º e 8 de abril — Arrependimento
"Arrependei-vos, pois, e convertei-vos para serem cancelados os vossos pecados..." (ATOS 3:19)

15 e 22 de abril — Salvação
"Mas ele foi traspassado pelas nossas transgressões e moído pelas nossas iniquidades; o castigo que nos traz a paz estava sobre ele, e pelas suas pisaduras fomos sarados." (ISAÍAS 53:5)

29 de abril — Salvação
"Aquele que não conheceu pecado, ele o fez pecado por nós; para que, nele, fôssemos feitos justiça de Deus."
(2 CORÍNTIOS 5:21)

6 e 13 de maio — Salvação
"Estes, porém, foram registrados para que creiais que Jesus é o Cristo, o Filho de Deus, e para que, crendo, tenhais vida em seu nome." (JOÃO 20:31)

20 e 27 de maio — Salvação
"Entrai pela porta estreita (larga é a porta, e espaçoso, o caminho que conduz para a perdição, e são muitos os que entram por ela)..." (MATEUS 7:13)

3 e 10 de junho — Certeza
"Estou plenamente certo de que aquele que começou boa obra em vós há de completá-la até ao Dia de Cristo Jesus."
(FILIPENSES 1:6)

17 e 24 de junho — Autoexame
"Examinai-vos a vós mesmos se realmente estais na fé; provai-vos a vós mesmos. Ou não reconheceis que Jesus Cristo está em vós? Se não é que já estais reprovados."
(2 CORÍNTIOS 13:5)

1.º a 8 de julho — Paz
"Tu, Senhor, conservarás em perfeita paz aquele cujo propósito é firme; porque ele confia em ti." (ISAÍAS 26:3)

15 a 22 de julho — Confiança
"Direi do Senhor: Ele é o meu Deus, o meu refúgio, a minha fortaleza, e nele confiarei." (SALMO 91:2 ARC)

29 de julho — Paciência
"Espera pelo S‍ENHOR, tem bom ânimo, e fortifique-se o teu coração; espera, pois, pelo S‍ENHOR." (SALMO 27:14)

5 a 12 de agosto — Coragem
"Não to mandei eu? Sê forte e corajoso; não temas, nem te espantes, porque o S‍ENHOR, teu Deus, é contigo por onde quer que andares." (JOSUÉ 1:9)

19 e 26 de agosto — Soberania de Deus
"...porque, assim como os céus são mais altos do que a terra, assim são os meus caminhos mais altos do que os vossos caminhos, e os meus pensamentos, mais altos do que os vossos pensamentos." (ISAÍAS 55:9)

2 e 9 de setembro — Auxílio de Deus
"Que diremos, pois, à vista destas coisas? Se Deus é por nós, quem será contra nós?" (ROMANOS 8:31)

16 e 23 de setembro — Misericórdia de Deus
"Mas a misericórdia do S‍ENHOR é de eternidade a eternidade, sobre os que o temem, e a sua justiça, sobre os filhos dos filhos, para com os que guardam a sua aliança e para com os que se lembram dos seus preceitos e os cumprem." (SALMO 103:17-18)

30 de setembro — Provisão
"E o meu Deus, segundo a sua riqueza em glória, há de suprir, em Cristo Jesus, cada uma de vossas necessidades." (FILIPENSES 4:19)

7 e 14 de outubro — Proteção
"Eis que os olhos do S‍ENHOR estão sobre os que o temem, sobre os que esperam na sua misericórdia,

para livrar-lhes a alma da morte, e, no tempo da fome, conservar-lhes a vida." (SALMO 33:18-19)

21 e 28 de outubro — Oração respondida
"Se permanecerdes em mim, e as minhas palavras permanecerem em vós, pedireis o que quiserdes, e vos será feito." (JOÃO 15:7)

4 e 11 de novembro — Misericórdias nas jornadas
"O SENHOR guardará a tua saída e a tua entrada, desde agora e para sempre." (SALMO 121:8)

18 e 25 de novembro — Segurança
"As minhas ovelhas ouvem a minha voz; eu as conheço, e elas me seguem. Eu lhes dou a vida eterna; jamais perecerão, e ninguém as arrebatará da minha mão." (JOÃO 10:27-28)

2 e 9 de dezembro — Segurança
"Até à vossa velhice, eu serei o mesmo e, ainda até às cãs, eu vos carregarei; já o tenho feito; levar-vos-ei, pois, carregar-vos-ei e vos salvarei." (ISAÍAS 46:4)

16 e 23 de dezembro — Graça para viver
"Então, ele me disse: A minha graça te basta, porque o poder se aperfeiçoa na fraqueza." (2 CORÍNTIOS 12:9)

30 de dezembro — Certeza
"Bondade e misericórdia certamente me seguirão todos os dias da minha vida; e habitarei na Casa do SENHOR para todo o sempre." (SALMO 23:6)